# 亚太跨学科翻译研究

（第十三辑）

主编：罗选民

13

# ASIA PACIFIC INTERDISCIPLINARY TRANSLATION STUDIES

五洲传播出版社

**图书在版编目（CIP）数据**

亚太跨学科翻译研究 . 第十三辑 / 罗选民主编 . -- 北京：五洲传播出版社，2023.2
ISBN 978-7-5085-5029-9

Ⅰ. ①亚… Ⅱ. ①罗… Ⅲ. ①翻译—文集 Ⅳ. ① H059-53

中国国家版本馆 CIP 数据核字 (2023) 第 018026 号

本辑被中国知网 CNKI 数据库全文收录

**亚太跨学科翻译研究 . 第十三辑**

责任编辑：樊程旭
出版发行：五洲传播出版社
地　　址：北京市海淀区北三环中路 31 号生产力大楼 B 座 6 层
邮　　编：100088
发行电话：010-82005927　010-82007837
网　　址：http://www.cicc.org.cn　http://www.thatsbooks.com
设计制作：北京嘉悦信包装有限公司
印　　刷：北京市房山腾龙印刷厂
版　　次：2023 年 2 月第 1 版第 1 次印刷
开　　本：185 mm × 260 mm　1/16
印　　张：16.25
字　　数：264 千字
定　　价：79.00 元

# 目　　录

## 译者研究



---

## 中译外研究



---

## 外译中研究

## 儿童文学翻译研究



## 口译研究



## 书评

# 编者的话

本着学术质量第一的原则，《亚太跨学科翻译研究》对来稿采取双向匿名评审和编委会集体审稿相结合的制度，设有“特稿、翻译学研究、学术动态”等常设栏目，并根据需要不定期设立一些其他栏目，每年出版两辑。本辑共收录18篇文章，被归入8个栏目：特稿、翻译理论研究、译者研究、中译外研究、外译中研究、儿童文学翻译研究、口译研究和书评。

本辑特稿为香港中文大学人文学科讲座教授王宏志老师的《马礼逊：阿美士德使团不情愿的译员》。相比于马戛尔尼使团，阿美士德使团具有更优秀的翻译力量，其中，马礼逊了解中文，熟悉中国人行为和习性，对地方政府有丰富的经验，是使团翻译力量的首选之人，但他并不情愿加入使团。王宏志征引东印度公司和伦敦传道会档案，探寻马礼逊从拒绝加入使团到最终成为阿美士德使团译员的前因后果。马礼逊拒绝加入使团，一是因为他更关心传教工作，坚持不懈翻译圣经和宗教文书。二是参加使团会拖延他编写出版汉英字典的工作计划。三是出于自身的安全和利益的考虑，马礼逊担心他加入使团会惹来广州官员的敌视。但马礼逊最终还是决定接受使团的译员工作，这与东印度公司广州商馆的聘任直接相关。该文深入挖掘史料，还原阿美士德使团和马礼逊背后的故事。

翻译理论研究栏目收录了5篇文章。其中张凌在《论严复社会学及与翻译思想的关系》中指出，严复的社会学思想主要体现为研究真问题、大问题的意识，纵观古今、横察中外求解的策略和立论译述结合的方法，其社会学思想对我国现在的社会学、翻译学、教育学乃至其他学科的研究都具有重要参考价值。佛教潜在译论话语作为中国传统译论开发的一部分，潜在的翻译话语开发被轻视。在《佛教潜在译论话语开发的可能性》一文中，庞秀成和刘莉将佛教诠释学话语和语言观引入翻译论域，从而开启新的学术境界和视野，为融通古今中西翻译理论、指导翻译实践作出贡献。在构建具有中国特色学术话语体系的背景下，张汨和谢斐认为应对中国翻译话语进行深度挖掘和当代阐释。张汨和谢斐的《中国翻译话语书写的知识史模式探究——以朱生豪“神韵说”为例》一文以知识史为指导，建构了翻译话语研究的“材料收集、内容分析、译作传播与话语位相”书写模式，同时以朱生豪“神韵说”翻译话语为例进行个案钩沉和阐释。冯全功认为在未来翻译理论话语体系建设过程中，要以问题为导向，积极引入或生成新的翻译理论话语，同时还要善于对已有理论话语进行批判性反思。基于中国传统文化的中国特色翻译理论话语以及中国学者自创的翻译理论话语更能体现文化自信与学术活力，也代表着未来的发展方向。田野梳理了国内外国家翻译实践理论和译者伦理的文献，认为以中国特色译论探索国家翻译实践对于国家翻译活动具有重要的意义。田野借用《礼记·大学》中对于修养和道德的讨论，建构国家翻译实践中的译者伦理体系，探讨国家翻译活动的伦理准则，最后提出国家翻译实践的主体应该是四位：译者、机构、国家、国际，四位主体以译者为中心，形成同心圆的结构。

译者研究栏目收录了 3 篇文章。袁斌业从新翻译权力论视角审视译者与其他涉译方的关系及其在翻译中的地位，探讨了译者与其他涉译方的四种关系和译者的三种地位。该研究有助于我们更全面清楚地认识译者与其他涉译方的关系以及其在翻译中的真正地位、译者在跨文化交流中发挥的作用等方面的问题。20 世纪 80 年代，恩古吉（Ngugi）首次将自己的吉库尤语作品译为英语，这一举措在学界引来诸多争议。聂品格、俞盎然和姚峰研究发现，恩古吉的自译实践并非全然是作家“艰难抉择”之后的妥协，而是恩古吉为重塑“被肢解的非洲”、建立国际统一战线而“有意为之”的举措。郭志恒考察了林语堂《新的文评》的译文内容，着重探讨其编译动机，发现其主要编译目的是讨论文学批评的性质与文学批评的标准，其反诘的对象更可能是梁实秋的文学批评理论。通过廓清林语堂编译《新的文评》的动机，对历史现象加以彰显和挖掘，以期进一步深入理解中国现代文论的发生和发展进程。

中译外研究栏目收录了 3 篇文章。张冰以《项脊轩志》及其三个英译文为研究对象，探究原文中的修辞特点及其在英译文中的再现效果。刘岩和王芾垚以初始小野田耕三郎版本《百鸟衣》与蓝本韦其麟 1955 年版本《百鸟衣》为参考文本，从称呼与地名、文化负载词、句法三个方面进行了系统的解构与考述，考察《百鸟衣》在中日两国的传播以及日版的译介，为我国少数民族典籍的日译提供了一定的参考。王圆圆和黄华探索了王安忆作品在海外的译介情况，选取孔慧怡翻译的《小城之恋》和白睿文、陈毓贤合译的《长恨歌》进行对比分析，在二十年的时间跨度里比较两部小说的翻译变化，并考查不同翻译方法背后的原因，以期为中国现当代文学作品的外译提供有益的经验和借鉴。

外译中研究栏目收录了 2 篇文章。冯正斌和汪学冰基于互文性理论，以郭沫若、徐志摩、胡适等代表人物的译诗与新诗作品为典型案例，探讨五四诗歌翻译与中国新诗创作在文学思想、创作主题以及诗歌形式上的互文联系，明晰五四译诗对中国新诗发展的促进作用。梁林歆和贺荣在形象学理论的指导下考察研究《黑玫瑰》李尧汉译本注释中对原著文化形象的改变，并就译注的文化功能进行相关解读。该文章拓宽了翻译与文化形象的跨界研究，以此进一步反向探索文化形象建构对于中国文学“走出去”的意义。

儿童文学翻译研究栏目收录了2篇文章。徐德荣和赵一凡再次聚焦儿童文学翻译的风格再造问题，以《一个孩子的诗园》（*A Child's Garden of Verses*）的汉译本为例，提出童诗翻译的风格等效再造原则，译者需要正确把握原作折射的儿童观与儿童文化以再造其思想特质，同时，运用“浅语”等效再造原作的语相美、语音美和意象美。李雪伊回顾了以往围绕成人—儿童关系展开的儿童文学翻译研究，对过往文献采用的两种解读路径和童书译学因此展现出的不同面向进行梳理与剖析，发现了现有研究对成人和儿童的绝对划分导致成人译者视角的缺失，并进一步提出应正视成人译者在儿童文学翻译活动中的主体地位和个人能动性，重视成人与儿童的天然联系，考察成人译者儿童性与翻译实践之间的相互作用。

口译研究栏目收录了1篇文章。王巍巍认为在新冠肺炎疫情背景下，线上线下相结合的口译教学新模式成为一种趋势。广外口译系整合现有“广外模式”下口译能力培养主干架构，从技巧到专题，梳理各主线课程的远程教育路径，尝试通过线上教学的增量打破常规口译教学中“体系不清、内容碎片、方法局限”的瓶颈，搭建立体口译在线教育社区，提升口译学习动力和教学效果。

书评栏目收录了1篇文章。张倩认为马尔姆克亚尔的《翻译与创造性》一书从康德的哲学观点出发，揭示了翻译与创造性的关系，更为重要的是，提出“美学态度”正是产出创造性译文的关键因素这一观点，将翻译创造性的相关研究从描述阶段推向了阐释阶段。该书的内容和思路对于翻译工作者具有启发和借鉴意义。

《亚太跨学科翻译研究》一贯秉承的宗旨有两个：一是多学科融合的视角，希望研究者吸收翻译学、比较文学、人类学、文化研究、诗学等多种学科的前沿成果，为翻译研究带来新的研究视角和范式，逐渐彰显翻译研究的超学科本质；二是凸显跨地域的国际化研究成果，特别是聚焦亚太地区的相关研究，注重“求真考实、究理探新”。我们热切欢迎更多学界同仁关注全球在亚太地区翻译研究领域的最新成果，提供优质稿件，共同完善这个展示亚太地区翻译研究成果的学术交流平台，加强国内外翻译研究的互融互通，促进中外文化交流。

**主编：罗选民**

**2022年12月30日**

# 特稿

# 马礼逊：阿美士德使团不情愿的译员 *

王宏志
WANG Hongzhi

**摘要：**

作为使团主要译员，马礼逊在1816年英国阿美士德来华使团中扮演了极其重要的角色，肩负使团大部分的传译和文书翻译工作。不过，自始至终马礼逊并不情愿参加使团，且从不认为使团能取得什么成果。本文通过梳理马礼逊在参加使团前后所写的信件及其他相关文献，分析马礼逊不愿意参加使团的原因。

**关键词：**

马礼逊；阿美士德使团；广州体制；近代中英关系；翻译史研究

**Abstract:**

As the chief interpreter, Robert Morrison, undertaking most translation and interpreting tasks, played a key role in the Amherst Mission in 1816. However, from the outset, he was reluctant to join it and was very skeptical of its success. By analyzing the letters written by Morrison before and after joining the mission, as well as other archival material, the present paper examines the reasons why Morrison did not want to join the mission.

**Keywords:**

Robert Morrison; Amherst Mission; Canton System, early modern Sino-British relations, studies of translation history

## 1. 引言

一般而言，1816年英国向华派遣的第二个使团阿美士德使团，往往被视为彻底的失败，大使阿美士德（William Lord Amherst, 1773—1857）连觐见嘉庆（爱新觉罗·颙琰，1760—1820，1796—1820在位）皇帝的机会也没有，在抵达北京当天即被勒令离开，

* 本文为国家社科基金项目重点项目“清代中后期中英外交翻译与外交话语权构建研究”（22AYY002）的部分成果。

没有能够提出任何要求，空手而回。

毫无疑问，相比于第一个使团马戛尔尼使团，阿美士德使团在很多方面都是逊色的，最明显的是两次使团带来的礼物，马戛尔尼使团礼品的价值远高于阿美士德[1]。不过，阿美士德使团却有一方面是绝对优胜的：使团的翻译力量。

对于马戛尔尼（George Lord Macartney, 1737—1806）来说，筹组使团一个最大的困难是寻找合适的译员。他们相信当时不可能在英国找到懂中文的人——但这是错误的，他们错过了一名在苏格兰住了很久，且是虔诚基督教徒，已经完全融入英国社会的中国人 William Macao（1753—1831）（Price 2019：17-28）。结果，他派遣副使斯当东（George Leonard Staunton, 1737—1801）到欧洲大陆物色译员，最终在意大利那不勒斯传道会的中华书院（Collegio dei Cinesi）找来两名完成修道学习、并取得神父资格的中国人李自标（1760—1828）和柯宗孝（1758—1825），愿意充当使团的译员（Staunton 1799：21-22），但他们不懂英语，中文水平也颇成问题，更不要说他们都不是英国人，对使团的忠诚也是要关注的问题[2]。但另一方面，阿美士德可以说是得到当时世界上最高中英双语水平的人才陪同出使中国。使团成员名单中有四人列为“Chinese Secretaries”（中文秘书）：“Messrs. Toone, Davis, Morrison, and Manning, Chinese Secretaries”（Staunton 2000：51），他们在中方的材料里列名为“译生”：“米斯端”“米斯迪惠氏”“米斯玛礼逊”以及“米斯万宁”（故宫博物院 1932：31-32）；此外，使团副使小斯当东（George Thomas Staunton, 1781—1859）自己的中文水平应该都比各名译员为高，还有“医夫米斯彼耳孙”（Alexander Pearson），其实也是略懂中文的[3]。因此，在汉语沟通实力上来说，阿美士德使团确实比马戛尔尼使团优胜得多，而且，这些懂得中文的使团成员全都是英国人，不用怀疑他们的忠诚问题。

在这四名正式译员中，最早开始学习中文的是万宁（Thomas Manning, 1772—1840），且水平应该很不错[4]，但名气最大，人们一般相信汉语水平最高的是马礼逊（Robert Morrison, 1782—1834）。端（后又译敦奈，Francis Hastings Toone）和德庇时（使团文书作迪惠氏，John Francis Davis, 1795—1890）都是马礼逊在东印度公司内部开设中文课程的学生，且学习中文的时间不长。此外，跟万宁不一样，马礼逊自 1809 年开始受聘为东印度公司的正式译员，而万宁虽然也时有帮忙翻译工作，但自始至终都不是公司的雇员，甚至因为参加使团而得到 2000 元的报酬，马礼逊却没有额外的工资（Consultation 1816：67-71）。因此，马礼逊顺理成章地成为使团的主要译员。事实上，这也是使团成员在最早阶段达到的共识和决定（Ellis 1818：49-50）。

然而，马礼逊是否愿意出任阿美士德使团的译员？虽然马礼逊的相关研究十分丰富，而阿美士德使团近年也备受关注，但一个一直没有为学者提及的事实是：马礼逊自始至终都不想加入使团，甚至正式表达过不要参加的意愿。

尽管好几位使团成员后来都出版回忆录，但我们不可能预期里面会出现马礼逊不情愿加入使团的记录，曾经公开透露马礼逊不很愿意参加使团的信息的是马礼逊夫人。她在编写《马礼逊回忆录》时简略提到，由于参加使团会妨碍他工作的进度，因此在最初的阶段，马礼逊是有所犹豫的，但后来他同意加入使团，根据马礼逊夫人的说法，这并不是出于一些朋友的殷切要求，而是因为马礼逊看到这是一个可以让他接触上层中国人的机会，从中可以增长见闻（E. A. Morrison 1839：428）。无疑，她能够把消息透露出来，自有其贡献，但这堂而皇之的说法又是否准确？我们从相关的档案文献可以见到，马礼逊曾经明确地拒绝参加使团，但真正的原因不在于影响他的工作，而最后答应参加，也不是因为参加使团能接触上层中国人，提升他对中国语言和文化的认识和能力。无论是最初不愿意参加，还是最后勉强应允，都另有原因。

## 2. 马礼逊对参加使团的态度

根据东印度公司的档案，广州商馆特选委员会在 1816 年 5 月 27 日召开会议，通过委派马礼逊为使团译员，并列明马礼逊不会得到额外的工资，但会补贴合适的金额，让他支付可能在旅程中出现的额外开支（Consultation 1816：69-70）。不过，这份会议纪录写得很特别，在这决议前面以大量篇幅讨论委任马礼逊的理由和问题。首先，他们强调马礼逊在语言能力和熟悉中国人行为和习性方面是最突出的，特别是他在应对地方政府时积累丰富的经验；此外，在派遣使团这样重大的事件，有必要集中所有的力量和资源，因此，虽然使团已经委任了端、德庇时和万宁为译员，而且还有精通汉语的小斯当东，但仍然决定要推荐马礼逊加入。让人感到错愕的是，他们接着提出这样的安排会带来一些困难，例如广州商馆会暂时没法得到马礼逊的翻译服务，而马礼逊正在编辑出版的汉英字典进度也会受影响，恐怕要拖延最少四个月，但他们愿意作出特别安排，让公司内的中文学员协助商馆的翻译工作。更有意思的是，在最终通过决议委派马礼逊为使团译员前，会议纪录特别强调要取得马礼逊个人的同意——用他们惯用的婉转说法：这建议必须“得到他个人不表示反对”。他们甚至说这事情不宜以直接指示方式进行，但特选委员会有责任提出要求，只要这要求能符合马礼逊个人的意愿（ibid.）。他们在会议纪录中多番重复要得到马礼逊的同意，就很让人怀疑，究竟他们是否很担心马礼逊会反对？必须强调，公司委派其他译员，甚至不属于公司雇员的万宁，都没有这样的讨论。诚然，这是因为特选委员们都很清楚知道万宁一直渴求得到去北京的机会，一定不会反对参加使团，所以无须讨论，但这正好反映问题的所在：为什么长期担任公司译员、从各方面看都是理所当然的马礼逊，却似乎有所顾虑？难道他们早已知道马礼逊会拒绝参加？东印度公司的档案没有相关的报导，只简单地谈到出使会妨碍马礼逊完成手头的工作。

不能否认，参加使团会大大影响马礼逊的工作进度。1809 年加入东印度公司后，马礼逊除担负公司全部的翻译和中文文书工作外，还开设中文班，教导公司年轻成员学习中文，[5] 但他更关心的是传教工作，尽管实际取得的成果不大，翻译圣经和宗教文书是马礼逊坚持不懈的，而一个同时得到东印度公司和伦敦传道会认同和支持的项目是编写出版汉英字典，这是马礼逊早从 1808 年初便开始的工作。使团方面，马礼逊首先在 1816 年 6 月 4 日陪同特选委员会副主席觅加府（Theophilus John Metcalfe, 1783—1822）到广州，向广东巡抚兼署理两广总督董教增（1750—1822）传达英国派遣使团的消息（Metcalfe to Select Committee, Canton 1916：201-202；R. Morrison 1920：10），然后 7 月 7 日从澳门出发（Secret Commercial letter from China 1816：210；R. Morrison 1920：13），乘船到香港水域与阿美士德等使团成员会合，7 月 13 日北上（R. Morrison 1920：14），一直陪同使团，直至使团南下，在 1817 年 1 月 1 日回到广州（ibid.：90），1 月 28 日从澳门离开后（Amherst to Canning 1817：374），马礼逊才算完成任务，前后共花去半年的时间，编写和出版字典的工作完全停顿，结果，尽管《华英字典》第一册在 1815 年已付印，但第二册要待到 1819 年才出版，因此，马礼逊参加使团，拖延他原来的工作计划，这是毫无疑问的，马礼逊也一定不乐意，然而，这并不是他不愿意参加使团的主要理由。

我们知道，尽管东印度公司伦敦董事局秘密委员会在 1815 年 3 月 3 日便议决派遣第二个使团（Chairman and Deputy Chairman to Buckinghamshire 1815：7），但要待到 7 月 28 日才得到英国政府正式确认，并同时委任阿美士德为大使（Chairman and Deputy Chairman to Buckinghamshire 1815）。不过，相关的消息似乎很快便传到广州，马礼逊也早有所闻。现在见到马礼逊最早提及使团来华的说法是 10 月 9 日，他在一封写给伦敦传道会创办人兼司库哈卡素（Joseph Hardcastle, 1752—1819）的信中提及使团来华的事，并明确说到广州特选委员会希望他能陪同使团去北京。这就是说，广州特选委员会在最早的阶段已征询过他的意见。我们不知道马礼逊怎样回复委员会，但在写给哈卡素的信中，他已表明反对（Morrison to Hardcastle, Canton 1815）。过了一个半月，马礼逊在 11 月 28 日给伦敦传道会另一位创办人兼秘书柏德（George Burder, 1752—1832）的信中又再提及这事，他说："这里预期会有使团过来，我非常不愿意与它扯上任何关系。"更有意思的是，他马上以括号注明："请绝对保持秘密"[6]。这说明他当时很可能还没有公开表态。

在这些直接寄往伦敦传道会的信里，马礼逊一开始就表示不愿意担任使团译员，甚至不想跟使团扯上任何关系。有了这样的背景，我们便能够明白为什么特选委员会 1816 年 5 月 27 日委任马礼逊为译员的会议纪录会写得这样小心翼翼，甚至显得很不确定，不断强调要得到马礼逊本人的同意。

事实上，马礼逊的确曾经正式拒绝参加使团。1816 年 6 月 10 日，也就是在已经接受了任命，并准备从广州出发的时候，马礼逊又写信给柏德，明确说到他曾经拒绝任命，只是后来才撤回自己的反对（"withdraw my refusal"）。更严重的是，虽然马礼逊最终答应接受委任，但并不代表他立场有所改变。1816 年 7 月 12 日，在他从澳门出发，在香港海面跟阿美士德等使团成员会面后的第二天，他又写信给柏德："我完全不喜欢这次行程。也许会有好的成果吧，我可不这样乐观。"[7] 即使过了几个月，使团离开北京，南下抵达广州后，马礼逊在 1817 年 1 月 3 日的信中还说，自从上一年的 7 月 7 日离开澳门加入使团，便一直忙着为使团的事情，"我期待完成［任务］，但还得要两个星期"（Morrison to Burder 1817）。从这些书信可以见到，阿美士德使团的首席译员其实是自始至终都不乐意参加这份工作的。

## 3. 马礼逊抗拒参加使团的原因

那么，究竟是什么原因令马礼逊对于参加使团有这么大的抗拒？其实，在上面提到那几封写给伦敦传道会的信里，马礼逊便曾经清楚说明原因。首先，在 1815 年 10 月 9 日的第一封信里，马礼逊说到他加入使团，会惹来广州官员的敌视[8]。类似的说法也见于 1816 年 6 月 10 日的信件，尽管他马上就要出发，但仍然坚持参加使团跟他的意愿和观察相违背，并说恐怕这只会给他带来坏处，没有好处[9]。马礼逊在这些信件中没有提及工作进度延误，但想到的是自身的安全和利益，担心使团的任务会对他有负面的影响。为什么马礼逊会有这样的顾虑？

我们知道，马礼逊在 1807 年初到中国时遇到很大的困难，甚至曾经要假扮美国人，才能留在澳门居住，但一直生活拮据，且无法开展传教的工作，直至 1809 年 2 月经由小斯当东推荐，马礼逊获聘为东印度公司译员，除收入有所保障外，还得到合法居留在澳门和广州的权利，而相关的工作还有助于提升他的中文能力[10]。不过，这并不代表他完全没有顾虑。作为公司的译员，马礼逊经常代表东印度公司与广东省的官员周旋和谈判，矛盾和冲突无可避免，更不要说中国官员对于那些长期在广州居住、精通中文和熟悉中国情况的西方人存有很大的戒心，严防“汉奸与之交结往来”（北平故宫博物院 1932：44）。这点马礼逊是知道的。早在 1810 年 2 月，也就是他出任公司译员才只有一年的时候，马礼逊感到自己已经惹来中国官员的注意，因为他在写过信给总督后，总督马上要查处教导马礼逊中文的人。马礼逊预想将来面对的困难会越来越大（Morrison to Hardcastle, Canton 1810）；在别的地方他又说到“中国的官员几乎全都不是友善的”（E. A. Morrison 1839：293），他们痛恨那些懂得他们的语言，知悉他们恶行的人，因此，他为英国人提供语言服务，中国官员以至一些商人都讨厌他。东印度公司大班咸臣（Sir James Urmston）曾较细致地分析过中国官员对马礼逊敌视的原因：

> 他［马礼逊］对中国的语文——包括书写和口语、对中国政府的制度、特点和意向等都非常熟悉和了解，让他能够充分地理解他们的情感、观点和意见，同时也能够明辨地方官员的文件以及负责外商与中国政府沟通的行商经常使用的诡辩、狡猾，甚至谎言。这种对中方公文透彻和正确的了解，对特选委员会是至为重要的，这让我们在往来的信件和交往中可以用适当的形式、语言和精神，对抗总督和他的幕僚在来件中所使用的傲慢托词和无理要求。这些信件经由马礼逊博士用标准的中文翻译后，中国政府不可能产生误会，甚至也不会对东印度公司代表的感受、意见和决心有所误解。不管什么时候，这点是在和中国人谈判时至为重要的。（E. A. Morrison 1839：147）

尽管这段文字写于 1822 年，马礼逊在参与 1821 年的“土巴资号”（the Topaze）事件之后[11]，但其实自始至终他都面对来自中国官员的威胁。1814 年，东印度公司与广州政府的一场纷争，更让马礼逊感到非常紧张不安，这也是马礼逊不情愿跟阿美士德使团扯上关系的背景。

1814 年 10 月，东印度公司广州商馆特选委员会下达指令，所有英国船只不得进入广州，在广州英人必须全部离开（Morse 1926：220）。正如当时属于特选委员会成员的小斯当东自己的说法，这“毫无疑问是一项非常大胆的举措”（Staunton 1822：223），也是极不寻常的做法，因为一直以来只有广州官员以封舱和停止买卖作为威吓手段，迫使外商就范，而远道而来的外商一般只会尽量争取时间，在贸易季节里进行买卖，因此中国官员的封舱行动往往很容易奏效，更不要说英国人竟然会主动以停止贸易来作斗争的手段。由于篇幅的关系，我们不在这里详细交代事件的起因或经过。简单而言，这一方面涉及 1812 年的英美战争（The Anglo-American

War of 1812）[12]，英美的商船和兵船在中国外海时有相互拦截和抢掠，且把俘虏过来的船只和货物带到澳门和黄埔（Morse 1926：214-219），惹来广州当局非常不满，要求东印度公司处理，另一方面又跟一名与公司关系十分密切、曾为他们送信和礼品到北京的通事李耀被捕有关[13]。东印度公司派遣小斯当东与中国官员展开谈判，在10月24至29日的第一轮会议里，双方争持不下，谈判成僵局，小斯当东下令所有英国人撤离广州，停止买卖，并扬言要到北京向皇帝告状，要求惩处广东的官员，广州官员才指派行商去把小斯当东追回来，在11月19日重开谈判（Auber 1834：246-247），并愿意作出让步，一次严重纷争才得以平息。

可以想象，在这样的纠纷里，作为东印度公司译员的马礼逊，看来是无法回避的。1814年1月2日，马礼逊在日记中有这样的记录：

> 有人告诉我，总督府官员曾多次提到我的名字，有的指责我，有的称赞我。他们通常不喜欢像我这样懂得中文和他们习俗的外国人。在这个贸易季里，行商把我的名字清楚报告给政府，说所有的英国商行的译文，都是出于我的手。中国官府在一些发布的文件中，使用了严厉的措辞，指斥帮忙起草公文的人都出于极坏的不良动机，总督还下令拘捕他们。（E. A. Morrison 1839：375）

马礼逊在这里没有特别提到公司与广州官员的纠纷，因为这时候李耀还没有正式被捕，但其实在早一年的9月李耀自北京回到广州后，12月便开始惹上麻烦，有消息说他将会因为"替外国人担任代理和信差"而被捕（Morse 1926：212-213）。1814年10月4日，李耀在澳门被拘捕[14]，特选委员会8日确定相关消息后，马上决定要写信到北京，寻求皇帝协助处理事件[15]。马礼逊认定这封信函一定是由他来翻译，估计会带来严重的后果，在同一天他就直接写信给东印度公司特选委员会，说明自己的担忧，并对自身的安全提出具体的要求：

> 这一刻，就像其他一些情况一样，担负中文译员的工作是有相当的风险的。因此，我曾与一些中国人认真讨论过，广州当局对他们很感不满，对个别译者施加压迫和报复。在我的记忆里，就有洪任辉先生［James Flint］和柔瑞国神父［Padre Roderigo］两个个案。有着这些先例在前，当我要书写或翻译一封给中国大皇帝，弹劾广东省当地官员的时候，我不能不感到担忧，因为即使在今次的问题得到解决很久以后，中国官员仍会一直给我带来麻烦。因此，我以最崇敬的态度，向尊贵的特选委员会请求，期望你们能提供意见，让你们最谦卑的雇员消除这个合理的忧虑。[16]

虽然马礼逊在信中没有提到李耀的名字，但说到公司要写信给中国皇帝弹劾广东的官员，这就正是特选委员会刚做的决定。马礼逊援引从前为公司提供翻译服务的洪任辉及柔瑞国的例子，明确地说以译员的身份为东印度公司工作，带有很大的危险，因此，他向特选委员会请求协助消除忧虑，只是没有提出一些明确的要求。对于马礼逊的来信，特选委员会十分重视，几乎马上便作出回应，尽管他们的回信也没有提出什么具体的解决办法，但认同马礼逊的忧虑合理，并确定公司有责任保障公司雇员免受官员滋扰，答应对于雇员因为执行职务而受影响，公司会负起全部的责任[17]。事实上，东印度公司的确采取了实际的行动来保护马礼逊，因为马上出现一个很不寻常的情况：马礼逊并没有参加小斯当东与中国官员的谈判，一直留在澳门，而陪同小斯当东前往会议的是刚开始跟随马礼逊学习中文不足一年的德庇时。这安排不合理。在这样与中国官员谈判重要事件的官方会议，东印度公司没有理由不派遣经验丰富的正式译员同行，显然这是回应马礼逊写给特选委员会的信，避免马礼逊跟中方官员直接产生摩擦。对马礼逊来说，这是非常重要的，让他避免跟广州官员产生正面的矛盾或冲突。可以肯定，特选委员会这次成功地保护马礼逊，但负责谈判的小斯当东便很不一样。虽然他成功地为东印度公司争取到一些特权[18]，个人却付出沉重的代价。谈判结束后不久，北京军机处在嘉庆十九年十一月二十八日（1815年1月8日）下传谕令，要求两广总督调查及汇报"英夷司当东有无劣迹"，措辞十分严厉，明确说到他"在粤既久，英吉利夷人来粤者大率听其教诱，日久恐致滋生事端"（北平故宫博物院 1932：24-25），更严重的是，这次事件为他后来跟阿美士德出使北京时带来很大的不便，以致有学者认为，小斯当东参加使团，是使团从一开始便注定失败的原因（Tuck 2000：xxi）。不过，小斯当东与中国官员结束会议后，由于小斯当东很快便升任特选委员会主席，不再兼顾翻译的工作，马礼逊还是要负责处理这次谈判一些后续问题的翻译，他在写给哈卡素的一封信中便特别提出来，虽然不能说在抱怨，但当中说到自己的情况没有改变，流露他的焦虑（Morrison to Hardcastle, Canton 1814）。

除作为东印度公司译员而无可避免地与中国官员产生矛盾外，马礼逊的传教和出版工作也为他人身安全带来很大的风险，而且，这些风险不仅来自广州，也有朝廷方面的，对他构成沉重的压力。马礼逊的日记便时常记下有关朝廷和地方官吏对天主教的镇压，1814—1815年间尤其多见，甚至记录了官员在澳门多次搜捕（E. A. Morrison 1839：401-402），以致他的两名中文老师严本明（Abel Yun, Yên Jén Ming）（Abel Yen to Manning undated）和郭先生也要藏起来（Morrison to Thomas Wilson, Canton 1814：399-400），严本明在广州的家也遭搜查，还有两人被带走（ibid.:

406），马礼逊的工作进度大受影响。1816 年 1 月，马礼逊两次写信给伦敦传道会，报告四川和北京大规模搜捕和处决天主教徒的事件，更明言有必要重新审视澳门和广州的传教工作和计划（Morrison to Burder, Canton 1816：406）。在这样的形势下，马礼逊不愿意加入使团，以免惹来朝廷的关注，便是很自然的了。

更严重的是：跟雇员身份去和广州官员谈判或翻译不一样，马礼逊的宗教活动不可能得到东印度公司提供保护，甚至更影响他在东印度公司的工作。1815 年 1 月 6 日，东印度公司董事局从伦敦发信给广州特选委员会，指示终止聘用马礼逊，原因是他们知悉马礼逊在广州翻译、印刷和派发圣经及其他宗教宣扬文书。董事局认为马礼逊的宗教活动违反清廷的规定，会对东印度公司在华贸易利益构成严重威胁，因此责成广州特选委员会必须在接到指示后立刻终止聘用，且要避免任何的交往和沟通，以免引起误会（Court of Directors to Select Committee, London 1815：6-9）。

在接到董事局的信件后，特选委员会马上在 1815 年 10 月 12 日召开会议，议决暂缓执行董事局的指令。在回函中，他们除首先确认马礼逊对公司提供重要的服务和贡献外，也作出解释，强调马礼逊没有进行大规模或明显的宗教活动，更没有引起官府的注意，所以不会对公司在华贸易有什么负面影响。不过，特选委员会也作出保证，如果发现马礼逊的任何活动对公司利益造成损害，他们会马上终止聘用，切断任何关系（Consultation 1815：46-50）。但有意思的是：伦敦董事局在接到特选委员会这封回信前——甚至在广州商馆还没有接到他们发出的信前，又在 1815 年 3 月 29 日发送另一封信，表示在审阅过广州方面送来大量的文书档案后，见到马礼逊做了很多的翻译和传译工作，对公司有重大贡献，因此，"有鉴于我们对马礼逊先生的才能、行为和品德的崇高敬意，并完全明白你们从他所提供的服务中得到的利益，我们对于在 1815 年 1 月 6 日所发信函中第 6 段提出终止马礼逊先生与商馆一切接触的指示，深感遗憾"（Court of Directors to Select Committee, London 1815：77）。这实际上已是收回终止聘用马礼逊的指令；及至他们在翌年接到特选委员会的回信后，便在 7 月 10 日回复，同意特选委员会继续聘用马礼逊的要求，但指示要做好监管工作，避免引起中国官府的猜疑（Court of Directors to Select Committee, London 1816：123-128）。就是这样，马礼逊终止聘用的危机才得以解除。不过，必须强调的是：这次聘用事件不但与筹备阿美士德使团访华的时间十分接近，而且更直接影响了马礼逊参加使团的决定。

广州东印度公司特选委员会在接到董事局解聘马礼逊的信、并召开会议作出婉拒的决定后，也在当天发信给马礼逊，通告董事会的来函内容以及特选委员会"延迟"执行董事局要求的决定，并同时要求马礼逊提供更多相关信息，证明他的活动没有对公司构成任何影响（Select Committee to Morrison 1815：50-52）。马礼逊两天后的回信里一方面对于引起董事会的忧虑表示遗憾，另一方面又作多番解释，他指出朝廷禁教的上谕并不是针对他，因为他们的对象是天主教。这解释十分牵强，清廷禁教，根本不去分辨天主教或基督教。但马礼逊强调，他的名字除作为东印度公司雇员负责翻译工作外，中国官员完全没有别的信息，没有对他有特别的关注（Morrison to Select Committee 1815：52-55）。

表面看来，这事件对马礼逊是负面的，应该会让他更低调和小心行事，这样，他便不应该考虑参加使团了。事实上，在最初的阶段，情况的确是这样。

上文提及过马礼逊在 1815 年 10 月 9 日写给哈卡素的一封信，是现在见到马礼逊最早谈及可能要出任使团译员的文书。值得注意的是信里有这样的一句："我已收到［特选］委员会的答复，他们说满意我的信件，我可以继续获得聘任，直至确定董事局的意愿。"（Morrison to Hardcastle, Canton 1815）这里所说"我的信件"，指的就是马礼逊在 10 月 14 日写给特选委员会的信，可见这段以后记（P. S.）形式加上去的一段文字，实际写于 10 月 14 日以后。但正如上文指出，这时候马礼逊明确地说不想与使团扯上关系，也就是说，马礼逊在最初知道终止聘用事件时是不想参加使团的。这很合理，因为马礼逊不要加入的原因，在于害怕会惹来广州官员的敌视，既然他答应特选委员会以后更为谨慎，不招惹中方注意，那就的确不应该参加使团。

不过，马礼逊最终决定接受使团的译员工作，其实直接与东印度公司广州商馆的聘任有关。在 1816 年 6 月 10 日那封写给柏德的信里，马礼逊明确说到是因为格兰先生（Mr. Grant）为他出力，甚至在董事会有关聘用他的信内加入一段文字，他才撤回自己反对出任使团译员的决定（Morrison to Burder, Canton 1816）。马礼逊在这里所说的格兰先生，指的是查尔斯 · 格兰（Charles Grant, 1746—1823），他自 1805 年开始出任东印度公司董事局主席，而最关键的是他长期大力支持在亚洲地区进行传教工作。1792 年，他发表《大不列颠亚洲子民社会状况的观察》，提出假如东印度公司容许基督教传教士在印度传教，印度社会以至道德方面会大为提升（Grant 1813）；他也出任过圣公会传教会（Church Missionary Society）及英国圣经公会（British and Foreign Bible Society）副主席[19]，而英国圣经公会便曾捐赠 1000 英镑给马礼逊，资助他制作活字印模，印刷出版字典及圣经（E. A. Morrison 1839：441）。由此可见，对于马礼逊在广州受聘于译员期间从事宣教工作，格兰是不会反对的。从马礼逊的描述，格兰实际上支持过他的活动，出力为他辩解。马礼逊所说"格兰先生"为他出力的信件，应该就是董事局在 1815 年 3 月 29 日所发的信，该信除肯定马礼逊在东印度公司的工作和贡献外，还提及马礼逊编纂字典的计划，要求广州商馆在澳门提供充分的便利，最后更指示广州商馆向马礼逊支付 4000 元，作为他工作表现出色的报酬（Court of Directors to Select Committee, London 1815：160-161）。由于得到格兰的支持和帮忙，肯定他广州作为东印度公司译员的贡献，马礼逊感到无法拒绝，必须答应广州商馆指派为阿美士德使团译员，只是他在信中仍然指出，他并没有改变原来的看法，他始终认为这安排会为他日后的工作带来麻烦。

## 4. 余论

从上面征引东印度公司以及伦敦传道会档案所见，无论是不想参加使团的原因，又或是最后决定同行的理由，都跟马礼逊夫人所说的不同。显然，马礼逊夫人要在《马礼逊回忆录》中为马礼逊建立一位鞠躬尽瘁的传教士形象，一切行为和考虑都以教会为大前提，因此才有最初害怕影响工作进度不想参加使团，以及后来以提升他的语言文化能力为目的而愿意加入的说法。但在马礼逊自己所写的信函中，没有片言只字表达这样的想法。马礼逊所考虑的是他在广州的人身安全，还有他在东印度公司广州商馆的工作，他自始至终对于参加阿美士德使团很有保留，即使在使团结束后态度仍然没有改变，因为他在广州所要面对的问题在使团结束后只会更严重。这跟他后来在 1834 年获第一任英国驻华商务监督劳律卑（William John Napier, 1786—1834）委任为中文秘书兼译员时很不一样。对于这个新职位，马礼逊从 1834 年初开始便经常在日记和信件中提及和讨论，他十分自信“新体制”（“the new system”）需要他的协助（E. A. Morrison 1839：506+510），还颇自满地说自己在这工作方面的能力是所有人都认同的，且比任何一个英国人为高（同上：506-507）。最关键的是他很希望能取得这工作，甚至说到“渴盼有英国来的关于新当局以及是否雇用我的消息”（Morrison to John Robert Morrison 1834：89）。就在正式接受委任的当天（1834 年 7 月 16 日），马礼逊兴奋地告诉家人：“我会穿上缀有英国皇家领扣的副领事服！”更说“一名传教士穿上副领事的制服，而不是牧师的道袍，这是多么的不寻常啊！”（E. A. Morrison 1839：524）这种对身穿英国皇家副领事制服的自豪，跟他在 1816 年出任使团成员要穿上猩红外衣，戴三角尖帽，配宫廷佩剑所表现的无奈，甚至自嘲是调笑对象的态度（Morrison to Burder, Canton 1817），是迥异的。很明显，问题不在于服饰本身，而在于心态。尽管使团译员也是作为英国政府的代表，但这只是短暂的，使团返回英国后他便要回到东印度公司工作，继续以商业机构雇员身份来跟广东的官员周旋，他的担心和顾虑是非常合理的。

但话说回来，不情愿参加使团的马礼逊，最终还是非常认真尽忠地完成译员的任务。他不但为大部分的晤面和会议进行口译，还翻译了使团所有重要的文书，包括礼物清单[20]、使团成员名单[21]，以及摄政王致嘉庆的国书[22]，也负责把嘉庆的敕谕译成英文（Translation of a Letter from the Emperor of China to the Prince Regent）。对于使团，马礼逊最重要的贡献是：无论口译还是笔译，马礼逊都处处以英国和东印度公司的利益为先（参 Wong 2022）[23]，这是外交译员最重要的贡献。正因为这个缘故，马礼逊虽然不情不愿地参加使团，但得到很高的评价，在使团离开后差不多15年，当东印度公司讨论给予马礼逊长俸时，他们提出的其中一个理由是：马礼逊在阿美士德使团中所提供的服务是"最为宝贵的一种"！（Consultations, Select Committee 1830：87）

## 注释

[1] 关于马戛尔尼使团所带来的礼品，可参 J. L. Cranmer-Byng and Trevor H. Levere, "A Case Study in Cultural Collison: Scientific Apparatus in the Macartney Embassy to China, 1793," Annals of Science 38, no. 5 (1981), pp. 503-525; Henrietta Harrison, "Chinese and British Diplomatic Gifts in the Macartney Embassy of 1793," English Historical Review 133, no. 560 (February 2018), pp. 65-97; 常修铭：〈马戛尔尼使节团的科学任务——以礼品展示与科学调查为中心〉（新竹：清华大学硕士论文，2006）；王宏志：〈如何"张大其词以自炫其奇巧"？论新发现1793年马戛尔尼使团礼品清单中译本〉，《外国语言与文化》第5卷第3期（2021年9月），页102–123。

[2] 整体而言，使团译员李自标对使团是忠诚的，他的工作和服务受到使团成员的肯定和赞扬。他跟使团成员关系很好，特别是副使斯当东，但在后期李自标在信函中表露他对马戛尔尼的不满，也透露了他跟中国官员也发展了很好的关系，甚至和珅也送礼物给他。参王宏志：〈马戛尔尼使团的译员〉，《翻译史研究 (2018)》（上海：复旦大学出版社，2020），页36-120；Henrietta Harrison, "A Faithful Interpreter? Li Zibiao and the 1793 Macartney Embassy to China," The International History Review 41, no. 5 (2019), pp. 1076—1091.

[3] 关于各人中文水平的简略分析，见 Patrick Tuck, "Introduction: Sir George Thomas Staunton and the Failure of the Amherst Embassy of 1816," Britain and the China Trade, 1635-1842, vol. 10, pp. xxii-xxiii.

[4] 关于万宁与18-19世纪中英关系，可参王宏志：〈从西藏拉萨到《大英百科全书》：万宁（Thomas Manning, 1772—1840）与18-19世纪中英关系〉，《国际汉学》2018年第3期（2018年9月），页122-147。

[5] 关于马礼逊在东印度公司开设中文课，可参苏精 2005：43-64.

[6] "We expect an embassy here. I feel great reluctance to have anything to do with it (keep it inviolably secret.)"Morrison to Burder, Canton, 28 November 1815, LMS/CH/SC, Incoming Correspondence, Box 1, Folder 4, Jacket B.

[7] 苏精说马礼逊是在 1808 年 4 月开始编纂字典的工作，同上，页 45。但在一封 1808 年 1 月 23 日的信里，马礼逊已说到他当时主要的工作是编写有关中国语法的书和字典。Morrison to Father, Macao, 23 January 1808, LMS/CH/SC, Incoming Correspondence, Box 1, Folder 1, Jacket B.

[8] "I do not at all like this trip. Perhaps good may arise from it. I am not sanguine." Morrison to Burder, on Board "Discovery", 12 July 1816, LMS/CH/SC, Incoming Correspondence, Box 1, Folder 4, Jacket C.

[9] "I feel an objection to it as much as it makes persons more obnoxious, I think, to the local government of Canton." Morrison to Hardcastle, Canton, 9 October 1815, LMS/CH/SC, Incoming Correspondence, Box 1, Folder 4, Jacket B.

[10] "It still, however, goes against my own inclinations and judgement. I fear it will do me harm instead of good." Morrison to Burder, Canton, 10 June 1816, LMS/CH/SC, Incoming Correspondence, Box 1, Folder 4, Jacket C.

[11] 马礼逊在一封写给哈卡素的信中，分析自己接受东印度公司译员工作的原因。Morrison to Hardcastle, Canton, 4 December 1809, pp. 10-11, LMS/CH?SC, Incoming Correspondence, Box 1, Folder 1, Jacket C。关于马礼逊初抵中国所遇到的困难，可参苏精：〈等待与探索：马礼逊在华的最初两个月〉，《中国，开门！》，页 25-41。

[12] 关于吐巴资号事件，马礼逊曾撰写长文报告。Robert Morrison, "Of an Affair Between a Watering Party of Seamen, from the Topaz, an English Firgate, and the Chinese Inhabitants of Lin-tin island, Situated above Macao, in the Passage from the Sea to the Anchorage at Whampoa, Interspersed with Remarks on the Current Affairs of Canton, 1821-2," ibid., pp. 10-32；又可参 Select Committee to F. M. Hastings, Governor-General at Fort William, Canton, 27 February 1821, in Morse, The Chronicles of the East India Company in China, vol. 4, pp. 27-30.

[13] 关于 1812 年英美之战，可参 Hickey 1989; Hickey, 1995; Cleves, Eustace and Giije 2012: 520-555.; Donald R. Hickey, The War of 1812: A Short History (Urbana: University of Illinois Press, 1995);

[14] 关于"李耀事件"，参看王宏志（2014: 203-232）及王宏志（2014: 55-86）。

[15] FO 1048/14/68.

[16] Consultation, 11 October 1814, IOR/G/12/270d, p. 102. 10 月 11 日会议纪录显示他们在较早前已决定写信到北京，当天是强调信件准备好后便立刻发送总督，要求马上

转呈北京。

[17] Morrison to Chairman of the Select Committee, Macao, 10 October 1814, IOR/G/12/270d, p. 103。马礼逊夫人也把这封信收录在马礼逊的回忆录里，但只注明信件在 10 月发送。E. A. Morrison 1834: 421, Memoirs of the Life and Labours of Robert Morrison, DD, vol. 1, p. 421.

[18] Select Committee to Morrison, Macao, 11 October 1814, ibid., pp. 111-112. 马礼逊夫人也节录了这封信。Eliza A. Morrison, Memoirs of the Life and Labours of Robert Morrison, DD, vol. 1, pp. 421-423.

[19] 这次会议达成的结果，见粤海关监督祥绍嘉庆十九年十月廿一日（1814 年 12 月 2 日）谕，英国外交部档案（Foreign Office Records），FO 1048/14/101。另外，梁廷枏《粤海关志》所收录〈广州布政使曾燠会议详驳英吉利国大班益花臣议（嘉庆十五年十月）〉及〈广州府知府陈镇核英吉利国大班益花臣议（嘉庆十五年十月）〉，其实也是记录了这次 1814 年的会议结果，但既不完整，且日期有误。梁廷枏:《粤海关志》（广州：广东人民出版社，1999），卷二十九（夷商四），页 555-558。

[20] Davidson, Allan K. “Grant, Charles” in Gerald H. Andrson ed., Biographical Dictionary of Christian Missions. New York: Macmillan Reference USA, 199: 256. 有关查尔斯 · 格兰的生平，可参 Morris 1904.

[21] 礼物清单英文稿见 G/12/196/44-47 及 G/12/196/144；中文译本题为〈礼物大概开列〉，见英国外交部档案 F.O. 1048/16/32，并有好几份草稿，内容不尽相同，见 F.O. 1048/16/33；F.O. 1048/16/34；F.O. 1048/16/35；F.O. 1048/16/36。

[22] 使团成员中文名单，誊抄好的正本见“英吉利国国差正从人名目”，F.O. 1048/16/38，且也收有几份名单草稿，见 F.O. 1048/16/39，F.O. 1048/16/40，F.O. 1048/16/41。

[23] 摄政王致嘉庆的国书英文原信见东印度公司档案，IOR/G/12/196/433-434；中译本见 F.O. 1048/16/42。

## 参考文献

[1] 北平故宫博物院（编）. 清代外交史料 · 嘉庆朝 [M]//：第五册 . 北京：北平故宫博物院，1932.

[2] 王宏志 . 天朝的译者：从“阿耀事件”看通事在近代中英交往史上的位置 [J].《中国文化研究所学报》, 2014（57）：203-232.

[3] 王宏志 . 斯当东与广州体制中英贸易的翻译：兼论 1814 年东印度公司与广州官员一次涉及翻译问题的会议 .《翻译学研究集刊》, 2014（17）：55-86.

[4] Abel Yen to Manning: undated [B]. Royal Asiatic Society of Great Britain and Ireland (RAS/TM/5/13).

[5] Amherst to Canning: 1817-4-21 [B]. India Office Records (IOR/G/12/197): 374.

[6] Auber, Peter. China. An Outline of the Government, Laws, and Policy; and of the British and Foreign Embassies to, and Intercourse with, that Empire [M]. London: Parbury, Allen and Co., 1834.

[7] Chairman and Deputy Chairman to Buckinghamshire: 1815-3-3 [B]. India Office Records (IOR/G/12/196): 7.

[8] Chairman and Deputy Chairman to Buckinghamshire: 1815-7-28 [B]. India Office Records (IOR/MSS/EUR/F/140/36), quoted from Caroline M. Stevenson, Britain' s Second Embassy to China: Lord Amherst' s "Special Mission" to the Jiaqing Emperor in 1816. Canberra: Australian National University Press, 2021.

[9] Cleves, Rachel H, Nicole Eustace and Paul Giije, Interchange: The War of 1812 [J]. Journal of American History, 2012 (99): 520-555.

[10] Consultation: 1816-5-27 [B]. India Office Records (IOR/G/12/271): 67-71.

[11] Consultation: 1815-10-12 [B]. India Office Records (IOR/G/12/271a): 46-50.

[12] Consultations Select Committee: 1830-12-28 [B].India Office Records (IOR/G/12/244): 87.

[13] Court of Directors to Select Committee: 1815-1-6 [B]. India Office Records (IOR/R/10/46): 6-9.

[14] Court of Directors to Select Committee: 1815-3-29 [B]. India Office Records (IOR/R/10/46): 77+160-161.

[15] Court of Directors to Select Committee: 1816-7-10 [B]. India Office Records (IOR/R/10/47): 46-50.

[16] Ellis, Henry. Journal of the Proceedings of the Late Embassy to China; Comprising a Correct Narrative of the Public Transactions of the Embassy, of the Voyage to and From China, and of the Journey from the Mouth of Pei-Ho to the Return to Canton [M]. Philadelphia: A. Small, 1818.

[17] Grant, Charles. Observations on the State of Society among the Asiatic Subjects of Great Britain, particularly with respect to Morals; and on the means of improving it.—Written Chiefly in the Year 1792 [M]. London: The House of Commons, 1813.

[18] Hickey, Donald R. The War of 1812: A Forgotten Conflict [M]. Urbana: University of Illinois Press, 1989.

[19] Hickey, Donald R. The War of 1812: A Short History [M]. Urbana: University of Illinois Press, 1995.

[20] Metcalfe to Select Committee, Canton: 1916-6-4 [B]. India Office Records (IOR/G/12/196): 201-202.

[21] Morris, Henry. The Life of Charles Grant, Sometime Member of Parliament for Inverness-shire and Director of the East India Company [M] London: John Murray, 1904.

[22] Morrison to Select Committee: 1815-10-14 [B]. India Office Records (IOR/G/12/217a): 52-55.

[23] Morrison, Eliza A. Memoirs of the Life and Labours of Robert Morrison [M]. London: Longman, Orme, Brown, Green and Longmans. vol. 2. 1839.

[24] Morrison, Robert. Memoir of the Principal Occurrences during an Embassy from the British Government of the Court of China in the Year 1816 [M]. London: Hatchard & Son, 1920.

[25] Morrison to Burder: 1816-1-1 [B]. London Missionary Society (LMS/CH/SC, Incoming Correspondence, Box 1, Folder 4, Jacket C).

[26] Morrison to Burder: 1817-1-3 [B]. London Missionary Society (LMS/CH/SC, Incoming Correspondence, Box 1, Folder 4, Jacket D).

[27] Morrison to Hardcastle, Canton: 1815-10-9 [B]. London Missionary Society (LMS/CH/SC, Incoming Correspondence, Box 1, Folder 4, Jacket B).

[28] Morrison to Burder, Canton: 1816-6-10 [B]. London Missionary Society (LMS/CH/SC, Incoming Correspondence, Box 1, Folder 4, Jacket C).

[29] Morrison to Directors of the Missionary Society, Macao: 1811-1-7 [B]. London Missionary Society (LMS/CH/SC, Incoming Correspondence, Box 1, Folder 2, Jacket A).

[30] Morrison to Hardcastle, Canton: 1814-12-14 [B]. London Missionary Society (LMS/CH//SC, Incoming Correspondence, Box 1, Folder 3, Jacket C).

[31] Morrison to Hardcastle, Canton: 1810-2-25 [B]. London Missionary Society (LMS/CH/SC, Incoming Correspondence, Box 1, Folder 1. Jacket D).

[32] Morrison to Thomas Wilson, Canton: 1814-2-12 [B], in Eliza A. Morrison, Memoirs of the Life and Labours of Robert Morrison: vol. 1.: 399-400.

[33] Morrison to John Robert Morrison: 1834-4-9 [B] // 苏精．〈福音与钱财——马礼逊晚年的境遇〉，《中国，开门！馬禮遜及相關人物研究》．香港：基督教中國宗教文化研究社，2005：89。

[34] Morse, H. B., The Chronicles of the East India Company Trading to China 1635-1834 [M]. London: Oxford University Press, vol. 3, 1926.

[35] Price, Barclay. The Chinese in Britain: A History of Visitors and Settlers [M]. Gloucester: Amberley Publishing, 2019.

[36] Secret. Commercial letter from China: 1816-7-7 [B]. India Office Records (IOR/G/12/196): 210.

[37] Select Committee: Consultation: 1830-12-28 [B]. India Office Records ( IOR/G/12/244).

[38] Select Committee to Morrison: 1815-10-12 [B]. India Office Records (IOR/G/12/271a): 50-52.

[39] Staunton, George Thomas. Notes of Proceedings and Occurrences during the British Embassy to Pekin in 1816 [M], in Britain and the China Trade 1635—1842 [M]. London and New York: Routledge, 2000, vol. 10, p. 51.

[40] Staunton, George Thomas. An Authentic Account of an Embassy from the King of Great Britain to the Emperor of China [M]. Philadelphia: Robert Campbell, vol. 1, 1799.

[41] Staunton, George Thomas. Miscellaneous Notices Reporting to China, and Our Commercial Intercourse with the Country, Including a Few Thousand Translations from the Chinese Language [M]. London: John Murray, 1822.

[42] Translation of a Letter from the Emperor of China to the Prince Regent [B]. Foreign Office (FO 17/3): 134-136

[43] Tuck, Patrick. Britain and the China Trade 1635—1842 [M]. London and New York: Routledge, vol. 10, 2000.

[44] Wong, Lawrence Wang-chi."'Is There No Middle Path?' Robert Morrison as a Diplomatic Interpreter in the Amherst Mission," paper presented at "Chinese Culture in Translation: Sinologists as Translators." International conference organized jointly by The Department of Oriental Studies, Sapienza University of Rome, and the Research Centre for Translation, The Chinese University of Hong Kong, 21-23 April 2022.

## 作者简介

王宏志，伦敦大学亚非学院哲学博士，香港中文大学翻译系荣休讲座教授兼研究教授，翻译研究中心主任。研究方向：18—20 世纪中国翻译史、现代中国文学与政治。

## 翻译理论研究

# 论严复社会学及与翻译思想的关系*

# On Yan Fu's Sociological and Translation Thoughts

张凌
ZHANG Ling

**摘要：**

严复是中国近代启蒙思想家、教育家、翻译家，更是中国社会学的重要开创者和奠基人之一。严复关注社会问题，通过述译论证借鉴，研究和解决问题的径路，对于今天的学术研究，尤其是近来倡导的跨学科研究，具有重要借鉴价值。他为了救国救民，引进西方思想文化。借助翻译这一利器，将西方社会学思想译述到中国，并根据实践效果适时进行调整，为我国社会学的建设和发展做出开拓性贡献。严复的社会学思想，是他的翻译思想、教育思想的总根源。严复的社会学思想对我国现在的社会学、翻译学、教育学乃至其他学科的研究，解决现实问题，推动社会发展，仍具有重要参考价值。

**关键词：**

严复；译述；社会学；《群学肄言》；《社会通诠》

**Abstract:**

Yan Fu, a famous enlightenment thinker, educator as well as translator in modern China, is also an important founder of sociology in China. His approaches, with reference to other countries through translation, to deal with Chinese social problems are insightful and helpful for sociology and other interdisciplinary explorations nowadays. Yan Fu has made remarkable contributions to sociology in China in terms of focus on the real social problems, reference to other countries by means of translating, and adjustment of strategies in order to save his motherland from danger in early modern China, which thus throws light on the solutions of social problems we come across in China and the other countries and regions in the world as well. Besides, the present paper attempts to put forward that Yan Fu's education and translation thoughts originate from his sociological thought.

* 基金项目：本文为国家哲学社会科学基金“基于语料库的英汉概称构式传译研究”（17BYY065）、陕西省社会科学基金“英汉概称构式对比研究”（2016K017）的阶段性成果。

**Keywords:**

Yan Fu; Translation; Sociology; A History of Politics; The Study of Sociology

## 1. 引言

严复（1854—1921）是中国近代史上彪炳史册的人物，对中国近代社会的变革与发展做了杰出贡献。他一生所从事的著述、教育、翻译等，都是直击中国近代社会面临的问题，探索求解的历程与结晶。以往对严复的研究，大多从有字文本出发，譬如，张志建（1995）研究严复的政治、哲学、教育、逻辑等学术思想；马勇（2001）基于严复的生平、译述与论著，评述他的学术思想；潘文国（2002：47）探讨中国翻译界对严复"信达雅"内涵的辩难与争鸣；皮后锋（2013）关注严复的人生经历与诸多贡献；沈国威、孙江（2017）挖掘了严复译述中与科学相关的内容；王岗峰（2020）评述严复在中国近代思想文化史上的重要地位，等等。虽然学界研究严复的成果已然丰硕，但是，从近代中国遭遇的时代难题这本无字之书，以及严复寻解作答的视角，探索严复译述与论著对中国近代社会变革与发展的价值并不多见，他的社会学思想与翻译思想之间的关系等问题值得探究。

因此，本文以迄今资料收集最完整的《严复全集》和中国知网上搜到的文章2437篇（以"篇名 = 严复"检索），尤其是论述严复社会学（以"篇名 = 严复社会学"检索）的13篇文章为基础，参考学界对严复的相关评述，在中国近代落后挨打、受辱欺凌的社会语境下，探索严复求解这道难题的过程，发掘他对中国近代社会改革与发展所作的奠基性贡献，凝练出他的社会学思想，并提出严复社会学思想是他教育思想、翻译思想总根源的观点，为解决今天中国乃至人类面临的教育、文化、翻译等诸多问题，提供些许借鉴与参考。

## 2. 体认中国近代社会，发现亟待解决的真问题

1840年代鸦片战争后的近代中国，国势日益衰微，民族危机空前深重。严复生当其时，中国内忧外患，不断遭受外辱欺凌，他感同身受，深切体认。严复的求学经历反映了时代的形势和国家的需求，他先后毕业于福州船政学堂和英国皇家海军学院。他之所以成为中国近代著名启蒙思想家、教育家和翻译家，绝非偶然，是出于士大夫这一中国知识分子"天下兴亡，匹夫有责"的历史使命感和责任担当。为了救亡图存、救民保种，他与康有为（1858—1927）、孙中山（1866 —1925）等被誉为向西方寻找真理的一派人物，是译述西方近世思想的第一个中国人。曾担任福州船政学堂教习、上海复旦公学校长、北京大学首任校长等职，为中国培养了大批军事及

其他人才。严复的论著和译述涵盖社会学、经济学、法学、伦理学、逻辑学、历史学、教育学、哲学，等等（汪征鲁、方宝川、马勇 2014a：总序 1）。严复为何成就如此卓著？乃在于他找到了近代中国社会发展面临的真问题。正如习近平总书记 2021 年 4 月 19 日，考察清华大学并发表的重要讲话中指出的，我们“要研究真问题，着眼世界学术前沿和国家重大需求，致力于解决实际问题”，只有这样，方能“肩负历史使命，坚定前进信心，立大志、明大德、成大才、担大任，努力成为堪当民族复兴重任的时代新人，让青春在为祖国、为民族、为人民、为人类的不懈奋斗中绽放绚丽之花。”习总书记不仅这样说，也是这样做的，他的经济发展战略观蕴含鲜明的问题导向（刘瑞 2021）。青年时代的严复就是这方面的青年才俊和典型代表。

研究真问题，既不同于埋头故纸堆，发思古之忧愁，也不同于无视问题，置身事外而空论。更不同于人云亦云、亦步亦趋，跟着别人的理论转。然而，不知从何时起，在研究领域出现了一种不健康的现象，不管是什么级别期刊的学术论文，还是学士、硕士、博士学位的论文，很多总要求有个理论框架，而且最好要找一个新的，来自国外的理论框架，否则，研究就容易被贬为不科学，或者不在学术前沿上。不重视理论框架者，甚至被讥讽嘲笑未入研究之门径。窃以为，理论框架者，解决现实问题之根据也。否则，出师无名，言之无由，研究结论就难以令人信服，也达不到研究旨在解决问题的目的。但放眼世界，目前社会学的研究，有多少能直面社会问题，提出有价值的真知灼见呢？或者研究出解决现实问题的切实可行的具体方案呢？众所周知，社会学的理论迄今主要有功能论、冲突论和互动论（参见 Popenoe 2007：21-23），有多少研究是为了解决真正的问题，而且真正解决了问题？这是值得深思检讨的。譬如学校教育重分数轻能力的问题，有学者从功能论角度研究了一番，有学者从冲突论视角探讨了一番，又有学者从互动论维度争鸣了一番。三番五次往复辩难，但重分数轻能力的问题还是那个问题，没能真正解决。这些研究，顶多是在社会学推陈出新的理论框架里遨游了一趟，重分数轻能力的问题在这些不断创新的理论框架下裸奔了一回而已。如此成果，于现实没有解决问题，于理论没能创新，两头都不沾边。无独有偶，这种无视问题的不良研究风气还波及其他领域。譬如语言学界针对“台上坐着主席团”这样的句子，从形式语言学解释一番，从功能语言学解释一番，从认知语言学解释一番，但语言学理论的马甲换了一套又一套，“台上坐着主席团”还是“台上坐着主席团”。这样的研究既没能解决汉语学习问题，也没能构建出新的基于汉语的语言学理论。难怪享誉中外的语言学家潘文国先生（2013）哀叹“其论弥高，其文弥下”呢？！严复从中国近代社会的真问题，展开探索，实在不啻一剂良药，催人警醒！

严复研究的问题，不仅是真问题，而且还是大问题。是牵一发动全身、举纲张目、全局性的事关中国生死存亡的大问题。站得高才能看得远。他站在拯救民族于危难的高度，著书立说、译述结合，唤醒民众，救国图强。1894 年中日甲午海战，中国彻底失败，民族气节达致冰点。翌年他奋笔疾书，写出《论世变之亟》等政论文，急国家、民族之所急，先天下之忧而忧。针对中国面临的可能亡国灭种危险的大问题，他不仅阅览中国古籍，从中寻求谋略，还积极学习西方，以求探骊得珠，获得思路，力挽狂澜。

## 3. 中体西用，借鉴、学习西方思想文化，寻求解决途径

严复一生从未停止研读中国古代典籍，14 岁开始接受西方自然科学教育，24 岁负笈英伦，借助英语，探本溯源研读西方思想文化。梁启超称严复是中学西学皆为我国第一流人物，英文是他汲取西方思想的媒介，直入西方文化之堂奥。再植根中土，成就中国近代思想启蒙之巨擘。他以自然科学为基石，以进化论为核心的社会历史观，以英语、文言转写传译，“真正体现了中西文化在核心价值体系层面的交融”（汪征鲁、方宝川、马勇 2014a：总序 2-3）。严复对近代中国的贡献，维度众多、影响深远、成就斐然、贡献卓著。譬如，他在《天演论》译例言中的“译事三难信达雅”，这句话，尤其是最后三个字就让我国蜚声中外，在联合国、欧盟等曾任职翻译的著名翻译家、翻译理论家刘宓庆先生忙活了一辈子（刘宓庆 2001：自序）；“信达雅”这三个字的真实内涵，在中国翻译界也争鸣了整整一个世纪之久（潘文国 2002：46），直到现在仍有历史回音（蔡力坚 2012）。然而，学界同仁不要忘了，“严复是把西方社会学传入中国的第一人”（苏振芳 2003），是“中国最早研究社会学的学者之一”（袁方 1999：30-34）。他的社会学思想是其他思想如教育思想、翻译思想的源头活水。严复译述和著作对中国“社会变革影响最大的是斯宾塞的《群学肄言》和赫胥黎的《进化论与伦理学》等社会学理论”（王作峰、刘洪英 2004），所以本文才集中探讨严复对中国社会学的奠基之功和卓越贡献，希望对我国当今社会存在的问题，如乡村振兴、农业发展、教育问题、人才培养、文化外译等，有点启示和些许裨益。有关严复的其他专题如教育、翻译等，在严复社会学思想视阈下，会得到新的认识与看法，将另文探究。

其实，从源头上稽考，严复的论著和译述，都是针对中国近代社会存在的问题，当属广义的社会学研究。完全可以说严复是一位社会学家，只不过他在思想教育、英汉译述领域的成绩更为明显，遮蔽了社会学家这一身份。加上“学科”这一称谓，即物理学、化学、社会学等，是舶来品，是在严复的晚年，在胡适等人的“整理国

故”呼声中才进入中国。所以，社会学家这个本源性身份，很遗憾地被疏忽了，他的社会学思想也就没有引起足够的重视。根据冯桂芬（1809—1874）首倡、孙家鼐（1827—1909）发展、张之洞（1837—1909）完善的“以中国孔孟伦常名教为本体，以西方富国强社之术为辅助”的中体西用思想，严复从学习、借鉴西方思想文化这一更高层面，提出解决近代中国社会问题的方略。而且，“西用”不仅是自然学科，更多的是社会学的可资利用者。它不同于恭亲王奕䜣（1832—1898）重视物质文化而倡导洋务运动，也有别于康有为倚重制度文化而发起戊戌变法。因此，可以说严复的论著和译述都是广义的社会学著作，都是为了解决中国近代面临的险些亡国灭种这一社会大问题。严复的救国思想体现为社会实践，则是对中国近现代乃至当今产生深远影响的 1919 年“五四运动”。如是观之，“先秦各派哲学基本上都是社会论的政治哲学”（李泽厚 2007：33），“中国文化从本质上来说是一种以‘治’，尤其是‘治国’为根本内容和追求的文化”（潘文国 2021）。简言之，先秦哲学、中国文化都是针对中国的社会问题的。从狭义上来说，在严复译述中，较为集中、直接关注社会学问题的，大抵是《群学肄言》（又译《社会学研究》The Study of Sociology）、《群己权界论》（又译《论自由》On Liberty）和《社会通诠》（A History of Politics），这大概就是现在资料搜集最为完整的《严复全集》专门把三者独立归类为一集（卷三）的原因。当然，仁者见仁，智者见智，学界也有不同意见，如孙以芳（1985）以为“严氏译述的社会学有《群学肄言》和《社会通诠》二书”，这当然可以进一步探讨。

我们发现，《天演论》（又译《进化论与伦理学》Evolution and Ethics and Other Essays）可说是严复体认、研究近代中国社会现实，提出改造中国近代社会一系列思想（蕴含在上文提及的社会学、经济学、法学、伦理学、哲学等译著和论著之中）的序幕和开端。《天演论》（1895 年译）是先声，为中国士大夫敲响警钟，唤醒中国近世民众，把他们从天朝上国的睡梦中警醒；通过翻译，用达尔文“物竞天择、适者生存”的进化论思想教育社会民众，希望全社会共同奋斗，致力于救国救民于危难关头和水深火热之险境。然后，依照开始翻译的时间先后顺序，《群己权界论》（1900 年译）、《穆勒名学》（1900 年译）、《原富》（1902 年译）、《群学肄言》（1903 年译）、《社会通诠》（1903 年译）、《法意》（1903 年译）、《名学浅说》（1909 年译）则是《天演论》呼声的赓续和推进之作，旨在从思想文化的各个方面积蓄发力，从点到面，实施救国救民之方略。

在严译著作中，高凤谦（1870—1936）最喜欢《群学肄言》，并告诫从事社会学研究的人“欲读严子之书，必先读《群学肄言》”（汪征鲁、方宝川、马勇

2014b：6）。这也许是时下中国诸多社会学著作讨论社会学定义时，很多都援引《群学肄言》的根源之所在。《群学肄言 · 译序》说，"群学何？用科学之律令，察民群之变端，以明既往、测方来也。肄言何？发专科之旨趣，究功用之所施，而视之以所治之方也。"概要析言之，"社会学是一门试图用科学的思维逻辑来讨论人类社会和社会生活的学科。"（邱泽奇 2002：66）这对美国社会学家波普诺（David Popenoe）的定义"社会学是对于人类社会和社会互动进行系统、客观研究的一门学科"（2007：6）似乎也有一定的启示意义。

毋庸讳言，学术同仁需要注意的是，严复以上译述，显然都是在其发表《论世变之亟》《原强》《辟韩》和《救亡决论》四篇政论文的同年（如《天演论》），或之后（其他七部译述）才完成的。这组政论文写于 1895 年 2 月至 5 月，指出中国近代社会落后，遭受列强凌辱的真正原因在于"民力""民智""民德"均已衰弱（林怡、蓝华生 2001）。"这些文章和著述，基本就是他关于中国社会现代转型的总体纲领，而之后岁月里他精心选译的系列西方名著则类似于其诠释和注脚"（张亚月 2021），这样，我们就更容易理解严复中体西用，译述西人著作以救亡的目的所在和求索历程，为他自己提出更为具体的解决办法奠基旁证。因此，可以说，严复的社会学思想是总纲领，是他翻译思想的源泉。要想理解严复的翻译思想，有必要先理解他的社会学思想。

## 4. 译述西方著作，植根本土，提出具体解决办法

严复一生译述的著作，根据开始动笔的时间先后，主要是《天演论》《群己权界论》《穆勒名学》《原富》《群学肄言》《社会通诠》《法意》《名学浅说》"八大译著"，另外还有十七篇译文和一篇按语（汪征鲁、方宝川、马勇 2014c：471）。这些译作都是在严复上述政论文立论的基础上，求解中国近代社会难题的借鉴和旁证之作。严复的翻译，有点类似于罗选民先生（2019）倡导的"大翻译"，不囿于字词的转化活动，富含深厚敦实的家国情怀。

严复解决的主张或者办法，张亚月（2021）总结为六个方面：一、坚持温和改良，反对激进革命；二、坚持君主立宪，反对共和；三、坚持自由、平等、法治等现代性价值；四、坚持现代性价值下朝向现代国民国家的阳关大道，反对分裂国家民族的愚昧激进的狭隘民族主义；五、坚持循序渐进、保障秩序的社会改良路径，坚持从现代社会根基处（国民素养）入手来实现中国社会的现代转型，一以贯之地主张通过鼓民力、开民智、新民德来推进中国社会演进；六、坚持道德良心、坚持为国家为"群"致思，甚至不惜自身名节，终生秉持"己轻群重"的爱国心。这六个方

面，都与社会问题休戚相关，都可以说是严复社会学思想的内涵。遗憾的是，张亚月（2021）的分类有些庞杂，而且存在重复的现象，比如，第一条就涵盖了第五条；第三条包含了第四条。林怡、蓝华生（2001）提出严复的社会学思想是从“求富强”嬗变到“尊人道”；王天根（2008）认为严复的社会学思想是从“物理到政理”再到“国民素质论”。我们研读后发现，这些与其说是严复的社会学思想，倒不如说是严复采用的具体办法和落实措施。在前人时贤研究基础上，我们发现严复在找到中国近代社会的问题后，主要采取了以下具体办法。

第一，著译结合，开启民智。从上文论述，可以清楚发现，严复体认到鸦片战争，尤其是中日甲午海战之后的中国社会实际，找到中国近代社会面临的问题是多方面因素合力夹击，尤其是思想文化落后导致的衰弱，于是发表一系列政论文章，确立自己从思想文化层面救国的主张。为了更有力地论证自己的主张，他译述托马斯·亨利·赫胥黎（Thomas Henry Huxley，1825—1895）的 Evolution and Ethics and Other Essays 为《天演论》（并非按原文字面翻译成《进化论与伦理学及其他》），旨在用查尔斯·罗伯特·达尔文（Charles Robert Darwin，1809—1882）“物竞天择，适者生存”的进化论思想教育民众，开启民智。工欲善其事，必先利其器。严复体认社会，提出政治主张，译述旁证并开启民智的良苦用心，就顺理成章，容易理解了。民智未开，欲速则不达；民智开启，便可从多个方面著译结合，推进社会改良（严复一生反对激进的暴力革命）。

第二，聚焦社会，多管齐下。《天演论》开启民智后，针对社会存在的诸多问题，分别从社会、经济、法律、逻辑学等方面多管齐下。在自己上述各方面主张的基础上，译述每个方面的西方代表性著作，当作旁证和支撑材料。从数量上来说，“八大译著”中与社会密切相关的至少占到一半，分别是《天演论》《群己权界论》《群学肄言》和《社会通诠》，与逻辑学紧相关联的有二，《穆勒名学》和《名学浅说》，关涉经济、法律者，只各有一部：《原富》和《法意》。可见，严复已经体认到西方近代富强起来的根本原因，不在坚船利炮等物质文化，而是社会进化史观（另见汪征鲁、方宝川、马勇 2014a：点校说明 1）。再从开始译述的时间来看，社会学、逻辑学方面的著作贯穿始终（详见上文），可见严复是想从社会整体，而不是仅从物质文化或者制度文化，而是要从思想文化的层面变革中国近代社会。

第三，依据成效，调整方略。严复 14 岁就开始接受西方自然科学教育，24 岁到英国留学。自然科学的一大特点就是注重实践效果或者成效，因此，他很容易用实践成效检验自己的主张是否可行。另一方面，严复一生都在不断研读中国古代的典籍，中华民族长期以来形成的智慧早已融入他的血液和精神。其中，四书五经之一《大学》里的儒家思想“格物、致知、诚意、正心、修身、齐家、治国、平天下”不可能不深刻影响严复，“天下兴亡，匹夫有责”的责任担当也淋漓体现在他的社会学思想里。而且，在当时的时空语境下，变革近代社会的主张是“中体西用”而不是“全盘西化”。严复本想借助西方的社会学思想，从教育、经济、逻辑等方面促进社会变革。

但是，从实践效果来看，严复的初始目标并没有收到自己期待的效果。“《天演论》一出，人人只知物竞而不知有公理，导致兵接祸连”（张亚月 2021），这是严复不曾预料也不想看到的社会实践效果。尤其是在被“洪宪帝制”风波裹挟，自己成为“筹安会六君子”之一后，这位被李泽厚誉为“近代中国学习和传播西方资本主义新文化的总代表”的严复，开始审视他自己的政治主张之得失，痛定思痛，反复权衡后，干脆率先发起“尊孔读经”运动。

一般人看来，这是严复在走回头路，因此常“被时人诟病为早年开风气之先、晚年却趋于保守落后，早年全盘肯定西学、晚年又回到封建主义怀抱”甚至被称作“不合时宜的启蒙者”（张亚月 2021）。表面上看来似乎如此，但只要从严复的成长经历和时代背景出发，观察严复似乎出尔反尔这个现象，其实会得到相反的结论。第一，严复深受自然科学重视实验和实践效果的影响，即便是重大的社会变革主张，他也笃定跟实验室里的科学假设和实验证明是同样的道理。因此，当他看到《天演论》面世后的，“物竞天择、适者生存”的社会效果不是群起救亡，反而是军阀混战、烽烟四起。他不免有些沮丧，开始怀疑自己的主张。第二，严复所处的时代是“中体西用”，学习西方，不能否定自己的传统，是要借石攻玉。救国心急，既然看到《天演论》等并没有起到企盼的效果，那就是此路不通，只得另觅他途。加上他自己的主张是思想文化救国，而不是诉诸武力以发动激进革命，那就只能继续寄希望于中国传统文化了。但是，严复的“尊孔读经”绝对不是封建时代的样子，而是经过西学洗礼过的。因此，从历史的角度解读，严复“求富强”到“尊人道”也好，还是从“宣扬西学”到“尊孔读经”也罢，其实只是根据社会实践效果，调整自己解决社会问题的办法。只有历史辩证地看待，才能对严复进行实事求是的评价，也才能有益于审视中国近代社会得到发展的原因。试想，如果没有严复等人看似失败的试验和调整，中国革命与建设就突然间找到“农村包围城市，武装夺取政权”“改革开放”等成功道路了吗？不可能！因为严复以翻译家的身份沉寂多年之后，毛泽东率先发现他的社会价值，与洪秀全、康有为、孙中山平起平坐（李泽厚 2007：238），李克强总理也说，每个中国人都应该记住严复，他启蒙了几代中国人，同时又葆有一颗纯正的“中国心”（张亚月 2021）。

## 5. 余论

鉴往体今思来，这是学习历史、评判历史事件或人物的重大意义之所在。我们探索严复的社会学思想，他解决问题的方法才有更为重要的价值。简言之，严复的社会学思想体现为，他研究真问题、大问题的意识，他纵观古今、横察中外求解的策略，他立论译述结合的方法，审视解决之效后进行必要调整。这对我们更有意义和价值。

第一，注重问题意识。从事研究，关键是找准问题，聚焦重大问题。无的放矢、鹦鹉学舌的研究，浪费生命，虚度人生，没有价值。严复思考的是如何救国这一真实的大问题，审视了物质文化救国、制度文化救国方略后，提出思想文化救国这一方略。

第二，密切注视效果。如果效果不好或者没有效果，则适时调整策略。他本想用《天演论》唤起中国民众的危机意识，致力于救国的各种具体社会活动如培育人才、译述西学。但他发现，《天演论》“物竞天择，适者生存”的思想被误用，社会效果不是严复期待的奋勇救国，而是军阀混战、兵祸连年、民不聊生。于是，他便积极调整自己的解决策略。当然，变革社会不可能是一朝一夕的事情，不仅需要明确的治国纲领，还需要广泛地宣传动员，只有得到绝大多数人的真心拥护，并持之以恒逐步推进，才有可能获得最后的成功。严复的思想救国有点浅尝辄止，没能付诸实施，晚年“麻痹自己”（李泽厚 2007：250）是很令人遗憾的。

第三，重视传统文化。严复反对疾风暴雨式的社会变革，对中国优秀传统文化始终抱有希望与热情。他认为中国近代落后的真正原因不在于物质文化，也不是制度文化，而是思想落后于时代发展的要求，因此，他积极译述西学启蒙民众，从事教育事业，倡导从思想文化层面改变现状，但始终以“中学为体”。但随着形势的发展，“中学为体”的根基受到动摇，“西学为用”有“全盘西化”的趋势。在这样的十字路口，严复面临的是要么回到中国传统文化，要么全面接受西方学问的两难选择。从他当时的思想来看，这两条都不是救国的好办法，但在只能二选一的情况下，他两害相较取其轻，选择了“尊孔读经”这条路径。严复译述西学，不忘中学，经常暗语比对，推陈出新。这可以说是后来张岱年（2017：885）的“文化综合创新论”，张立文（2022）“和合学”的先声。

第四，借鉴参照方法。纵观严复的社会学思想，翻译仅是一种策略和办法，借鉴参照他山之石的办法，目的还是攻玉，是解决中国的社会问题。换言之，借助翻译，严复述译、论证自己救国的社会学思想，推行思想文化救国的主张。如果只关注严复的翻译，而不能从救国的高度解读他的翻译策略，是一种抓住芝麻，忘掉西瓜的舍本逐末之举，碍难真正理解潘文国（2002：47）对“信达雅”的深入解读。要想成就一家之言，似乎连问题都没有找准，遑论成名成家，做出真正有价值的贡献。

第五，寻求多条径路。从严复启蒙思想家、教育家、翻译家的头衔来看，要想真正解决社会问题，固守学科只是一种画地为牢、作茧自缚的愚昧办法。世界本无泾渭分明的学科领域，亚里士多德学科的划分，仅仅是为了更深入地探究宇宙人生，避免泛泛而谈的权宜之举（汪子嵩 2016：281），万不可把学科建设当作忽视社会问题，采取行之有效措施，切实解决问题的借口。跨学科、学科之间的交叉融合，本来不用争议，因为要解决问题，需要从方方面面进行考量，这方方面面就是不同学科或视角。而且，凡是对社会有重大贡献的人，很少有人只固守在某一个学科藩篱里苦心经营、皓首穷经的。孔子、亚里士多德等古圣通才如此，现代很多蜚声中外的学者也是这样，举不胜举，都是在众多领域躬耕，以解决社会问题为研究的鹄的，而且取得真正有价值的业绩，促进社会和人类发展进步。

在探讨严复的社会学思想与他的翻译思想的关系过程中，我们还深深地体认到，中国从古至今，翻译活动都有文化战略的考量，翻译与社会的关系是紧密关联，须臾不离的。这应该是中国翻译的一个鲜明的特点，那就是中国社会翻译学，受篇幅和论题所限，只能留待将来进一步深入探究。

## 参考文献

[1] 蔡力坚 . 如何做好联合国的笔译工作 [J]. 中国翻译，2012（3）：89-93.

[2] 李泽厚 . 中国思想史论三部曲——古代、近代、现代 [M]. 天津：天津社会科学院出版社，2007.

[3] 林怡，蓝华生 . 从“求富强”到“尊人道”——论严复社会学思想的嬗变 [J]. 福建论坛（人文社会科学版），2001（6）.

[4] 刘宓庆 . 翻译与语言哲学 [M]. 北京：中国对外翻译出版公司，2001.

[5] 刘瑞 . 习近平经济发展战略观的形成、演变及特色 [J]. 社会科学研究，2021（2）.

[6] 罗选民 . 大翻译与文化记忆：国家形象的建构与传播 [J]. 中国外语，2019（6）95-102.

[7] 马勇 . 严复学术思想评传 [M]. 北京：北京图书馆出版社，2001.

[8] 潘文国 . 翻译与对比研究 [M]. 上海：上海外语教育出版社，2002.

[9] 潘文国 . 我的“古今中外之路”[J]. 当代外语研究，2013（2）.

[10] 潘文国 . 中国传统文化话语体系再认识 [J]. 当代外语研究，2021（1）.

[11] 皮后锋 . 严复大传 [M]. 福州：福建人民出版社，2013.

[12] 邱泽奇 . 社会学是什么 [M]. 北京：北京大学出版社，2002.

[13] 沈国威 著；孙江 编 . 严复与科学 [M]. 南京：凤凰出版社，2017.

[14] 苏振芳 . 严复对中国社会学研究的贡献 [C]// 黄瑞霖 . 中国近代启蒙思想家——严复诞辰 150 周年纪念论文集 [C]. 北京：方志出版社，2003：273-278.

[15] 孙以芳 . 清末中国社会学萌芽期——严复社会学译著及社会思想（二）[J]. 社会，1985（5）.

[16] 汪征鲁，方宝川，马勇 . 严复全集（卷一）[M]. 福州：福建教育出版社，2014a.

[17] 汪征鲁，方宝川，马勇 . 严复全集（卷三）[M]. 福州：福建教育出版社，2014b.

[18] 汪征鲁，方宝川，马勇 . 严复全集（卷五）[M]. 福州：福建教育出版社，2014c.

[19] 汪子嵩 . 西方三大师——苏格拉底、柏拉图、亚里士多德 [M]. 北京：商务印书馆，2016.

[20] 王岗峰 . 严复——中国近代思想文化史上里程碑式的巨人 [M]. 福州：福建人民出版社，2020.

[21] 王天根 . 从物理到政理的社会学思想与严复对近代社会的解析 [J]. 广西师范大学学报（哲学社会科学版），2008（5）.

[22] 王作峰, 刘洪英 . 严复引进西方社会学对近代中国社会变革的影响 [J]. 甘肃社会科学，2004（1）.

[23] 袁方 . 社会学百年 [M]. 北京：北京出版社，1999.

[24] 张岱年 . 中国哲学大纲 [M]. 北京：商务印书馆，2017.

[25] 张立文 . 和合学与文化创新 [M]. 北京：人民出版社，2020.

[26] 张亚月 . 严复：不合时宜的启蒙者 [J]. 群言，2021（4）.

[27] 张志建 . 严复学术思想研究 [M]. 北京：商务印书馆国际有限公司，1995.

[28] 戴维·波普诺，著 . 李强等，译 . Sociology [M]. 北京：中国人民大学出版社，2007.

## 作者简介

张凌，西安外国语大学教授，博士生导师。研究方向：翻译学、语言（哲）学。

# 佛教潜在译论话语开发的可能性

# Exploring the Possibilities of Using Buddhist Discourse in Translation Practice and Studies

庞秀成　刘莉
PANG Xiucheng　LIU Li

摘要：

佛教典籍含有丰富的诠释学思想和话语，但佛经译论倾向吸取中国传统哲学和美学话语讨论翻译得失，没能自觉运用佛家思想解说佛经翻译。追究这一偏失的原因固然必要，但开发利用佛教诠释话语，无论对翻译学本体论还是方法论来说都更为迫切。将佛教诠释学话语和语言观引入翻译论域，从而开启新的学术境界和视野，是翻译学面临的一项价值深远的学术工程。

关键词：

佛教；译论话语；潜在话语

**Abstract:**

Buddhist classics are imbued with hermeneutic thoughts and discourse. However, When translating Buddhist sutra, Buddhist translators were inclined to favor traditional Chinese discourse on aesthetics and philosophy to justify their translation activities, but they failed to explore the possibilities of using Buddihist discourse for the same purpose. Although it is necessary to probe into the causes of the propensity, it is urgent to utilize and develop right now so as to enrich theories and methodology of translation studies. To usher hermeneutic discourse of Buddhism as well as its linguistic views into translation studies is an academic project that faces the discipline when it makes efforts to broaden its new horizon and to open new research areas.

**Key words:**

Buddhism; Discourse on translation; Potential discourse

## 1. 引言

东汉永平十年佛教正式由官方传入中土，开启了佛教中国化的历程。佛经翻译倾向于用中国传统话语维护其合法性，如三国时期支谦的“美言不信，信言不美”“书不尽言，言不尽意”以及基于伦理标准的文质之思（“本旨”与“文饰”）。西晋道安（314—385）用本末论、文质论厘清言意之间的辩证关系。东晋僧睿（351—417）还借用名实论，将名实作为哲学上的义理贯穿其他关系，或名实总概念有下位话语变体，如名形、名理、名义等。又如宋法云的“言名义者，能诠曰名，所以为义”（《翻译名义集》自序），意思是，能表示（实）的叫作名，用来解释（名）的叫作义。可以说，翻译史上佛经译论话语名义之争、文质之思的根本上是名实之辩。赞宁（919—1001）的“折中适时”基于中庸论总结文质之争。由于传统名实问题没有从根本上解决，翻译中的名实之争持续到现代。章士钊发起翻译“名义”大讨论胡以鲁（王宏印 2003：121）为“义译”作了正名。他基于古代名实论，特别是荀子的“正名”论，全面总结了译名问题，做出“名实混淆，误会必多”等论断。遗憾的是，由于固守符合论，缺少名实关系异质性重构（即体验和实践）的认识，因而外在于主体的名实论也无法摆脱现代符号学能指与所指关系的纠缠。传统译论话语的另一个来源是中国美学。魏晋以来，风骨论、形神论、形气论、意境论、滋味论、神韵论等美学范畴囿于文学艺术创作，佛经翻译基本没有启用这些美学话语。除了鸠摩罗什的“嚼饭与人”和赞宁的“如翻锦绣”等少量譬喻外，“佛经翻译直至北宋仍不为其所动，而直到第二次翻译高峰结束时的清中期才有了汉满译家魏象乾‘顺其气’‘传其神’的译论范畴”（庞秀成、刘莉 2007：140）。魏晋以来 1500 多年以后中国佛经译论与中国文艺美学的节拍才有了一致的回响。总体上，“中国翻译史从‘文质之争’到‘形 / 神之辩’基本上以本土的概念为基础解释翻译活动。”（庞秀成 2011：5）基于中国文化的文质论、本末论和名义论与佛教的假名观、中道论、通别论、善巧方便智等在语言观上既有一致性，又有差异性甚至超胜方面。遗憾的是，除了运用本土学术话语外，历史上的佛经译论并没有充分利用自身的诠释话语讨论翻译。王宏印（2006: 220-223）开创性地总结出“佛经译论十大范畴”，分别是“味”“境”“化”“隔”“圆”“妙”“和”“真”“言”“修”。他试图将古印度美学、佛教美学、中国传统美学以及现代西方美学贯穿起来，对十大基本范畴作了佛教本义的解说，如钱钟书的“化境”是佛教的“境”，是皎然的“意境”以及王国维的“境界”的赓续；金岳霖的“（译）味”是印度《舞论》的“味”、鸠摩罗什的“（失）味”、道安的“（淡乎无）味”以及司空图的“（辨于）味”承传。然而，这种赓续和承传与佛经丰富诠释思想和语言观相比极不相称。由于现代语言学和哲学对中国传统译论话语的收编和简化（庞秀成 2011：5），对佛教诠释学的本体论和方法论话语用于翻译的可能性持审慎态度，或者还有其他因素，比如宗教话语的意识形态关联、学术现代化及科学化、中西学术话语权竞争中所处的地位等等，当代中国译论很难见到对佛教诠释话语资源的开发性研究。本文围绕开发佛教潜在译论话语的可能性展开讨论，试图讨论两个方面的问题：第一，佛教语言观对翻译有哪些启示；第二，佛教中潜在译论话语开发的可能性论证。

## 2. 佛教语言观

佛教语言观发端于其本体论问题的讨论。不管是否承认佛教存在本体论，都不可否认佛教承诺了一个追求目标，承诺了一个是可证、可修、可悟的境界，与西方文化承诺的外在性、根源性、普遍性和永恒性的本体大异其趣。印度佛教有实有本体说、空性本体说和心识本体说，而汉传佛教主要发展了心性本体说。一切可称为本体的名言，如实相、真如、佛性、法性、自性、真心、如来藏等都可归入一种终极关怀。大乘佛教就是建立在这种安身立命的终极本体之上的，认为一切都是因缘和合而成，是一种虚幻的存在（空），没有不变的自性，语言也不例外。以三轮宗、天台宗、华严宗及禅宗为代表的中国佛教吸收了中国本土原有的本体论范畴思想，发展了心性本体论，追求一种动态的、可修可证的心性本体。于是认为真理、本体不是离开主体自身而存在的，而是把真理与主体、本体与主体统一起来，本体与现象相即，强调两者的不离、一致。既承认真如本体，亦承认心性本体。承认所有佛家言说只是通往真如实相的方便施设，便将所有汉传经论放在一个连续统上，以此消除冲突，创造富有层次性与圆融性的本体论。

在这中空观哲学本体论观照下的佛教，一方面将语言视为明心见性的必要手段，如释迦牟尼，为了宣说其涅槃境界，重视语言艺术，鼓励灵活使用各种媒介，如方言、譬喻、体语、实物和音声等；另一方面，认为语言也是因缘和合而成，不是实相本身，也不足以表达实相，而是假有性空的现象或施设。因此，语言没有自性，也就没有自足、独立、不变的本性。尽管语言假有性空，还是要依靠语言媒介去体证真如实相。由于语言产生我执，忘记了语言符号的虚幻性，这就要依靠语言去掉我执，进行解释和去蔽。语言是指月之指，而不是月本身；是教化方便的桥梁，是明心见性的戏论；是教理之镜，是借以窥测本体得以解脱觉悟的门径。但语言具有不可说的有限性，也具有方便通经的无限可能性，因而具有遮蔽和解蔽二重性。波普的“三个世界”理论以及奥格登（Ogden）和理查兹（Richards）语义三角理论将一个统一的世界分为实在世界、意识世界和语言世界。语言获得了自性、独立、实有、抽象的意义，成为思维和实在并立的实体。佛教语言观却试图拆解这种实在性，就是要人们认识到语言只是假名和戏论，其分别和区隔作用只会遮蔽世界本无区别的实相。佛教的整体主义语言观大大解放了人们心性本体，也凸显出超越现代哲学的批判精神。

语言如何成为进入实相世界的法门？如何成为指引人们接近第一义的路标？法门、路标有分别和区隔，有差等和优劣。什么语言才是领悟佛旨的善言呢？佛教创立以来开示的是此岸到彼岸的多模态工具论和善巧方便的情境论。释迦牟尼身体力行，并告诫弟子用人人听得懂的语言（方言）说法，用比喻说奥妙佛理，甚至运用音声、体语、图像、无言等方式启迪众生，明心见性。但众生凡夫会执着于语言，不知语言空性，因此告诫众生“不即言，不离言”。这种不即不离的法门，与“八不中道”解释实相一致，是不拘泥语言而又不弃绝语言的实践智慧。“不立文字，教外别传，直指人心，见性成佛”这套禅宗话语是禅宗为了发挥直觉、顿悟根器的方法，也不是弃绝言筌，而是将语言与文字分开，提醒人们不要滞于文字，开启被文字遮蔽的觉性，充分利用直觉和顿悟把握现象的本质。诵经念佛是末，内心体证是本，心心相印是正道。但是这里的确存在一种排斥语言的极端倾向，很难说禅宗达到了所期许的圆融境界。比如竭力强调内心体悟，使参禅者的语言交流成为不必要。结果是付诸直观、拒绝理性分析。这就等于不看路标寻求路径一样，参禅者不可避免陷入盲目摸索状态，所谓体悟自证成为空谈。禅宗仅仅是佛教语言观的一个特殊表现，却有值得继承的方面。一是对直觉的重视，二是心心相印、以心传心的交流方式，两者是一体的两面。前者张扬了科学思维和工具理性语境下所忽视和贬低的求知方式，后者则张扬了文本中心意识下被压抑的主体性或主体间性。由于人类建立了符号系统并将其视为独立实体或自组织系统，当代哲学甚至认为能被理解的实在就是语言，于是就更加依赖符号系统间接与对象世界打交道，更多地利用间接经验和集体经验，从而限制了直观世界、感知世界的机会。佛教话语是以明心见性为重点、探讨自性和佛性关系的一套言说方式。佛教认识论否认这种实体的永恒性和绝对性，开发了一系列观照、体悟实相的修行方法，发明了很多要诀，构成了洋洋大观的佛教实践论、认识论和诠释学传统，如假名施设、非分别说、以权显实、四重二谛、随说随扫、层层遣执以及表诠与遮诠等等。所有这些方法无不与理解和表达相关，当然也都可以开发为翻译话语。

## 3. 佛教潜在译论话语及启示

佛灭之后经过四次大结集，加上大乘结集，经典洋洋大观。统一的佛教分裂为小乘、大乘、密乘，三乘之内又有众多宗派，宗派又有支派。经过翻译及本地化，佛教话语不断孳乳繁衍。佛教诠释话语与修行话语密切相关，可以说是一体两面。既要看到佛教诠释话语与翻译学的耦合性的一面，还要看到其超越性的一面，以弥补现代学术话语的偏失。因此，我们择其二三作为例证思考从中开发译论话语的可能性。

## 3.1 善巧方便

善巧方便也称“方便智”或“权智”，也有方便慧、方便智、善巧智、善巧慧、善权慧、善权智、善巧方便慧等多种译名。它不仅指方法、手段，而且是方法、手段中蕴含的般若智慧，升为“波罗密多”（到彼岸）概念，即其本身就具备了本体含义，而不仅仅是诠释方法。因此，《维摩经》才有 upāyapārami（方便波罗蜜）这一复合词。支谦译为“方便度无极”，鸠摩罗什译为“善方便智”。如果我们将这一方法开发为翻译的话语，一开始就应该了解这一复合词的原始含义及语用，谨防被挪用、收编为现代技术话语而失去本源语力。程恭让（2017）将“善巧方便”作为诠释佛教超越性又不离人间性的核心概念，并依据不同时代、不同地域、不同文化对佛教的理解和诠释的合法性再诠释。据程恭让、李彬（2015：56）考证，复合词 upāyakausalajñāna，作持业释（六种释法之一，即二义合于一体，一体一用）。其中 upāyakausala（善巧方便）即 jñāna（智慧）upāya（方便），与思考、智慧、般若、力量、权便等概念形成语义聚合。方便，就是善巧、应机、权变，指巧妙地接近、施设、安排等，即根据弟子的接受能力变通说教的方法。大乘佛教运用各种方便手段利益他人。善巧，就是善良巧妙之意，指佛菩萨教化众生之方法巧妙。善巧方便就是适合不同对象的巧妙智慧的说教方法。这里可以桥接翻译传播学的情境论或翻译功能论等，但超越之处是将其与智慧加以联系和贯通。《善巧方便波罗蜜多经》《法华经》《维摩经》等初期大乘经典体现了以善巧方便概念和思想作为中心的思潮和运动，后逐渐演变为安身立命的主体智慧。

“善巧方便”中的“方便”与“般若”对举或并称，不意味着二者有相同的功能。般若是方便的有为，方便是智慧的无为；般若为体，方便为用。这两种说法是佛教中国化的一种比附和解释，实际上二者的关系并非如此简单，存在各种启发性解说。如《维摩经》有言，“由于有善巧方便，他不住于无为中；由于善用般若观察，他不销尽有为。”给我们的启发是，翻译中智慧地运用智慧，就是善用方便法门，即将语言和技术、技巧的使用或不用提高到智慧层面。比如过度使用语言分析技术，翻译实践会损失原文精神，而翻译批评会有失公允。作为般若一种的方便般若就是让难懂的东西让受众一听就懂。不限于聪明的熟巧，而是一种互动至道的效果，这就是衡量方便的标准。因为文字般若（一切言教、经典）并不是语言的实相，自然也不是真理的实相。理解了语言的假有和性空，就不会拘泥于表面文字理解原文。这不是说要忽略名言、术语等的分别和差异，而是说分别和差异本身也具有有限性。相对于更为接近实体本真的语言以及语言所表征的实相，所有的表达都是暂时的、历史的，只有不凝滞于言表才更容易趋近不可言说的真义。对翻译而言，有各种善巧方便的法门，都是表达选项，但绝不限于所意想到的言词或方式。如果用不能驾驭的言词语句做作强为，就是系缚；如果从内在义理和意向出发理解表达，就是解脱。前者是感性直观，后者是智性直观。文本体征和各种妙相可能，是感性直观所得；种种方便施设，如类比隐喻、寓言故事、玄言机锋等，是文字般若。正如“小人儒”的解经方式：“一则溺情典籍，而心忘世道；一则专务章句训诂，而忽于义理”（钱穆 1963/2002：152）。翻译的“善巧方便”将感性直观升华为智性直观。将其用为翻译话语可推论如下信息：

（1）“善巧方便”不仅仅是技巧，也是修养和智慧，是将人置于核心、以实现生命终极意义为目标的概念。它与本旨目标一致，即“方便波罗蜜多”（方便到达涅槃彼岸）。理解是通向本旨的目标，表达是理解的表征。因此，将最终的目的与行动的结果统一起来，能够解释翻译实践中存在的本末倒置的问题。理解与表达是线性的行为顺序，表达不是最终的目的，理解才是最终的目的。理解就是开悟和解脱，是自利也是利他。文本的善巧是为理解的施设，开发自身的善巧和用善巧的表达是修养的表征。应区别表层的善巧方便和深层的善巧方便。借助目的语的语言、形象、感知、逻辑等等方法、手段、策略、形式是表层的善巧方便。深层的善巧方便需要内在的直觉和智慧通达本旨。

（2）“善巧方便”与智慧紧密相连，因而称方便智。它与般若不同但相互渗透，各司其职，两者相互补益。程恭让（2017：149-150）认为“方便”本身有“导向佛慧”的意义，并不是指任何技巧和方法，只有与“佛慧”相关联才能称得上“方便”。否则，仅仅是日常生活中的工具理性而已。另一方面，“方便”必须含有智慧，因此才有“善巧方便”和“方便智”这种话语。方便的有为必须有般若的无为才能达到妙用，般若的无为只有通过方便的有为才有境界。方便与般若不相分离又各有殊胜功能。开发运用翻译技巧不忘宗旨、观照义理不离修养境界，善巧方便就演进为实践智慧。这样，方便和般若都是般若，分别称为方便般若和实相般若之分，体用不分，互为利用。赋予语言技术技巧以生命智慧的价值，依事理常情随顺应变，因循本旨灵巧实用一切法。这就是语言的空性，也是翻译技巧的空性。既能分别语句辞章高下优劣，又能运心体证文本意向宗旨，才是方便智慧。

（3）“善巧方便”由情境、受众导向的随机应变而来，机缘变化多端，因而有种种善巧方便。文字般若是用文字语言来表达佛法的要义至理，包括有文字语言、口传语言、音声语言、图像语言、符号语言、身体语言等。佛陀善用各种语言方便，如方言、譬喻、体语等，视不同受众，依不同教理情境，传导佛法。《大宝积经》类分十种善巧，体现了人法互动的法门智慧。此外，还有十二种和二十种等分法。

简化的是三分，即人方便、法方便、人法方便。分别对应受众、文本和实践。这与诠释学的翻译导向既耦合又超离。据此，我们可以推理：文本是在特定时刻产生的因缘和合之物，阅读文本就是在内心缘起一个新文本，译文是对这个新文本在特定时刻凭借种种方便的因缘和合之物，汇入变动不居的语言洪流之中。翻译中所达至的思想深度决定于对语言方便施设的巧用。翻译不能突破语言蔽障同样根源于语言施设的心识，即根源于将语言本质视为实体的固化观念。

## 3.2 心心相印

禅宗有一句话是“心心相印”（印：印证，契合。也作“心心相通”），指不凭借言语和文字传授佛法，而以心意互相印证，现形容彼此思想感情完全投合。人对事物的感受大致是相同的。孟子有“欲贵者，人之同心也”（《孟子·告子上》）之言，明清之际的王永彬有“人同此心，心同此理”（《围炉夜话·第六四则》）之说，加上“和而不同”和“视域融合”思想，都是与心心相印耦合的。心心相印所指向的“同”是高于色法的觉识。在《六祖大师法宝坛经》：“吾传佛心印，安敢违于佛经。”《黄檗传心法要》：“迦叶以来，以心印心，心心不异。”佛教有两种法，一是可说的法，一是不可说的法。可说的法都在经典里，表现为文字。不可说的法是佛心，要靠新的敏感力体悟，叫心得。透过语言文字标的是善巧方便法，也是色法；以心传心的法是心印，也是心法。前者容易让人产生执着，后者指经典以外传授之法。以心相印证，也叫“教外别传”。心法用心之衡量高低，不是通过知识堆积来掌握，使通过唤醒人的悟性的修习方式掌握的。心心相印之法的目标就是悟性或觉识，这种潜在能力是可以积累和提高的，翻译理论和实践都是建立在理性和实证基础上的，那些不可实证、不可言筌的能力在学术领域没有位置。直觉、定力、洞察力、想象力、感知力、专注力、超凡力等通常不是训练的教学科目。教学依靠语言传授，方法包括分析、论证、公式、模式、程序、原理等等，而禅宗讲“五力”调动内在能力，包括信力、精进力、念力、定力和慧力。传授这些心力的方法是不立文字、不依语言、直达本心，所谓“心法传示，为最上乘。”儒家看到了言语修身的关系，道教看到了言与体道的关系，而佛家看到了言与心性的关系，而解脱的门径是明心见性。佛教语言建立了传意和开悟的语言功能观。由于佛教秉持一切性空观念，因此佛教话语就是一种假有性空的证悟语言，尽力依靠心印了悟实相。佛教认为语言不是实相，但理解教义又离不开语言，倾向于少用或不用语言。翻译鼓励译者依靠分析技术把握原文的意向，心心相印则内转发觉自身的心力。以心心相印为翻译话语可推论如下信息：

（1）心心相印本意是不待语言表达而达成感情和心意相通一致，但是不意味着不借助文字和文本、不需要心力去理解文本真意，也不意味着文字和文本就成为识解真意的障碍。如果以自身心力识解文本，突破蔽障和桎梏，直达文本指向的意向或本心，就可以说是心心相印。这一话语移入翻译，首先是对文本作者宗旨、意向和目的的体悟，代表着文本理解的最高水平；其次是调动善巧方便智观照他人对自己表达的理解。

（2）心心相印不是向外观他人之心，恰恰是向内的观自我自我之心，就是观心。文本不承载作者本心，仅仅是望月之指。所谓观心就是对自己内心的观察，对自己生命的一种关注，将心比心，也就是心心相印。如果能够发动自身的觉知，以旁观者的视角，冷静、包容的“观察”自己心中生起的任何念头与情绪，就能够调适心力，理解他心，导向正解。一切法本来就是心的自性，那么佛心也就是自信，佛语、佛行也是自语、自行。这里对翻译的启示就是，理解原文是将其对象化，也不是同情地理解或对话的互动认知，根本上是对自语、自行的反思性认识。那么，翻译就是对自我的翻译，是对自我的审视、批判和反省。增强反思能力，就是增强悟性，也就是增强理解他心的能力。

（3）“心心相印”可以缓冲分析哲学和科学主义及技术理性带来的负面影响。理性分析不是绝对有效的，工具理性将心灵主体排除在外，只观察和分析语言的表层，导致译者也追随语言技术，忽略心灵感知能力。注重意识而轻视无意识；注重理性能力，忽视非理性能力；注重外在对象观察，忽视内在自我观察。认知语言学证实，实际上人的大部分行为受无意识控制，受非理性的情感、直觉和想象等因素决定。对外在对象的专注、分析无不是从自我视角出发的行为，获得的感知和知识说到底还是基于自我的设定，是记忆、经验与对当下对象表征的结合。抽象地、实体化地看待语言，翻译便远离了主体及对主体自我的反思，也就忽视了反思力培养。

## 3.3 中观中道

“中观”是观察、思维“中道”的智慧，是认知不偏离中道的观行。“中道”就是实相，是一切诸法的本质真相。中道是众生本来具有的真如佛心，中观是借由佛法亲证真如佛心时遵循的观察方法。龙树《中观论》用至中来形容中道。各个教宗以中观为观道之至极目标，以不同本真为中道，如法相宗以唯识为中道，三论宗以“八不”为中道，天台宗以实相为中道，华严宗以法界为中道。中道类似攀登同一座山达至山顶路径，是最重要的法则，故称第一义。中道观是实相之境，包含“空”和“假”两面；“中”就是“不二”，就是将二者统一起来，即“在两个极端之间。”

我们把中观和中道作为译论话语可以将众多名相开列出来，同时实现二元对立的超越。佛教的这种超越二元对立的自觉对于翻译知（理论）和行（实践）以及翻译中的众多矛盾的解释具有建设性价值。

“不二法门”是中观论的代表性法门。“不二”就是性空，是一实之理，如平等，而无彼此之别。“法门”指修行入道的门径。《维摩诘经》列举三十一对矛盾，认为唯有用大乘思想把两个对立面统一起来，并超出这些对立面，才能达到佛教真理。这种离开两极、超越分别的方法叫“不二法门”。由于这种方法具有普遍佛教本体论意义，后“不二法门”用来指普遍的佛性。因为佛教又反对独一无二，因此又与佛教的思想有冲突。这就是“一”和“多”的矛盾。翻译是极为复杂的心智活动和社会活动，而在理论上设立符合“不二法门”的超越路径的意义是认识翻译中矛盾的对立面和二元对立的名相，这样才能借助这些名相超越名相。佛教开发了众多的名相，建立了很多对立概念，目的就是要超越这个二元对立。人与我、别与通、粗与妙、善与恶、权与实、有与空、一与异、迷与悟、生与灭、得与失、自性与空性、理入与行入、方便与般若、表诠与遮诠、融与不融、了义与不了义、可说与不可说，等等。有多少种两极对立的法门，就有多少中超越对立的圆融。简化这些对立只有两种路数去解释和理解绝对或实相，一是客观存在的路数，一是主观境界的路数。中土佛教，大体倾向于将存在收归主体，通过主体的实践将绝对彰显出来。翻译学史上的二元话语，如文 / 质、直译 / 意译、形似 / 神似、归化 / 异化、形式对等 / 功能对等，都是达至中道的施设，是绝对必要的二。然后才可能否定二进入一。翻译是实践的事业，又是人类认识自身的媒介。以中观的不二法门为翻译话语可以推论出如下信息：

（1）“不二法门”不应视为目标而应视为过程。“不二法门”作为超越二元对立的总原则或方法的总称，承诺了一个主体处中获得实相或达至真如境界的可能。只有主体而且只能由主体参与实践，只有亲证才能证成这一法门的真实不虚。翻译理论和应用技术开发的众多的名相没有译者主体的参悟体验，没有主体对它们的消解或否定，它们作为理论施设就没有意义。只有收摄于自我，才构成经验主体与超越主体的张力，才能进入超生之道。所有的翻译理论和技巧都是津梁舟船，理论建构是为了让实践主体拆除，以防化为缚身羁绊。

（2）“不二法门”对翻译话语中对立的两极有充分的体验前提下，才能体验无分别地相互补益、相互含摄的境界，在同一个主体内达至中道圆融。话语分别为二是为了认识主体内在的动力机制。比如理入和行入，就是理论与实践，必须同时进行，平等对待，才能不执着一方，不偏废一边，主体才能超越庸俗的理论与实践的辩证观，获得圆融洞见。奉持理与行不二、知行一体的原则，才能体验到真如圆融境界。再如方便与智慧是对立体，二者经过翻译都通俗化了，失去了终极关怀的含义，也就失去了终极的生命关怀。翻译界仅仅将理论与实践对应，没有将方法、技巧提升到智慧层面，一味注重理论的系统性和逻辑自洽等方面，致使理论外在于译者，越发远离实践，不能在主体内和合圆融达至中道。

（3）“不二法门”可以对原有的名相或话语在元翻译概念下加以整合。“不二法门”可以用来整合翻译话语在于它的破圈力、凝聚力和整合力。它借助语言性空觉识清除一切名言施设的蔽障。任何理论话语只是认识翻译实相的施设，建构它们不是为了再建构，而是为了拆除，虚空内心以方便精进。理论话语既是一诠，也是一遮。认识的境界就是在边诠边遮，在随遮随扫的进程中识得真相。所有的翻译话语都指向翻译本体，以本体为核心产生的话语源自从不同层面和角度对翻译的观行，因此是“多”。“不二法门”将所有的名相凝聚起来，都试图解释翻译实相。但翻译的复杂性让我们感到不同层面和不同角度仅仅揭示了翻译的某些本质，又遮蔽了其他方面，似乎永远有不了义、不可说、说不尽的实相。这就是翻译的空性，即非实体性、非本质性、非确定性。正因如此，所有的话语是对这一空性的戏论，必然有如此洋洋大观的话语，包括“不二法门”。这就是翻译实相的无限性和语言的有限性这一矛盾。跳出这一矛盾的出路就是中道。华严宗及天台宗教义之一的“一切即一，一即一切”（也说“一中多，多中一”）可以用来说明翻译实相与翻译话语之间的一与多的关系以及话语之间的相入关系和相互包含关系、还可以说明原文与译文之间的关系，等等。“不二法门”使个体成为多元性的存在，多元性存在的个体其心灵可以穿梭于多种可能的世界，才能清除蔽障、结束一切、整合一切。直译和意译的差异在翻译突破其语法蔽障时消失，原文和译文的界限在“元文本”名相下消失，翻译（自我）和反翻译（他者）的区别在“元翻译”名相下消失。蔡新乐（2005：20-27，195-225）和李河（2005：47，190）运用的“元翻译”概念，以及前者运用“第三条道路”和后者运用“元原本”话语破解了翻译的原有域限。没有个体对共时和历时的纵观和聚合，这个中道识解（解脱）不会发生。人类的话语虚构能力是无限的，但是其话语把捉人类生存本质的能力确是有限的、暂时的。“不二法门”这一总括概念可以突破话语桎梏，将我们带入全新的境界。

佛教潜在译论话语开发与佛教译论传统重释一样，都是传统译学现代化的基本构成。翻译学与诠释学的密切关系，挖掘古代佛教经典中的诠释话语，具有为当代翻译理论和实践开新启昧的重要意义，也是具有极大诱惑力的学术工程，是当代学人的任务。它应吸收佛教语言学、佛教诠释学、佛教思想史、佛教哲学的研究成果。

比如中国佛教天台宗四祖、隋代的智顗（538—597），其重要著作《法华经玄义》是一部百科全书式的哲学著作，其中缜密的诠释学思想是中国佛教史诠释方法论的顶峰。其认识论和方法论意义以及诠释话语很多都可借以思考翻译问题，为翻译研究带来全新的思考视野。中国漫长的佛经翻译史没有像西方那样基于圣经诠释和翻译建立一般诠释学，而是停留在训诂学的水平，这不能不说是个遗憾。而中国的训诂学又无力援助翻译学。当下的中国翻译学应对中国佛教诠释学有所回应，吸收其研究成果，有利于翻译学科建设。

## 4. 结语

佛教潜在译论话语是中国传统译论的开发的一部分。由于学术话语转向西方，传统译论话语局限于翻译史论著中，潜在的翻译话语开发则被轻视了。佛教可以用来谈论翻译的话语丰富，远远不是本文提及的只言片语。佛教的经律论三藏之中的论是对前两者的阐释，对方法的总结和阐释大多散见于三藏之中。阐释的方法有很多翻译学可资借鉴的话语。开发佛典中的潜在译论话语可以触发新的理论，成为中国乃至东亚与世界翻译界对话的全新话语，因为这种话语基于一种体验哲学、批判哲学和实践哲学。当分析哲学退潮、开始逐渐转向心灵哲学之际，翻译学有历史责任与佛教诠释学一道继承宝贵的文化遗产，开发译论话语，为融通古今中西翻译理论、指导翻译实践作出贡献。

## 参考文献


[1] 蔡新乐 . 翻译的本体论研究 [M]. 上海：上海译文出版社，2005.

[2] 程恭让, 李彬.《维摩经》善巧方便概念及其相关思想研究 [J]. 世界宗教研究, 2015 (6): 55-64.

[3] 程恭让 . 佛典汉译、理解与诠释研究——以善巧方便一系概念思想为中心 [M]. 北京: 中国社会科学出版社，2017.

[4] 李河 . 巴别塔的重建与解构——解释学视野中的翻译问题 [M]. 昆明: 云南大学出版社，2005.

[5] 庞秀成，刘莉 . 学术话语二元构成视角下的中国翻译绘画类比 [J]. 东北师大学报，2007（5）：140-144.

[6] 庞秀成 . 译论以形式 / 内容收编中国学术话语的反思 [J]. 中国翻译，2011 (3)：7-12+98.

[7] 钱穆 . 论语新解 [M]. 北京：三联书店，2002.

[8] 王宏印．中国传统译论经典诠释—从道安到傅雷 [M]. 武汉：湖北教育出版社，2003.
[9] 王宏印．文学翻译批评论稿 [M]. 上海：上海外语教学出版社，2006.

## 作者简介

庞秀成，东北师范大学外国语学院教授。研究方向：翻译哲学、译论话语。

刘莉，长春工业大学外国语学院副教授。研究方向：翻译理论与实践。

# 中国翻译话语书写的知识史模式探究 *

## ——以朱生豪“神韵说”为例

## Towards a Model of Writing the Chinese Discourse on Translation Based on the History of Knowledge: A Case Study of Zhu Shenghao's "Spiritual Pursuit"

张汨　谢斐

ZHANG Mi　XIE Fei

**摘要：**

我国源远流长的翻译史中涌现出了许多不朽的翻译话语，在构建具有中国特色学术话语体系的背景下，如何对中国翻译话语进行深度挖掘和当代阐释是摆在研究者面前的现实问题。翻译话语是基于翻译实践的论述，也是翻译知识的凝练，对翻译话语的挖掘和阐释隶属于翻译史研究的内容，因此中国翻译话语的书写可借鉴史学知识来展开。基于此，本文以知识史为指导，建构了翻译话语研究的“材料收集、内容分析、译作传播与话语位相”书写模式，同时以朱生豪“神韵说”翻译话语为例进行个案钩沉和阐释。

**关键词：**

中国翻译话语；翻译史；知识史；朱生豪；“神韵说”

**Abstract:**

The deeply-rooted and splendid history of Chinese translation has witnessed tremendous discourses on translation, and against the background of constructing the academic discourse system with Chinese characteristics, the deep discovery and contemporary interpretation of Chinese discourses on translation is a realistic issue for researchers. Discourse on translation is the thought on translation practice and the summarization of translation knowledge, and research on discourses on translation belongs to translation history research, thus related study could be conducted from the perspective of history. Consequently, this article adopts the history of knowledge to construct a model of "material gathering, content analysis,

* 基金项目：本文受 2019 年度教育部人文社会科学研究青年项目“朱生豪译者档案的建构与研究”（项目号：19YJC740118）资助。

translation transmission and discourse position" for writing the history of discourses on translation, and Zhu Shenghao's "spiritual pursuit" is used for case study and analysis.

**Keywords:**

Chinese discourse on translation; Translation history; The history of knowledge; Zhu Shenghao; "Spiritual pursuit"

## 1. 引言

翻译话语是基于翻译实践的直接或者间接论述，包括翻译思想、翻译概念、翻译机构等等（张佩瑶 2012）。随着国家和政府对构建中国特色哲学社会科学研究的提倡，梳理相应学科的话语体系逐渐成了研究者关注的焦点，因为学科话语的建构有利于提升文化自觉与学科自信。在此背景下，中国翻译话语研究逐渐得到学界关注，研究者一方面致力于重释传统翻译话语或从中国哲（文）学传统剖析翻译现象，例如《上海翻译》2019 年“文章翻译学”专栏集中探讨了我国传统的文章学在各种翻译实践中的运用；另一方面则是尝试建构当代翻译理论话语，例如《中国翻译》2019 年刊发“生态翻译学”专栏以及 2020 年上海外国语大学语料库研究院召开的“首届中国翻译理论话语高峰论坛”（耿强 2020），学术共同体所做出的努力推进了我国的翻译学学科建设。

不论在中国还是西方，译学理论都是由翻译家掀开的第一页（王东风 1999），而翻译家基于自身实践体会总结的翻译话语长期以来都是翻译史研究的焦点。我国源远流长的翻译史中涌现出了许多不朽的翻译话语，但仍有很多论述没有受到足够的关注，因此还需加大对传统翻译话语深度挖掘和阐释的力度。

## 2. 中国翻译话语研究现状及推进路径

罗新璋归纳了“案本—求信—神似—化境”（1984 : 19）的中国翻译话语流变体系，也引发了大量研究者的上下求索，过去三十余年中国翻译话语研究主要表现在以下几个方面：

（1）宏观勾勒。研究主要基于不同阶段或分期，通过史料爬梳，从宏观上钩沉各时期的翻译话语。例如，王宏印（2003）以古代部分、近现代部分、当代部分等三个分期勾勒中国翻译话语，更重要的是通过“新译学探索”部分提出对这些翻译话语进行现代重释，以烛照中国翻译话语体系的当代价值；王秉钦（2004）从传统和现代角度勾勒了中国传统翻译思想的发展，同时呼吁要关注新时期的译论、观念和思想；张佩瑶明确提出“翻译话语”概念并通过中国翻译话语英译选集（Cheung

2014、2017），为西方了解中国翻译话语提供了绝佳途径。

（2）个案挖掘。宏观勾勒主要呈现的是中国翻译话语流变图谱，而更多研究者选择透视某位具体的翻译家，以深度个案来挖掘某种翻译话语的历史位相。例如，刘全福（2007）将周作人作为研究对象，重点考察了其对日本、希腊以及西欧文学的译介，同时比较了周作人和周树人两兄弟的翻译事业；许钧等（2016）从翻译诗学、翻译风格、翻译选择、文艺思想等全面扫描傅雷翻译行为，结合个案研究，总结了傅译研究的文化意义和现实意义。张汨和文军（2016）聚焦朱生豪莎剧翻译活动，通过其《仲夏夜之梦》翻译手稿动态呈现朱生豪追求译文可读性和可表演性的特点，进而为总结其"神韵"话语提供基础。

（3）学理反思。除了宏观勾勒与个案挖掘之外，随着近几年学科自信和理论自觉意识的不断提升，研究者在回顾过去的基础上，开始思索如何从学科建设角度研究中国翻译话语。例如蓝红军和许钧（2018）整理了改革开放以来中国译学话语的发展历程，指出当前翻译话语研究应该融通中外并且扬帆出海；任文（2018）通过回顾中国口译研究的发展，提出要关注中国口译话语研究，尤其要注重对史料的爬梳和阐释；方梦之（2019）提出可以通过挖掘传统术语、提炼现代概念、借鉴国外范畴以及完善已有表述等方法来加强中国译学话语建设。

可以看出当前中国翻译话语研究取得了一定的成果，但还存在进步空间，其中对传统翻译话语的挖掘和重释仍旧是推动研究的重要途径之一，同时还需要深化理论建构（张汨、余浩 2020），所以我们可以思考如何建构研究模式以更好地书写中国翻译话语。翻译家研究是翻译史研究的一部分，而翻译史研究是翻译学和历史学之间的交叉学科，"交叉意味着学科间的知识交流，不同学科术语的移植、理论的集成、研究思路与方法的采用，交叉有可能孕育出更有影响力的学术成果"（屈文生 2018：831）。近年来，微观史（张汨 2021）、口述史（张汨 2022）等逐渐进入研究者视野并被用于研究翻译家和翻译事件等，而翻译话语是翻译家基于大量翻译实践形成的论述，而我国传统翻译话语系统也是知识的整合（张佩瑶 2012），而近年史学界广泛关注的知识史可以作为中国翻译话语研究的理论源泉。

## 3. 知识史与中国翻译话语研究模式

知识史由英国史学家彼得·伯克（Peter Burke）基于其在20世纪90年代提出的"知识社会史"（social history of knowledge）概念发展而来，他（2016）进一步指出，随着信息化时代的到来，尤其是电子化手段的普及，人们有必要保存所生产的知识以进行研究和反思，记录影响其生成的社会因素。对于史学家而言，知识是人类在某个特定时期的历史存在，而且存在“原始的”（raw）和“加工的”（cooked）知识，前者是未建构、自发的知识，而后者则是已建构并能够进行解读的知识；同时，知识史考查的是知识生成的动态过程，可以从四个阶段来开展，包括收集（gathering）、分析（analysis）、传播（transmission）与应用（employment），研究者可以通过上述步骤将原始知识进行加工，在此基础上帮助大众理解相关知识。知识史提出之后得到了史学界的普遍关注，并且“很多学科已经将知识作为研究对象。知识史的相邻学科包括社会学、人类学、考古学、经济学、地理学、政治学、法学”（Burke 2016：9），但知识史研究在翻译学里的应用甚少。

除了张佩瑶（2012）以外，当前国内外只有少部分研究提及“翻译知识”这一概念，如蓝红军（2016）指出当前“后理论时代”翻译学的知识生产问题，将知识体系划分为技能知识、技术知识以及理论知识，该文虽使用了“翻译知识”这一概念，但并非基于知识史的史学观而开展的研究。真正从知识史视角探讨翻译史相关问题的研究目前只有两部著作：邹振环指出“知识史研究是新近兴起的一门研究知识起源、发展、生产、类型、传承与传播的学科，这个学科的兴起受益于福柯《知识考古学》的问世”（2017：9），并且借鉴知识史视角勾勒了20世纪的中国翻译史学史的起源与发展；德胡尔斯特（D' hulst）& 甘比尔（Gambier）（2018）将知识史运用至翻译学知识的考察，两位编者通过该论文集绘制了西方现代翻译学学科史的知识图谱，勾勒了翻译学学科史（the history of Translation Studies）的现状与未来（张汨 2020a）。可见当前借鉴知识史开展的翻译研究相对较少，因此该史识观中的应用还有很大的拓展空间。

基于知识史的相关论述，德胡尔斯特（D' hulst）& 甘比尔（Gambier）（2018）提出了“翻译知识”概念，他们认为这些知识是“在不同时代收集、建构、分析、使用以及传播的各种对翻译行为的反思集合，……这些反思在世界各地以各种语言存在，存在的形式包括条约、手册、理论、批评、方法、信件、前言、论文等等”（2018：6），它们是“与翻译行为有关，涉及如何翻译、对翻译活动的意识或了解、翻译的影响。它还包括脑化知识（基于概念技能和认知能力）以及体化知识（通过实践所得、从事翻译行为的能力），同时还包括通过翻译行为传播的知识”（同上：7）。

上文提到，中国翻译话语由翻译家提出，大多是基于自身翻译实践的所感所悟，讨论的是翻译策略、翻译方法、翻译理念等内容，同时这些话语也往往蕴含在相关翻译家的译者前言、书信等，根据上文对“翻译知识”的定义可以发现，中国翻译话语所含内容与知识史的考察对象相互契合，因此我们可以借鉴知识史观来建构中国翻译话语研究的模式。在知识史研究中，伯克（Burke）（2016）提出了“收集—

分析—传播—应用”四步模式，我们可以基于此建构中国翻译话语的“材料收集、话语分析、译作传播与知识应用”研究模式，具体阐释如下。

## 3.1 材料收集

从知识史角度看，对翻译知识研究的第一步是收集相关的研究材料。伯克（Burke）指出，“信息的获取就好比收集植物以从事医学或者植物学研究，或者将收集的岩石作为地质学样本。这些物质材料与‘原始’数据最为接近，但收集者会根据自己的文化观以及一定的筛选原则来获取材料”（同上：47），同时在材料收集过程中还需要关注信息的保存和提取。就中国翻译话语而言，上文提到它们通常由翻译家基于自身实践提出，而我国传统上更注重形象思维而非逻辑思维，因此过去大部分翻译家的论述都相对较为零散，这就需要研究者尽量收集和整理翻译家相关的论述，正如廖七一指出，“我国历史上有大大小小数百的翻译家，是否每一个研究都有价值？如果研究视角基本相同，理论借鉴也基本类似，研究方法和结论也没有太大差异”（彭红艳 2020：109），因此研究的开展需要考虑是否有一手或者新史料以避免重复性研究。

史料是史学研究的基础，梁启超和傅斯年分别在《中国历史研究法》以及《史学方法导论》中均提及过史料的分类，尤其是后者的直接史料和间接史料分类被翻译史研究者借鉴较多（参见郑锦怀、岳峰 2011；刘泽权 2016）。在以往的翻译研究中，来源文本以及目标文本刊印本（包括不同时期的刊印本）等是研究者最常使用的史料，但是随着研究的不断推进，翻译手稿、译者访谈、往来通信等直接或间接史料逐渐得到研究者的关注以拓展翻译过程研究，进而走进翻译家的精神世界（刘云虹、许钧 2020），因此通过各种渠道将所获材料整理成系统的档案可以算是一种尚佳途径，尤其是近年来，“翻译档案”（许诗焱、许多 2018）或者“译者档案”概念成为了翻译研究中的新关键词。

## 3.2 内容分析

收集、整理、提取相关材料信息之后，第二步是对知识的分析，指的是“之前提出的‘加工’（cooking），也就是通过描写、量化、分类以及验证等行为将信息转化为知识的过程”（Burke 2016：57-58），具体包括描写、量化、分类、比较、阐释、验证、发掘、批评以及叙事等（同上：58-77）。可以看出，此步骤是将史料中的信息进行条分缕析，通过不同的方法将原始信息转化成知识的过程，探讨知识的内涵和表现。对于中国翻译话语研究而言，此部分是基于收集的材料对翻译话语具体内涵、表现进行呈现，同时还应该对话语具体成因进行解释。

就翻译话语内涵和表现而言，由于中国翻译话语的表述大多比较零散，往往存在于译者前言、往来通信、序跋后记等之中，这就需要研究者在占据了充分史料基础上再归纳总结。同时，对翻译话语的研究也不应该仅仅局限于来源文本与目标文本之间的静态对比，还应该结合翻译手稿等材料洞悉翻译过程，通过不同修订处来动态呈现翻译话语。与此同时，“知识史的重点是研究学科演变史，研究知识门类的产生和变迁”（邹振环 2017：9），也就是说在解读知识生成时关注知识门类产生的历史背景。随着翻译学中“文化转向”和“社会学转向”的次第发生，翻译研究已经不再局限于文本对比，更重视发掘社会历史文化语境以及译者习惯等影响翻译行为的各种因素，因此在话语分析步骤中还要进行语境还原，通过不同史料钩沉和多元互证来发掘翻译话语产生的宏观和微观因素。

## 3.3 译作传播

作为第三个环节，“传播有时候就是科技中提到的‘转换’（transfer），强调朝向某个方面的运动。其他学者更倾向于将其称为知识的‘流通’”（Burke 2016：77）；同时伯克（Burke）进一步强调，“不论将此步骤称为转换还是流通，研究者需要记住的是，由于误解（精英史相对忽略的部分）以及刻意修改或者文化翻译，接受的知识和发出的知识并不一致”（同上）。在论述知识传播时，伯克（Burke）关注到了口述和笔传两种形式，同时还指出知识传播过程中会受到审查。

翻译话语是关于翻译的论述，它一方面需要研究者从各种散论中归纳总结，另一方面又会在译作中得到呈现，因此在翻译话语研究中应该关注译作的传播情况，因为翻译话语通常涉及翻译策略或方法等理念，而这些会在译作中自然而然地反映出来。就该步骤而言，研究可以分两部分开展，首先可以通过译作出版情况以及彼时彼地的译作评论等材料来管窥译作接受情况；另外，对于知名翻译家而言，其译作可能会时常再版，而对译作自我修订的复译也必然会体现出其翻译理念的贯彻或者改变，因此可以通过历时对比来进一步探讨翻译话语的传播。

## 3.4 话语位相

知识是否有用是第四步骤关注的对象，伯克（Burke）认为“必须要考虑的问题是对谁有用，为何有用”（2016：98）等问题，同时知识会从一位应用者传递给另一位应用者，还可能会出现被重新应用、错误应用等情况。由于翻译话语阐述的是翻译思想和翻译实践之间的关系，如果说考察这些知识是否有用、对谁有用，那么要关注的问题便是该翻译话语是否受到后辈翻译家的关注和使用，换言之便是该翻译话语在整个中国翻译话语体系中的传承性。在罗新璋勾勒的“案本—求信—神似一化境”（1984：19）为主线的中国翻译话语体系中，不同翻译话语之间往往存在关联，并且上述四种翻译话语只是不同时期具有典型代表翻译思想的凝练，而其各自又会对后世翻译家的翻译话语产生或大或小的影响，其具体可以表现在后续翻译家对该翻译话语的进一步承袭或者超越，因此位相研究考虑的是某种翻译话语的阐发作用。

综上，我们基于知识史观构建了中国翻译话语研究模式，该模式还考虑到了史学研究中内部史和外部史两种研究途径的结合。在知识史研究中，内部史取向主要关注知识本身的内容和变化，而外部史取向则考察知识与外部世界之间的联系；而在中国翻译话语的知识史研究模式中，内部史途径关注翻译话语的内涵和呈现，也就是某种翻译话语“是什么”和“怎么样”的问题，而外部史途径关注翻译话语生成的外部社会文化环境，也就是“为什么”的问题。因此可以说，本文所建构的中国翻译话语研究的知识史模式相对较为完整，但同时也需要开展相应个案予以验证和阐释。

## 4. 朱生豪“神韵说”翻译话语的知识史个案书写

朱生豪（1912—1944）是我国知名翻译家，为中国读者留下了“译笔流畅，文辞华赡，善于保持原作的神韵，传达莎剧的气派”（罗新璋 1984:12）的莎士比亚戏剧汉译本。当前翻译界对朱生豪的研究或评点其译文，如杨艺、朱安博（2020）基于自建平行语料库，从认知突显角度研究了朱生豪莎剧译文中 AABB 重叠式的翻译，发现叠词的使用有利于提高译文的文字美和音韵美；或比对朱译与其他译者之间的异同，如李媛慧、任秀英（2012）关注朱生豪和梁实秋莎剧翻译思想的差异，指出朱生豪重在追求“神韵”而梁实秋则旨在“存真”，这两种不同文学观使得两位译者在翻译莎剧时选择了各异的翻译策略和审美取向，但是对朱生豪提出的翻译话语关注较少，主要原因在于朱生豪一生较为短暂，毕生精力均放在莎剧翻译之上而没有留下专门的翻译论述，但通过上述研究模式，我们可以发掘相关档案材料并在此基础上开展研究。

### 4.1 朱生豪译者档案材料收集

史料整理和拓展是翻译史课题展开和深化的前提，翻译话语主要由翻译家提出，因此围绕译者译事建立的译者档案能够帮助研究者夯实史料基础。上文提到，史料可以分为直接史料和间接史料，“凡是未经中间人手修改或省略或转写的，是直接的史料；凡是已经中间人手修改或省略或转写的，是间接的史料”（傅斯年 2019：4），鉴于此，郑锦怀、岳峰认为翻译史研究中的直接史料包括“原始的报刊译文、原始的译本单行本、文集里的译文、译作未刊本、译者及其同时代人物的日记、书信等”（2011：445），而间接史料则是“经过转录的译文或译本、书目索引、前人著述、译者追记等”（同上）；张汨（2021）将翻译家研究史料分为前文本（翻译手稿）、文本（来源文本和目标文本）、副文本（序跋、访谈等）以及元文本（译作评论等）。

基于上述论述，我们认为就朱生豪译者档案而言，其所含内容可以包括朱生豪莎剧翻译手稿、译文原始刊印本（1947 年世界书局版本）、译者通信、译者前言、译者传记、不同时代译文刊印本（1954 作家出版社版本、1978 及 1994 人民文学出版社版本、1998 年译林出版社版本等）以及对朱生豪本人及译作的相关评论文章或著作等。当然，研究者还需要根据史料具体情况来爬梳、甄别与使用，因为“直接的材料是比较最可信的，间接材料因转手的缘故容易被人更改或加减；但有时某一种直接的材料也许是孤立的，是例外的，而有时间接的材料反是前人精密归纳直接材料而得的：这个都不能一概论断，要随时随地的分别着看”（傅斯年 2019：4）。

## 4.2 朱生豪翻译话语内容分析

在占有足够史料基础上，我们可以通过相关材料归纳翻译话语内涵和表现。上文提到，由于中国翻译话语大多较为零散，因此我们可以在译者序跋或者后记等副文本材料中找寻并归纳相关论述。虽然英年早逝而所留翻译论述较少，但朱生豪在《莎士比亚戏剧全集》译者前言中大致呈现了自己的翻译理念：“余译此书之宗旨，第一在求于最大可能之范围内，保持原作之神韵，必不得已而求其次，亦必以明白晓畅之字句，忠实传达原文之意趣，而于逐字逐句对照之硬译，则未敢赞同。凡遇原文中与中国语法不合之处，往往再四咀嚼，不惜全部更易原文之结构，务使作者之命意豁然呈露，不为晦涩之字句所掩弊。每译一段竟必先自拟为读者，察阅译文中有无暧昧不明之处”（吴洁敏、朱宏达 1990：264），此段论述虽只有寥寥数百字，但我们可据此将朱生豪翻译话语归纳为“神韵说”。“神韵说”具体而言是指朱生豪在翻译莎士比亚戏剧时考虑更多的是将原文的旨趣保留下来，而不拘泥于逐字翻译，在将原文意思译出的基础上最大限度关注译文可读性。

“神韵说”的表现我们从静态和动态两个方面来考察。静态层面对比来源文本与目标文本，动态层面可以通过朱生豪翻译手稿修订处呈现。事实上，在朱生豪每部莎剧翻译手稿上都留存了大量修订痕迹，例如《仲夏夜之梦》一剧的手稿中就有近 600 处（张汨、文军 2016），限于篇幅本文不展开详细论述，仅以朱《罗密欧与朱丽叶》的开场诗及其译文为例加以说明。

Chor. **Two households, both alike in dignity, In fair Verona, where we lay our scene**, From ancient grudge break to new mutiny, Where civil blood makes civil hands unclean. From forth the fatal loins of these two foes. A pair of star-cross'd lovers take their life; Whose misadventur'd piteous overthrows. Do with their death bury their parents' strife. The fearful passage of their death-mark'd love, And the continuance of their parents' rage, Which, but their children's end, nought could remove, **Is now the two hours' traffic of our stage; The which if you with patience ears attend, What here shall miss, our toil shall strive to mend**. (*Shakespeare* 1928: 764)

（开场诗）**故事发生在维洛那名城，有两家门第相当的巨族**，累世的宿怨激起了新争，鲜血把市民的白手污渎。是命运注定这两家仇敌，生下了一双不幸的恋人，他们的悲惨凄凉的陨灭，和解了他们交恶的尊亲。这一段生生死死的恋爱，还有那两家父母的嫌隙，把一对多情的儿女杀害，绘成了今天这一本戏剧，交代过这几句挈领提纲，~~这才是吵哄哄角色登场~~。请诸位耐着心细听端详。[1]（朱生豪 1947：27-28）

我们可以从静态和动态两个层面来管窥朱生豪如何将“神韵”理念贯彻在翻译实践中。静态层面我们可以看出：形式方面，莎翁此首开场诗符合其十四行诗五步抑扬格的音律特点，而朱生豪译文诗也能体现作者追求原文神韵的独具匠心，译文每句字数均为十字，对应每一行诗的十个音节，译文整齐工整，较好地契合了中文读者对称的审美习惯，就其韵脚而言，原文为ababcdcdefefgg，朱生豪译文也大致做到了押韵（abab/ee/gg），在忠实原文的基础上，写出了铿锵有力、朗朗上口的句尾押韵，如译文诗中的韵脚城、族、争、渎对应原文的dignity、scene、mutiny、unclean，即韵式（abab）。在内容方面，语义层面注重对适应中国读者的认知域，例如译者将“in dignity”译为“门第”，不但巧妙地译出了两家家世显贵的特点，还能帮助读者激活语义场，从而将莎剧带入自己熟悉的文化领域；同时译者为增加译文可读性，拉近与读者之间的距离，并没有直译“Is now the two hours' traffic of our stage”，而是译为“绘成了今天这一本戏剧”，这样翻译不仅可以避免读者困惑，也可以更好地将本句与后两句意思合在一起，激发读者对戏剧的兴趣。逻辑层面也关照中国读者的思维方式，如来源文本上“Two households, both alike in dignity, In fair Verona, where we lay our scene”介绍故事发生地和两个主角家族的情况，但是英文对地点人物的介绍习惯从小到大，因此来源文本中先指出两个门当户对的家族，再点明故事发生的地点，而汉语对地方和人物的介绍习惯于从大到小，因此朱生豪在译文中更改了两句话的顺序，符合汉语逻辑习惯。

就动态层面而言，翻译手稿上看出朱生豪在翻译时将最后一句话从“这才是吵哄哄角色登场”修改为“请诸位耐着心细听端详”，对比两个版本，初译稿与修改稿句尾押韵均对应了原文最后两句“attend”和“mend”的韵式（gg），但修改稿相较初译稿，更忠实于原文，且更能增加译文可阅读性和趣味性，因为“耐着心细听端详”既译出了原文“with patience ears attend”的语义，也更能与上文的增译“交代过这几句挈领提纲”承接，营造出一种类似说书形式，增加译文戏剧的趣味性，有利于将读者带入故事语境，而初译稿用“吵哄哄”形容角色，先入为主、含有贬义色彩，不利于激发读者阅读兴趣和欣赏戏剧。

朱生豪保持原作神韵的原因主要有二：首先，是当时社会背景的影响。朱生豪选择翻译莎剧的一个重要原因在于其深沉的爱国主义情怀，因为 20 世纪 30 至 40 年代正值日本侵华期间，而日本学界曾经嘲笑中国没有高质量莎剧译本，因此朱生豪将高质量莎剧作为抗日的手段，他在给妻子的信中就曾写道，“你崇拜不崇拜英雄？舍弟说我将成为一个民族英雄，如果把 *Shakespeare* 译成功以后。因为某国人曾经说中国是无文化的国家，连老莎的译本都没有”（吴洁敏、朱宏达 1990：108），而要让译作具有高质量，就必须在忠实原文基础上尽量贴合中文行文习惯。其次是朱生豪对莎翁地位的理解，通过前期对莎剧的研究，朱生豪认为荷马、但丁、莎士比亚和歌德为当时世界文学的四杰，而“此四子者，各于其不同之时代及环境中，发为不朽之歌声。然荷马史诗中之英雄，既与吾人之现实生活相去过远；但丁之天堂地狱，复与近代思想诸多抵牾，歌德去吾人较近，彼实为近代精神之卓越的代表。然以超脱时空限制一点而论，则莎士比亚之成就，实远在三子之上”（同上：263），因此在朱生豪心中莎士比亚是最伟大的文豪，所以中国读者独到的也必定是一流的译文，如果译文完全按照英语的词句顺序和语法结构对译的话，佶屈聱牙和插科打诨的译文必然影响到读者对莎剧地位的认知。

## 4.3 朱生豪莎剧译作传播

不同译家的译作各具特色，但普遍认为朱生豪译本可读性最强、传播度最高。虽然译文读者可能不会关注朱生豪的“神韵说”翻译话语，但朱译中对神韵的保持是其翻译话语在译文中的贯彻执行，因此译文传播程度能够反映出其翻译话语的接受程度，国内对其评价也非常高，如“译作中洋溢着浪漫的激情和青春的活力，直到现在仍然得到广大读者的喜爱”（孙会军、郑庆珠 2015：71）、朱生豪莎剧汉译“语言生动流畅，风格朴实自然，音韵优美和谐，传神达意、功能对等地表达了莎士比亚原作的思想与情感，成为最受读者欢迎的经典译作”（李正栓、王明 2013：19）。

在 1947 年商务书局版本出版后，国内几家知名出版社先后基于朱译出版了略加修订的不同版本，包括 1954 年作家出版社（实为人民文学出版社）版本、1978 年和 1994 年人民文学出版社版本、1998 年译林出版社版本以及 2012 年中国青年出版社版本，能够在不同时代均被出版社选中，这充分说明了其译文接受度。关于朱生豪译文传播，人民文学出版社编辑黄雨石曾回忆，当时出版社想放弃朱译而选择新本，但黄编辑却觉得“新译本远远赶不上朱生豪的旧译。朱生豪的中文很有修养，文字十分生动，而且掌握了原剧中不同人的不同口气。我为了说服编辑部的同志，曾经不止一次在办公室里朗诵朱生豪的翻译和新译中的相同段落，我问他们到底哪个听起来舒服得多。最后终于让编辑部的同志同意我的意见，仍保留朱生豪的旧译，可以分别找人校订一下，补入文学出版社出版的莎士比亚全集”（苏福忠 2009：96），通常而言编辑会出于质量和销量的双重考虑来决定是否推出某部作品，而黄编辑曾以第二名的英语成绩考上西南联大，后研究生师从钱锺书先生，也翻译过《毛泽东选集》《罗马帝国衰亡史》等大量作品，因此他对于翻译的理解非常到位，朱译最终被选中能够从编辑和读者的角度反映出其质量的上乘。

其次，莎剧也会用作舞台上演，而对于莎剧汉译本而言，是否得到戏剧界的使用是衡量其质量高低的参照物，有研究者曾评价道，“正是因为朱生豪在翻译莎剧时处处使演员方便、时时为听众着想，所以他的译文念来上口，听来顺耳，我国各个上演或移植莎剧的剧团多半采用朱氏译本”（冯颖钦 1991: 30）。虽然很难精确统计到相关数据，但曹树钧（2013）指出改革开放 30 年来，中国现代莎剧演出史上基于朱译本排演的话剧有《威尼斯商人》《无事烦恼》《仲夏夜之梦》等 11 部，1994 年上海国际莎剧节首次基于朱译上演了《亨利四世》，“导演根据朱生豪译本提供的厚实的文本基础，展开充分的艺术想象，显示了浓厚的功力，给观众以强烈的视觉冲击，同时又巧妙地运用了中国戏曲中某些假定性原则，也使观众得以充分展开千军万马、一泻千里的想象”（曹树钧 2013：12）。同时，据笔者了解，2016 年莎士比亚逝世 400 周年纪念时，国家大剧院陈伊薪导演也是基于朱译排演了最新版的《哈姆雷特》，首次将朱生豪融入了莎剧之中并将其与哈姆雷特的命运作对比，为观众呈现了一场独具特色的视觉盛宴，此次搬上国家大剧院舞台据朱译首次出版时隔近 70 年，现今仍能得到戏剧界导演的关注，这充分反映了朱译受到的认可。

## 4.4 朱生豪“神韵”话语位相

在罗新璋勾勒出的“案本—求信—神似—化境”（1984：19）体系中，神似和化境分别由傅雷和钱锺书于 20 世纪 50 年代和 60 年代提出，而朱生豪提出的“神韵说”大致形成于 20 世纪 40 年代，因此如果从宏观历时角度来看，“神韵”、“神似”以及“化境”可以算作是同时代的翻译话语。但是由于朱生豪英年早逝而受到的关注不足，因此“神韵说”在中国翻译话语体系中有所遮蔽，而推动相关研究应该尽量还原其位相，因此必须擦亮这颗遗珠（张汨 2020b）。

就中国翻译话语体系而言，由于“神似”和“化境”提出的时间间隔不长，因此罗新璋勾勒的上述四种话语可以归纳为“古代的‘文质说’、近代的‘信达雅说’和现代的‘神化说’”（朱志瑜 2001：3）。而“神似”强调“优秀的译作应该摆脱原语语言的束缚而获得与原文对等的艺术效果”（许钧，等 2016：33），“化境”则是指“把作品从一国文字转变成另一国文字，既不能因语文习惯的差异而露出生硬牵强的痕迹，又能完全保存原有的风味”（周领顺 2014：101），因此两种翻译话语在本质上并无大异，无怪乎朱志瑜将“神似”和“化境”合称为“神化说”（朱志瑜 2001：3）。4.2 节我们可以看出，朱生豪“神韵说”的具体内涵是不拘泥于原文的字句而注重将旨趣传递给读者，所以从本质上看，朱生豪“神韵”也应该属于“神化说”中的一部分，并且可以看作是“神似”和“化境”的前奏。

对翻译话语位相的研究主要关注其在整个翻译话语体系中的独特性和传承性。就其独特性而言，我们主要考究的是其对之前时代话语的发扬和革新，而传承性则关注的是该话语对之后时代话语的影响。从历史的时代性来看，“神韵”之前的两大主流翻译话语为“案本”和“求信”，其中“案本”针对佛经翻译的文质之争，而“求信”则化自严复的“信、达、雅”之说，所以“案本”“求信”“神韵（化）”的总体流变反映出了我们对翻译本质认识的深化，因为“案本”的文质之争体现的是对原文一丝不苟地模仿，“求信”允许在句法层面有一定的灵活度，“神韵（化）”则是在忠实原文基础上开展更高的精神追求，因此“神韵”是基于“案本”和“求信”的发扬和革新。就传承性而言，中国翻译话语体系的向前发展，必定要有新话语的推动，但新话语的产生并非对以往话语的否定，而是在继承的基础上有所发扬，“案本”“求信”“神韵（化）”三者的交替体现出了从文字翻译到文学翻译理念的过渡。在 20 世纪 70 年代之后，文学翻译中注重意译和精神追求的翻译话语集中体现在 80、90 年代出现的“发挥译语优势”以及“传神达意”。“传神达意”由汪榕培根据其典籍英译实践凝练而成，他认为传神包括形似和神似，而达意包含字词和比喻达意（1994），就其具体内涵而言，应该理解成“传神地达意”，也就是在达意的基础上再将原文的神旨传递给读者。而许渊冲提出的“发挥译语优势”对译文旨趣的要求更为明显，因为翻译是“两种文化的统一，并不是两种文化的折中，那就应该往高处统一；也就是说，在原文高于译文的时候，应该尽可能忠实于原文的内容和形式，发挥原文的语言优势；在译文高于原文的时候，也可以扬长避短，发挥译文的语言优势”（许渊冲 1984：11-12），究其本质，这种追求的目的是突破字面束缚而提升译文的艺术性，“追求‘神似’，还‘翻译’以‘文学’之风采”（祝一舒 2018），无外乎朱志瑜曾指出“近几年，学者又把‘化’推到新的高度，提出‘发挥译文的优势’的翻译方法”（2001：3），进一步肯定了“神韵（化）”与后续翻译话语之间的传承性。

可以说，“神韵（化）”话语提倡在忠实原文基础上开展更深层次精神追求的理念，为“传神达意”和“发挥译语优势”提供了基础，许、汪两位翻译家在前人话语基础上，基于自身翻译实践，传承了“神韵（化）”话语的精髓。

## 5. 结语

翻译学研究的跨学科属性日渐彰显，本文提倡研究者更多地关注史学理论并基于知识史观建构了中国翻译话语研究的“材料收集、内容分析、译作传播与话语位相”书写模式，一方面呼吁尽可能挖掘新史料，另一方面为相关研究找寻了学理依据。基于该模式，我们以朱生豪“神韵说”翻译话语为例，论述了朱生豪译者档案材料收集以及在此基础上对“神韵说”内涵、表现、传播以及位相的研究，验证了该模型的可行性。后续研究可从两方面开展，一是使用其他传统翻译话语来进一步验证该模式，二则是可以思考该模式在 21 世纪以来学界提倡的“中国翻译理论话语”研究中的契合性和可行性。

### 注释：

[1] 横线划去部分为朱生豪删除之处；同时朱生豪手稿为繁体字，出于读者阅读便利，本文使用简体字呈现。

### 参考文献

[1] 曹树钧 . 论译界楷模朱生豪在中国及世界的深远影响 [J]. 山东外语教学，2013（4）：7-12.

[2] 方梦之 . 建设中国译学话语：认知与方法 [J]. 上海翻译，2019（4）：3-7.

[3] 冯颖钦 . 朱生豪译学遗产三题 [J]. 中国翻译，1991（6）：27-32.

[4] 傅斯年 . 史学方法导论 [M]. 上海：上海古籍出版社，2019.

[5] 耿强．中国翻译理论话语：内涵与意义 [J]. 上海翻译，2020（3）：7-11.

[6] 蓝红军，许钧．改革开放以来我国译学话语体系建设 [J]. 中国外语，2018（6）：4-9+15.

[7] 蓝红军．“后理论时代”翻译学的知识生产 [J]. 中国外语，2016（5）：20-27.

[8] 李媛慧、任秀英．朱生豪与梁实秋的莎剧翻译对比研究 [J]. 外语与外语教学，2012（6）：79-81+93.

[9] 李正栓，王明．从《汉姆莱脱》看朱生豪译莎特点 [J]. 山东外语教学，2013（4）：19-23.

[10] 刘全福．翻译家周作人论 [M]. 上海：上海外语教育出版社，2007.

[11] 刘云虹，许钧．走进翻译家的精神世界——关于加强翻译家研究的对谈 [J]. 外国语，2020（1）：75-82.

[12] 刘泽权．两岸三地百年女性文学翻译史论构建的意义与方法 [J]. 中国翻译，2016（3）：26-33.

[13] 罗新璋（编）．翻译论集 [Z]. 北京：商务印书馆，1984.

[14] 彭红艳．翻译研究的哲学思考、研究范式与批评话语——廖七一教授访谈录 [J]. 中国翻译，2020（1）：103-110.

[15] 屈文生．翻译史研究的面向与方法 [J]. 外语教学与研究，2018（6）：830-836.

[16] 任文．试论中国口译理论话语体系的建构 [J]. 中国翻译，2018（5）：21-26.

[17] 苏福忠．说说朱生豪的翻译 [J]. 新文学史料，2009（3）：95-101.

[18] 孙会军，郑庆珠．《罗密欧与朱丽叶》汉译研究 [J]. 外语研究，2015（2）：71-78.

[19] 汪榕培．传神达意译《诗经》[J]. 外语与外语教学，1994（4）：11-15.

[20] 王东风．中国译学研究：世纪末的思考 [J]. 中国翻译，1999（1）：7-11.

[21] 王秉钦．20 世纪中国翻译思想史 [M]. 天津：南开大学出版社，2004.

[22] 王宏印．中国传统译论经典诠释——从道安到傅雷 [M]. 武汉：湖北教育出版社，2003.

[23] 吴洁敏，朱宏达．朱生豪传 [M]. 上海：上海外语教育出版社，1990.

[24] 许钧，宋学智，胡安江．傅雷翻译研究 [M]. 南京：译林出版社，2016.

[25] 许诗焱，许多．译者—作者互动与翻译构成——基于葛浩文翻译档案的分析 [J]. 外语教学与研究，2018（3）：441-450.

[26] 许渊冲．翻译的艺术 [C]. 北京：中国对外翻译出版公司，1984.

[27] 杨艺，朱安博．认知突显理论视角下的朱译莎剧 AABB 重叠式研究 [J]. 外语教学，2020（1）：99-103.

[28] 张汨，文军 . 朱生豪翻译手稿描写性研究——以《仲夏夜之梦》为例 [J]. 外语与外语教学，2016（3）：129-137.

[29] 张汨 .《现代翻译知识史：溯源、概念和效果》评介 [J]. 外语教学与研究，2020a（5）：792-797.

[30] 张汨 . 朱生豪“神韵说”：中国翻译思想史中的遗珠——罗新璋先生访谈录 [J]. 山东外语教学，2020b（6）：3-8.

[31] 张汨，余浩 . 新世纪中国译学话语研究：回顾与前瞻——基于 2000 至 2019 年外语类核心期刊的考察 [J]. 民族翻译，2020（6）：43-50.

[32] 张汨 . 翻译微观史书写：理论与方法 [J]. 外语与外语教学，2021（5）：120-127.

[33] 张汨 . 翻译口述史研究：内涵与路径 [J]. 外国语，2022（1）：119-126.

[34] 张佩瑶 . 传统与现代之间：中国翻译研究新途径 [M]. 长沙：湖南人民出版社，2012.

[35] 郑锦怀，岳峰 . 翻译史料问题研究 [J]. 外语教学与研究，2011（3）：445-452.

[36] 周领顺 . 译者行为批评：路径探索 [M]. 北京：商务印书馆，2014.

[37] 朱生豪（译）. 莎士比亚戏剧全集（中）[M]. 莎士比亚 著 . 上海：世界书局，1947.

[38] 朱志瑜 . 中国传统翻译思想：“神化说”（前期）[J]. 中国翻译，2001（2）：3-8.

[39] 祝一舒 . 从文字翻译到文学翻译——许渊冲的文学翻译艺术观探析 [J]. 外语与外语教学，2018（6）：126-132.

[40] 邹振环 . 20 世纪中国翻译史学史 [M]. 上海：中西书局，2017.

[41] Burke, P. *What is the History of Knowledge*? [M]. Cambridge: Polity Press, 2016.

[42] Cheung, M. An Anthology of Chinese Discourse on Translation (Volume One): From Earliest Times to the Buddhist Project [C]. London: Routledge, 2014.

[43] Cheung, M. An Anthology of Chinese Discourse on Translation (Volume Two): From the Late Twelfth Century to 1800 [C]. Neather, Robert (ed.). London: Routledge, 2017.

[44] D'hulst, L. & Y. Gambier (eds.). A History of Modern Translation Knowledge: Sources, Concepts, Effects [C]. Amsterdam: John Benjamins, 2018.

[45] Shakespeare, W. *Shakespeare Complete Works* [M]. London: Oxford University Press, 1928.

## 作者简介

张汨，江西师范大学外国语学院副教授，硕士生导师，“翻译学研究创新团队”负责人。研究方向：翻译史。

谢斐，北京外国语大学高级翻译学院硕士研究生。研究方向：翻译理论与实践。

# 中国翻译理论话语的生成机制与发展空间

# On the Generating Mechanisms of Theoretical Discourses on Translation in China and Its Future Development

冯全功
FENG Quangong

**摘要：**

中国翻译理论话语体系建设是翻译学学科建设的重要任务，也是提升理论自信、学科自信和文化自信的重要途径。翻译理论话语的生成机制有三种，即内部生发机制、外部借鉴机制和概念组合机制，其中，外部借鉴机制一直是翻译理论话语最活跃的生成机制，也最能体现翻译研究的跨学科属性。在未来翻译理论话语体系建设过程中，要以问题为导向，积极引入或生成新的翻译理论话语，同时还要善于对已有理论话语进行批判性反思。基于中国传统文化的中国特色翻译理论话语以及中国学者自创的翻译理论话语更能体现文化自信与学术活力，代表着未来的发展方向，也是需要极力提倡与鼓励的。

**关键词：**

中国翻译理论话语；生成机制；发展空间；学科自信

**Abstract:**

The construction of theoretical discourses on translation in China is an important task in developing the discipline of translatology, which, to a certain degree, embodies Chinese Scholars' confidence in theory, in the discipline and in national culture. Theoretical discourses on translation could be generated by three major mechanisms, namely, internally-producing mechanism, externally-borrowing mechanism, and concepts-combining mechanism. Among them, the externally-borrowing mechanism is very important and best represents the interdisciplinary nature of translation studies. The future development of theoretical discourses on translation in China should be problem-based and problem-driven in introducing or generating new concepts, and the existing theoretical discourses should be critically re-examined as well. It should be noted that theoretical discourses on translation with Chinese characteristics based on traditional Chinese culture and those originally proposed or initiated by Chinese scholars represent the direction for future development in that they capture a kind of academic vigor and Chinese scholars' confidence in national culture, and thus such kind of theoretical discourses should be encouraged.

**Key words:**

Theoretical discourses on translation in China; Generating mechanisms; Future development; Confidence in the discipline of translatology

## 1. 引言

翻译学在国内已发展成为外国语言文学一级学科的五个主干学科之一。然而，作为一门年轻的学科，翻译学还有很多问题有待梳理与解决，其中，学科话语体系建设便是一项重要任务，也引发了一些关注与探索，如贺爱军和范谊（2008）、刘建珠和穆雷（2017）、蓝红军和许钧（2018）、耿强（2020）等。在这些文献中，由于凸显的重点不同，有人用“翻译话语”，有人用“翻译理论话语”，也有人用“译学话语”。其他相似的概念还有翻译观、翻译经验、翻译思想、翻译理论等。近十多年，翻译话语之所以在国内受到青睐，主要在于其内涵相对宽泛，尤其是张佩瑶的编著 *An Anthology of Chinese Discourse on Translation: Volume 1: From Earliest Times to the Buddhist Project*（《中国翻译话语英译选集（上册）：从最早期到佛典翻译》）2006 年在国外出版之后（2010 年又由上海外语教育出版社引进国内出版），翻译话语的使用变得更加广泛。翻译话语是一个复杂的概念，耿强（2020：7）认为，翻译话语包括三个层面的内容:（1）指翻译事实，如各种活动、过程、产品、机构等;（2）指对翻译事实的抽象或叙述，即有关翻译的知识与观念；（3）指一种知识生产过程，在这个过程中作为一种知识的翻译话语和权力相互作用，衍生出生产、传播和消费的不同环节。笔者认为，这里的第二层所指才是话语的真正内涵，不宜无限制地扩大话语的所指，如把过程与机构也囊括进来。所谓翻译话语就是对翻译活动、翻译产品、翻译主体、翻译事件等一切翻译现象的叙述与表征，不管是学术的还是大众的、公共的还是个人的、抽象的还是具体的、系统的还是零散的。翻译理论话语是翻译话语的有机组成部分，但比西方意义上的翻译理论更宽泛一些，一般也具有抽象化、学理化、系统化、社会化等特征。任何人都可以谈自己对翻译的看法，这些看法行诸语言文字之后便是翻译话语，但未必是翻译理论话语。蓝红军、许钧（2018：5）认为，“译学话语是主体对于翻译、翻译研究及翻译学科的理性认识的表达”，或者说是“译学言说自我的方式”（同上：4），具有较强的元话语性质。其中，对翻译的“理性认识的表达”也不妨说就是翻译理论话语。由此可见，翻译理论话语同时属于翻译话语和译学话语这两个更大的范畴，是两者的核心组成部分，也是连接两者的重要纽带，在翻译学学科建设中占据重要地位。

学界对翻译理论的理解有“纯化”和“泛化”两种倾向（覃江华 2020：59），用翻译理论话语来代替翻译理论本身就是一种泛化的表现。如此一来，有见地的翻译观、翻译思想以及对翻译经验的理性归纳也属于翻译理论话语，如许钧（2003：378-395）对翻译价值的总结，具体包括翻译的社会价值、文化价值、语言价值、创造价值和历史价值。所谓中国翻译理论话语也就是在中国译学界使用与流传的翻译理论话语，有历史传承的，也有中外共享的，有本土开发的，也有引自国外的。中国翻译理论话语包括但并不限于“中国特色翻译理论”（冯全功 2021b：164），后者的理论资源具有典型的民族文化属性。鉴于翻译理论话语在翻译学学科建设中的重要性，本文通过对相关翻译理论话语进行分析，探讨其生成机制与发展空间，以期为中国翻译理论话语的创新与发展提供参考。

## 2. 中国翻译理论话语的生成机制

中国翻译理论话语历史悠久，在佛经翻译时期形成了一次高潮，道安的“五失本、三不易”、玄奘的“五不翻”、彦琮的“八备”说、赞宁的“六例”说等都是典型的翻译理论话语。其他如明代徐光启提出的“翻译－会通－超胜”说，清代马建忠的“善译”说、严复的“信达雅”以及后来傅雷的“神似”说、钱钟书的“化境”说等都是影响深远的翻译理论话语。改革开放尤其是新千年之后，国内的翻译理论话语呈现出百花齐放、百家争鸣的局面，形成了一个庞大的翻译理论话语体系，各种话语在体系内部具有不尽相同的凸显度，有的早已打入公共学术空间，有的仅是学者的“私人话语”，还未产生公众消费。早期翻译理论话语的生产者主要是译者，新千年之后则主要是翻译研究者。纵观中国历代翻译理论话语，笔者把其生成机制归为三类，即内部生发机制、外部借鉴机制和概念组合机制。

### 2.1 内部生发机制

所谓内部生发机制主要指译者或研究者基于对翻译的观察与思考提出或创造的翻译理论话语，并且这些话语本身只在翻译内部流通与使用，一旦溢出翻译空间便会失去其存在的意义或者其意义会发生严重的变异。内部生发的翻译理论话语相对比较固定，尤其是历时形成的关于翻译基本问题的话语，其内涵也往往较为复杂，具有较强的历史传承性，如复译（重译）、转译（重译）、自译、回译、零翻译、符际翻译、直译与意译、归化与异化、可译性与不可译性等。对某种特殊翻译现象的思考也会生发很多翻译理论话语，如王宏印（2015; 2016）提出的“无本回译”（早期也称“无根回译”）、冯全功和侯小圆（2017）以及冯全功（Feng 2022）等人提出的“瘦身翻译”（thin translation，也称“薄翻译”）、任东升和高玉霞（2015）等人提出的“国家翻译实践”、任文和李娟娟（2021）等人提出的“国家翻译能力”，但由于其研究对象或适用领域比较特殊，流通性或社会化程度整体上不如关于翻译基本问题的理论话语。内部生发的新翻译理论话语往往需要对已经存在的特殊翻译现象具有敏锐的观察力和抽象的概括力，再用合适的话语对之进行命名与解说。这种新的翻译理论话语最能体现学术创新，有利于丰富翻译理论话语体系。

在内部生发的翻译理论话语体系中，有很多二元对立的话语，引发了很多争议，这往往需要辩证思维或连续体思维对之予以审视。如直译和意译，何种程度上是直译，何种程度上是意译，莫衷一是。这其实需要一种参照层面，如短语、句子、语篇等，在语篇层面，肯定是你中有我、我中有你的关系，只是主导倾向不同而已。再如归化和异化，如果没有文化差异的话，归化和异化是否就失去了存在的意义？文化差异又体现在哪些方面？是不是存在既不是归化又不是异化的译文？归化和异化是否在不同的层面运作，如方法层面、策略层面和伦理层面？冯全功（2019）对归化和异化的这些问题有所思考，但还有待深入探索。其他还有可译性与不可译性，这两个概念是现实层面还是哲学层面的问题，尤其是不可译性？如何评价原创体与翻译体，翻译体与翻译腔是什么关系？如何评价同一原文的新译和旧译，两者的关系是或者应该是什么样的？这些都需要对之进行新的思考，而不是想当然地使用或盲目地接受这些话语。当然，有些话语本身未必具有理论性，如新译与旧译，但由此激发的理论思考就属于翻译理论话语了，如关于新译和旧译的“复译假设”、辜正坤（2003：396）提出的“筛选积淀重译论”等。内部生发的理论话语往往有一个发展或确定化的过程，有的用多个术语同指一种翻译现象，如“thick translation”的汉译（深度翻译、厚翻译、丰厚翻译、厚重翻译等）以及由其逆向思维生发的理论话语“瘦身翻译”（由于其为修辞化命名，也有可能会被“薄翻译”所取代）；有的是同一个术语具有不同的所指，如零翻译、翻译文化，有的对相关话语前后有所调整，如王宏印把无根回译改为无本回译。中国翻译理论话语还常用缩略形式，尤其是在特殊的翻译领域，如佛经翻译中的“五失本、三不易”、黄友义（2004）提出的外宣翻译的“三贴近”原则、林克难（2007）提出的实用翻译的“看易写”等。这些理论话语往往是翻译经验的总结，对相关翻译实践具有较强的指导性。

国内还有一些比较系统化的原创翻译理论，也是内部生发的，如黄忠廉的变译理论、周领顺的译者行为批评、许渊冲的“美化之艺术、创优似竞赛”等。这些理论都有自己的话语系统，如译者行为批评中的“求真－务实”、语言性、社会性、角色化等，也都有较强的学派性质。罗选民（Luo 2017；2019）基于对典籍翻译的观察与思考提出的“大翻译”研究范式也是中国学者自主构建的译学理论话语（“大翻译”概念本身也是内部生发的），很有见地，值得关注。大翻译研究范式着眼于对典籍的（集体）文化记忆，融合了语内翻译、语际翻译、符际（多模态）翻译以及互文写作等多种翻译形式，包括历时和共时两个维度，涉及原语文化和译语文化两个体系，是对文学和文化典籍经典化和全球化的全方位考察，具有跨学科性、人文传承性和可持续发展性等特征，对翻译定义的拓展、世界文学的形成、典籍翻译史的书写以及中国文化对外译介与传播都有很大的启发。总之，内部生发机制是整个翻译理论话语的生成基础，由此生成的翻译理论话语大多具有较强的历史传承性，如直译与意译等，随着翻译学科的深入发展，也有一些是从现有或历史上某些特殊翻译现象归纳总结而来的，具有较强的现实指向性，如国家翻译实践（能力）等。

## 2.2 外部借鉴机制

所谓外部借鉴机制主要指借用其他学科的相关术语或话语来描写、解释与预测相关翻译现象，或规范与指导翻译实践，这些跨学科话语的内涵很多也发生了变化。外部借鉴机制是翻译理论话语最具活力的生成机制，尤其是在跨学科研究越来越盛行的当代语境下。纵观中国翻译理论史，不难发现很多重要的翻译理论话语都源自其他学科，如忠实在引入翻译之前更多是一个伦理学概念；信达雅原本是“文章正规”，是文章学中的概念；佛经翻译中的文质之争或者说文质概念源自古典哲学与文论；傅雷提出的“神似”主要是中国画论术语；钱钟书的“化境”源自佛经或中国哲学与文论，或受其综合影响；刘士聪提出的“韵味”说源自中国古典文论；张佩瑶提出的“推手”理论源自太极功夫或阴阳哲学……这些理论话语移植到翻译中往往具有不同的内涵，如忠实本是一个表人际关系的伦理概念，在翻译中更多指的是文际关系，也就是译文要忠实于原文，伦理的要求变成了翻译的标准。翻译学最重要的母体学科是语言学，来自语言学及其各种分支学科的理论话语非常多，如意义（主要涉及语义学与语用学）、语篇（主要涉及语篇语言学）、风格（主要涉及文体学与修辞学）、语言元功能（主要涉及系统功能语言学）等。如果说大多源自语言学的理论话语和翻译研究有自成一体的倾向，那么源自其他学科的理论话语就属于典型的外部借鉴。

跨学科翻译研究是当下国内翻译理论话语体系最重要的生成来源，尤其是以“××翻译学”或“翻译××学”命名的，往往具有自己的话语体系，如生态翻译学、社会翻译学、认知翻译学、翻译伦理学、翻译修辞学等。胡庚申提出的生态翻译学颇有影响，自成一派，该学派通过概念移植、概念组合、隐喻同构等方法创设了一个相对自足的翻译理论话语体系，并且一直处于持续更新状态，如翻译生态环境、关联序链、适应选择、生态理性、生态整体主义、生态平衡、文本移植、翻译生态、文本生命、译者生存、翻译群落、适者生存、汰弱留强、绿色翻译、生态范式、新生态主义、生生之谓译、“四生”观（尚生、摄生、转生、化生）、翻译生命观等。如果没有其自身话语体系的支持，生态翻译学的影响势必会大打折扣。社会翻译学也比较典型，其引进西方社会学的核心理论话语包括场域、资本、惯习、行动者、行动者网络、社会系统论等。社会翻译学更多是用社会学的研究方法与理论工具，自身的理论话语建设还有待加强。外部借鉴机制不见得是跨学科概念的系统移植，以试图建立翻译学的“分支学科”，很多具体的理论在国内译学界也产生了很大影响，如西方文论中的互文性、副文本、文本细读等概念与方法。在对外部学科的思想话语进行借鉴时，既可以进行术语的直接移植，也可以对其进行适度改造以适应翻译研究，不管是在形式上还是内涵上，如借鉴人类学中的“深度描写”而生成的“深度翻译”、借鉴文论中的“创作个性”而生成的“翻译个性”（冯全功 2016a）。申丹基于英美新批评提出过“整体细读”的概念，冯全功（2016b）又基于“整体细读”提出了“整体细译”与“整体细评”的概念，这很大程度上体现了知识的传承性与变通性。跨学科概念要想在翻译中生根发芽，产生较大的影响力，往往需要相关学者对之进行持续深入的研究，主体（间）性、互文性（文本间性）、多模态、副文本、概念隐喻、场域理论等在翻译研究中的应用就比较典型。冯全功（2020；2021a）把广义修辞学中修辞认知的概念引入到翻译研究中，从原型理论视角赋予其新的内涵，系统研究了文学翻译中修辞认知的转换模式、转换动因和转换效果以及具体修辞认知（如隐喻、拟人、夸张、通感、象征等）的翻译研究，也不失为跨学科概念移植的一次典型尝试。修辞认知有望成为翻译修辞学的重要理论话语，其他已经引入翻译研究的重要修辞理论话语还有修辞情境（形势）、修辞劝说、认同（同一）修辞、修辞技巧、修辞诗学、修辞哲学、修辞原型、修辞能力、论辩修辞、形貌修辞等。外部借鉴的翻译理论话语贵在对相关翻译现象有概括性与解释力，不管是直接移植的还是通过改造的，都是丰富翻译理论话语的有效途径。翻译活动本身是非常复杂的，同一翻译现象可以从不同的理论（学科）视角进行描述与解释，不同的理论视角可能会有不同的观点与发现，共同丰富并促进对翻译本质与翻译活动的认识，这也是外部借鉴机制之所以非常活跃的重要原因。

### 2.3 概念组合机制

所谓概念组合机制主要指借鉴其他学科或在多个学科以及日常生活中常用的话语，用翻译或译者等概念与之进行组合，以形成新的翻译理论话语，如翻译能力、翻译单位、翻译共性、翻译规范、翻译文化、翻译价值、翻译补偿、翻译等值、翻译模因、翻译精神、翻译境界、译者风格、译者个性、译者主体性、翻译家精神等。概念组合机制和内部生发机制以及外部借鉴机制都密切相关，通过概念组合生成的翻译理论话语有些也不妨归在内部生发的范畴（尤其是那些和日常概念进行组合的），如翻译能力、翻译精神，有些也可归在外部借鉴的范畴（所进行组合的概念有明显的学科渊源），如翻译境界、译者主体性等。概念组合机制还可以通过"× 译"或"译 ×"的形式进行，尤其是在其他学科有相似术语的，如从"善说"到"善译"、从"误读"到"误译"、从"文笔"到"译笔"等。很多通过概念组合生发的翻译理论话语引发了大量相关研究，已经成为翻译研究的核心术语。

有些较新的概念组合也颇有价值，体现了学者对翻译的深入思考。许钧（2003: 392）提出的"翻译精神"就很值得关注，他这样写道，"当'本我'意欲打破封闭的自我世界，向'他者'开放，寻求交流，打开新的疆界时，自我向他者的敞开，本身就孕育着一种求新求异的创造精神。这种敢于打开封闭的自我，在与'异'的交流、碰撞与融合中丰富自身的求新的创造精神，我们可视为一种翻译精神。"许钧（2019b）又结合五四运动对翻译精神进行了进一步论述，凸显了翻译的多重价值。陈大亮（2021）提出的"翻译境界"也同样值得关注，其中的境界是取自中国哲学与文艺美学中的术语，也不妨视为由外部借鉴机制生发的翻译理论话语。翻译境界具有双重内涵，既可以指译者境界，又可以指译作境界，前者指的是"译者对翻译的觉解程度、学养厚度、悟性大小与功夫高低"，后者指的是"存在于翻译作品里的精神内涵与审美特质，例如，译作蕴涵的意味、神韵、意境等美学特征"（同上: 15）。还有一些所指有争议或未定型的组合术语也值得关注，前者如翻译文化，后者如翻译家精神。翻译文化（研究）具有不同的内涵，如翻译中文化因素的处理、翻译研究的文化学派、翻译本身所形成的文化等。翻译家精神与许钧所谓的"翻译精神"有很大区别，主要指从古往今来优秀翻译家身上所归纳出的有关为人与为学方面的特质，如求真精神、务实精神、奉献精神、爱国精神、进取精神、谦逊之心、求美之心等。这些由概念组合机制生成的较新的翻译理论话语无疑为翻译理论研究的健康发展提供了新的动力。总之，通过概念组合生成的翻译理论话语在译学话语体系中占有重要地位，拓展空间也很大。

# 3. 中国翻译理论话语的发展空间

经过前辈学者几十年的不懈努力，目前翻译学科的独立性已不成问题。如果说新千年左右学界的焦点在于要不要以及如何建立翻译学的话，那么目前的焦点便是如何更好地发展翻译学的问题，中国翻译理论话语体系建设便是其中一项重要课题。

## 3.1 继承、借鉴与创新

杨自俭（2002：9）曾提出翻译学学科建设的5个支柱：（1）中国传统译学的继承性研究；（2）外国译学的借鉴性研究；（3）翻译实践中新问题的探索性研究；（4）相关学科的吸融性研究；（5）方法论的多层次研究。这5个支柱对中国翻译理论话语建设也具有很大的参考意义，尤其是在“理论焦虑”（许钧 2019a：1-3）普遍存在的当下语境。关于中国传统译论（学）的继承性研究，要善于对有价值的传统译论进行现代转换，使其融入现代翻译理论话语体系之中。王宏印（2003）的《中国传统译论经典诠释——从道安到傅雷》在这方面做了可贵的探索，深度挖掘的空间依然很大，需要有识之士加入。这里的“继承性”不只是继承中国传统译论，还包括中国传统哲学、文论等，以构建中国特色翻译理论。关于外国译学的借鉴性研究，这方面做得还比较到位，改革开放之后大量国外翻译理论话语涌入国内，成为中国翻译理论话语的有机组成部分，如目的论、改写论、功能对等、翻译共性等，目前甚至实现了“同步”趋势。关于翻译实践中新问题的探索性研究，国内学者近十多年对中国文学与文化“走出去”有大量研究，但理论品位有待提升，还未形成有影响力的原创型翻译理论话语。关于相关学科的吸融性研究（吸融也是借鉴），通过外部借鉴机制产生的翻译理论话语大量存在，有的跨学科翻译研究还形成了相对自足的话语系统，如生态翻译学等。关于方法论的多层次研究，国内译学界也做了卓有成效的探索，如基于语料库的翻译研究、翻译认知研究方法等。方法和理论密不可分，很多理论本身就意味着思路与方法，如副文本、互文性、大翻译、主体间性、深度翻译、翻译生成研究等。杨自俭（2002：9）提出的“继承”“借鉴”“探索”不失为中国翻译理论话语的生成动力，也将继续为其开辟新的发展空间。

中国翻译理论话语体系的丰富还有待新话语的生成与引入，但不能为引入而引入，为理论而理论，而是这些话语本身对相关翻译现象具有更强的概括性与解释力，更有利于解决现实中的翻译问题。新话语的生成可以基于对相关翻译现象的探索，对之进行合理命名，如通过翻译家手稿修改痕迹以及前后不同版本研究，不妨把翻译家在翻译过程中表现出来的不厌其改、精益求精、谦虚谨慎、吃苦耐劳、变通趋时、开放进取、诚实守信、刚正坚毅的品质也称为翻译家精神，或者说翻译家精神的重要表现。还可以通过对翻译家手稿的前后不同版本进行研究，把国外基于法国生成批评（genetic criticism）的“生成翻译研究”或“翻译生成研究”（genetic translation studies, Cordingley & Montini 2015）的概念引入，以发现译者在不同阶段的决策与选择，提升翻译手稿研究的理论品味，尤其是把译文视为一个不断生成过程的理念。翻译家精神是组合话语，也是内部生成的，翻译生成研究则是由外部借鉴机制生成的，母体学科则是西方（法国）文论。中国古典文论和哲学是中国翻译理论话语的主要源头，也是中国特色翻译理论最为丰饶的生成土壤，值得挖掘与开拓的空间很大。古典哲学中有“生生之谓易”（《周易·系辞上》）之说，唐代贾公彦把翻译定义为“译即易，谓换易言语使相解也”（《周礼义疏》）。有学者据此提出了“生生之谓译”的理论命题（陈东成 2016；胡庚申 2020），使之分别融入自己创建的理论话语体系之中，颇有洞见。笔者认为，这是一个非常重要的翻译理论命题，也可以生发出很多配套理论话语，其理论基础就是中国古典生命哲学。胡庚申的生态翻译学把译文视为一个生命化的存在就继承了古典生命哲学之要义，并且也有很多支持话语，如翻译生态、文本生命、译者生存、“四生”理念等。此外，把气本体论引入“生生之为译”也非常必要，因为气是万物化生的本源，包括生命化的译文，具体表现在以下几个方面：在翻译本体上生之以气（作者与译者之精气）；在翻译过程中达之以气（传达原文之文气与通达译文之文气）；在翻译批评中观之以气（作者之志气、气之盛衰变易、译文之文气），在翻译伦理上养之以气（译者之浩然之气）。所以气的引入是阐释“生生之为译”的关键，充分体现了中国古典生命哲学的内涵，也丰富了中国特色翻译理论话语体系。当然，中国哲学、文论等传统文化中的很多理论话语和理论命题对翻译研究都有莫大的启发，也都可引进或进一步挖掘，如和、诚、神、韵、味、境、中庸、自然、情志等。在这一方面，潘文国的文章翻译学、吴志杰的和合翻译学、陈东成的大易翻译学、郑海凌的“和谐”说、陈大亮的翻译境界论等中国特色翻译理论可供参考。新的翻译理论话语的引入或对已有翻译理论话语的开发与拓展也不能只盯着中国传统文化资源与传统译论，即便这是提升文化自信和理论自信的重要举措，还有同样重视跨学科理论话语的吸融以及国外翻译理论话语的引介，唯有内外兼顾（国内国外、学科内学科外），多管齐下，才能建设更加合理的中国翻译理论话语体系。

## 3.2 批判、反思与发展

中国翻译理论话语的健康发展还需要对已有理论话语进行反思，或澄清其内涵，或批判其缺陷，或注入新思考、或引发新话语。笔者近几年对自己比较困惑的部分翻译理论话语也有所反思，深刻认识到很多基本问题并没有想象中那么简单或者说在学术共同体内部还远未达成共识，如翻译忠实观、归化和异化、翻译的定义、翻译单位、翻译家精神、翻译策略话语、翻译中的形神之争、中国特色翻译理论、翻译理论与实践的关系、翻译研究学派等。这里不妨以翻译文化为例对之进行简要说明。2019 年由王克非任会长的“中外语言文化比较学会翻译文化研究会”在国内正式成立，并举办了一些专题会议，然而翻译文化到底指什么还没有定论。通过对相关文献进行梳理，不难发现，翻译文化具有不同的指向，如翻译中的文化因素、翻译研究的文化学派、翻译本身作为一种文化、译者置身其中的原语文化和译语文化的共享空间（也称文化间性）等。“翻译文化研究会”强调翻译在文化思想发展史中的地位与作用，尤其是翻译对目的语文化的形塑作用，不妨视为翻译研究文化学派，鲜有关注翻译本身作为一种文化的。翻译本身作为一种文化理应是翻译文化的主要内涵，或者视为其拓展方向。这种翻译文化主要包括哪些内容，价值与意义何在，如何进行翻译文化建设等，都值得进一步探索。如前所述，针对那些二元对立的翻译理论话语，对之进行反思时还要多一些辩证思考，如文与质、忠实与叛逆、形似与神似、归化和异化、直译与意译等。翻译理论话语在学科发展过程中通常有个优胜劣汰的过程，如文与质、直译和意译、归化和异化这三组概念作为翻译策略话语具有相似的所指，也都有自己的鼎盛使用时期，目前则是归化和异化占绝对优势。优胜劣汰的结果并不意味着某些话语被完全淘汰，而是在和新话语的竞争中失去优势，使用频率或学术地位有所下降而已。针对同一或相似的翻译现象，也不妨使用多个理论话语对之进行解释或命名，让相似的理论话语存在竞争关系，如翻译补偿、thick translation、翻译中的副文本等。国外翻译理论话语的翻译有时也存在竞争，可能还会出现长期并存的局面，如 thick translation 的译文（深度翻译、厚翻译、厚重翻译、丰厚翻译等）。如果某一翻译理论话语有多重内涵，这些内涵之间也可能存在竞争关系，从历时而言，也有可能出现优胜劣汰的局面，如零翻译、翻译文化等。

中国翻译理论话语体系建设的资源是丰富的，空间是广阔的，古今中外以及跨学科的相关话语资源都可资利用，在翻译理论话语建构过程中要遵循“问题导向原则”（穆雷、傅琳凌 2018：11），也就是“回归问题研究、坚持问题导向、树立问题意识”（蓝红军 2018b：1），在处理问题时不仅要对已有话语进行反思，还要善于提炼话语，进行话语创新。如果说“中国翻译理论史应该是各种翻译话语多声对话的世界”，不能只有“大传统”，还应该有“小历史”（耿强 2018：67），那么中国翻译理论话语体系建设也不只是宏大理论，还包括众多微观理论，也不只是“大人物”的事，还需要众多“小人物”的参与，以构建一个众声喧哗的翻译理论话语体系。对于中国学者原创的有影响的翻译理论话语，也要注意其国际传播，以在国际译坛发出中国学者的声音，与国际翻译学者进行对话。

## 4. 结语

从历时而言，任何学科的理论话语体系都不是固定的，翻译学作为一门年轻学科，其理论话语体系尤为如此，目前还处于持续发展中。翻译的属性是多元的，翻译现象是极其复杂的，研究翻译的理论视角也注定是多元的、丰富的、流动的。已有的翻译理论话语体系主要通过内部生发机制、外部借鉴机制和概念组合机制生成的，其中概念组合机制和前两者密切相关，很多通过概念组合生成的翻译理论话语也可归在前两者的范畴。如果从地位而言，内部生发的更为重要，如果从数量而言，外部借鉴的更为常见。针对目前的中国翻译理论话语而言，国外引进的居多，本土生产的较少。最近十多年，国内学者在理论创新方面做了很多努力，产生了一些原创翻译理论话语体系，如译介学、变译理论、生态翻译学、译者行为批评等，一定程度上丰富了中国翻译理论话语体系。中国翻译理论话语体系的发展空间仍然很大，尤其是新话语的引入与生成，不管是内部生发的还是外部借鉴的。其中，中国特色翻译理论话语尤其值得挖掘，中国学者自创的翻译理论话语尤其值得提倡。我们还要善于对已有的翻译理论话语进行回顾与反思，以激发对相关话语的新认识、新思考。中国翻译理论话语体系建设是“彰显学科话语权的重要途径”（蓝红军 2018a：14），也是理论自信、文化自信、学科自信的重要表现，有待广大翻译学者共同参与。

## 参考文献

[1] 陈大亮 . 何谓翻译境界论 [J]. 中国翻译，2021（2）：13-21.

[2] 陈东成 . 大易翻译学 [M]. 北京：中国社会科学出版社，2016.

[3] 冯全功，侯小圆 . 瘦身翻译之理念与表现——以 *Moment in Peking* 的汉译为例 [J]. 外语学刊，2017（5）：105-110.

[4] 冯全功 . 论译者的翻译个性——以霍克思英译《红楼梦》为例 [J]. 上海理工大学学报（社会科学版），2016a（1）：21-27.

[5] 冯全功 . 试论归化和异化的生成动因与三个层面 [J]. 中国翻译，2019（4）：5-13.

[6] 冯全功 . 文学翻译中的修辞认知研究 [M]. 杭州：浙江大学出版社，2020.

[7] 冯全功 . 文学翻译中的整体细译与整体细评——从霍译《红楼梦》分卷标题的汉译谈

起 [J]. 北京第二外国语学院学报，2016b（6）：60-70.

[8] 冯全功 . 修辞认知的移植与拓展：从修辞学到翻译学 [J]. 外文研究，2021a（2）：74-79+88.

[9] 冯全功 . 中国特色翻译理论：回顾与展望 [J]. 浙江大学学报（人文社会科学版），2021b（1）：163-173.

[10] 耿强 . 副文本视角下 20 世纪中国翻译话语史的重写 [J]. 当代外语研究，2018（1）：64-67.

[11] 耿强 . 中国翻译理论话语：内涵与意义 [J]. 上海翻译，2020（3）：7-11.

[12] 辜正坤 . 中西诗比较鉴赏与翻译理论 [M]. 北京：清华大学出版社，2003.

[13] 贺爱军，范谊 . 翻译话语的演变与重铸 [J]. 外语教学，2008（6）：87-89+93.

[14] 胡庚申 . 文本移植的生命存续——“生生之谓译”的生态翻译学新解 [J]. 中国翻译，2020（5）：5-12.

[15] 黄友义 . 坚持“外宣三贴近”原则，处理好外宣翻译中的难点问题 [J]. 中国翻译，2004（6）：27-28.

[16] 蓝红军，许钧 . 改革开放以来我国译学话语体系建设 [J]. 中国外语，2018（6）：4-15.

[17] 蓝红军 . 改革开放以来的中国译学理论建构 [J]. 中国翻译，2018a（6）：12-14.

[18] 蓝红军 . 面向问题的翻译理论研究 [J]. 上海翻译，2018b（6）：1-6.

[19] 林克难 . 从信达雅、看易写到模仿－借用－创新——必须重视实用翻译理论建设 [J]. 上海翻译，2007（3）：5-8.

[20] 刘建珠，穆雷 . 中国翻译理论话语体系的构建及其划界 [J]. 上海翻译，2017（2）：1-5.

[21] 罗选民 . 大翻译与文化记忆：国家形象的建构与传播 [J]. 中国外语，2019（5）：95-102.

[22] 穆雷，傅琳凌 . 翻译理论建构的原则与途径 [J]. 中国翻译，2018（3）：9-18.

[23] 覃江华 . 翻译理论的本质、价值与危机 [J]. 外语学刊，2020（5）：58-64.

[24] 任东升，高玉霞 . 国家翻译实践初探 [J]. 外语学刊，2015（3）：92-97.

[25] 任文，李娟娟 . 国家翻译能力研究：概念、要素、意义 [J]. 中国翻译，2021（4）：5-14.

[26] 王宏印 . 朝向一种普遍翻译理论的“无本回译”再论——以《大唐狄公案》等为例 [J]. 上海翻译，2016（1）：1-9.

[27] 王宏印 . 从“异语写作”到“无本回译”——关于创作与翻译的理论思考 [J]. 上海翻译，2015（3）：1-9.

[28] 王宏印 . 中国传统译论经典诠释——从道安到傅雷 [M]. 武汉：湖北教育出版社，2003.

[29] 许钧 . 当下翻译研究的困惑与思考 [J]. 东北师大学报（哲学社会科学版）, 2019a (3): 1-11.

[30] 许钧 . 翻译精神与五四运动——试论翻译之于五四运动的意义 [J]. 中国翻译，2019b（3）：5-12.

[31] 许钧 . 翻译论 [M]. 武汉：湖北教育出版社，2003.

[32] 杨自俭 . 我国译学建设的形势与任务 [J]. 中国翻译，2002（1）：4-10.

[33] Cordingley, A. & C. Montini. Genetic translation studies: an emerging discipline [J]. *Linguistica Antverpiensia, New Series: Themes in Translation Studies*, 2015 (14): 1-18.

[34] Feng, Q. Thin translation: its definition, application and some other issues [J]. *Asia Pacific Translation and Intercultural Studies*, 2022 (1): 59-72.

[35] Luo, X. Cultural memory and big translation [J]. *Asia Pacific Translation and Intercultural Studies*, 2017 (1): 1-2.

## 作者简介

冯全功，博士，浙江大学外国语学院副教授，硕士生导师。研究方向：翻译修辞学、《红楼梦》翻译、翻译理论话语。

# 国家翻译实践中译者伦理的建构

## ——以《礼记·大学》为导向

# Translators' Ethics in Guojia Translational Programmes: Insights from the *Book of Rites: Great Learning*

**田野**
**TIAN Ye**

摘要:

"国家翻译实践"作为一个中国特色翻译学术语，不能等同于西方的机构翻译（institutional translation）或翻译国家（translating the nation）。因此，以中国特色译论探索国家翻译实践对于国家翻译活动具有重要的意义。而译者伦理问题是国家翻译实践研究的重点问题之一。本文试图借用《礼记・大学》中对于修养和道德的讨论，建构国家翻译实践中的译者伦理体系，探讨国家翻译活动的伦理准则。在国家翻译实践中，译员的翻译水平是不能脱离翻译实践独自提高的，而翻译实践不能脱离国家战略独自存在，因此译者对译文的打磨、对翻译机构的负责、对国家治理的帮助和对国际受众的吸引同等重要，不可分割。

关键词:

国家翻译实践；主体；《礼记・大学》；翻译伦理

**Abstract:**

*Guojia* Translational Programmes is a term with Chinese characteristics. It cannot be translated into "institutional translation" or "translating the nation" directly, as *Guojia*—literally "family-state"—is different from an "institution" or "nation-state". To understand the practice, therefore, it is necessary to explore the connotations of the term from a Chinese philosophical perspective. Meanwhile, translators' ethics play a crucial role in discussing such Programmes. The paper tends to use the ethics discussed in the *Book of Rites: Great Learning* to construct the translators' ethics in the *Guojia* Translational Programme. Translators must improve their translation in translation practice, and the translation practice has to abide by the national strategy. Hence, the translators' polishing their translation, their responsibility to the institution, the management of the *Guojia*, and attracting the international audience by translation are interconnected.

**Keywords:**

*Guojia* Translational Programme; Subjects; *Book of Rites: Great Learning*; Translation ethics

## 1. 引言

近年来，众多国家翻译实践研究者从不同视角探讨国家翻译实践的理论架构，在宏观和微观上都建立了相对完善的国家翻译实践理论体系，对国家翻译的实践有一定的指导意义。任东升（2019：68）将国家翻译实践定义为“国家作为翻译主体的实践活动或国家把翻译上升为国家行为的实践活动”，是一种国家行为。任东升和高玉霞（2015）提出了国家翻译实践的位置、属性和类型，总结了国家翻译的三个主体，即国家、机构、个体；三种属性，即自发、自主、自利；和三种特征，即民族性、系统性、权威性，指出了国家翻译实践理论研究的复杂性。同时，任东升（2019）还试图构建国家翻译实践体系，以横向体系、纵向体系和概念体系为主线，归纳总结了国家翻译作为实践活动的性质。在此基础之上，蓝红军（2020：112-118）就国家翻译实践提出了诸多研究问题和方向，分为理论和实践两个方面。其中，理论方面的探索主要解决“国家翻译实践的本质是什么？”（蓝红军 2020：115）的问题；实践方面的探索主要需要“贡献新知识，为指导实践提供有效思路”（蓝红军 2020：117）。

借用西方翻译理论探讨我国的国家翻译实践存在诸多问题。术语方面，中国的国家翻译实践和西方的机构翻译（Institution translation）、翻译国家（translating the state）等术语并不相同。其中一个原因在于“国家”一词的内涵与西方 nation-state 的含义不尽相同。尽管如今该词受西方影响颇深，但是“国”与“家”的结合“早已浸润在我们的言行举止之中，成为一种共同体文化”（王鸿 2017）。首先，西方的“机构翻译”表意并不明确，主要困惑在于对“机构”一词的解读。当机构被用于指称政府时，机构翻译的研究主要在于理解政府的“管理结构”（Koskinen 2014：490），旨在通过翻译管理多语言共同体，即“政府的翻译管理艺术”（同上：480）。机构翻译中虽然包含国家概念，但不仅限于国家概念，且翻译的目的在于管理。相反，由于我国的需求，国家是国家翻译实践的最高主体，国家权威在实践中起到最重要的作用，且国家翻译的目的是通过提高国家语言能力而增强国家能力（蓝红军 2020：114-115）。另外，英文中的“翻译国家”的术语也和我国国家翻译概念不同。如 Tobar（2005）使用的“翻译国家”术语中，国家往往使用的是 nation 一词，并不能和中国的“国家”概念画上等号。“用 nation 翻译‘国家翻译实践’中的‘国家’会极大地限制‘国家翻译实践’的普适性和追溯能力，在时间上无法溯及近代以前的国家，在空间上无法涵盖非民族国家。”（任东升、高玉霞 20220：152）另外，Tobar 所谓的“翻译国家”，目的是国家建设和国家身份认同的构建，与我国的国家翻译实践内容有所重合，但不完全等价。

翻译理论方面，在后殖民、后现代风潮席卷西方学界的今天，以阐释学为基础的西方翻译理论并不完全适用于中国国家翻译实践的研究。海德格尔（2019：225）认为，理解即生存，“此在”要理解“存在”只能“限制在本分而适宜的、众所周知的、可达到的、可忍受的东西的范围之内了”，而伽达默尔继承他老师的衣钵，提出“作者真的知道自己的每个句子的意味吗？（Gadamer 1975：489）”另外，不论是尼采宣称“上帝已死”还是巴特宣称“作者已死”，反绝对权威的风潮沸沸扬扬。以韦努蒂为代表的西方翻译学者对于阐释学在翻译研究上的应用非常看重，虽然他们认为译者和读者的理解不能无限扩张，但也认为翻译只是对原文文本做理解的过程，并不一定要还原作者的意图。可是，在国家翻译实践中，作者意图是非常重要的。在翻译过程中，国家是翻译的“策动者、赞助人和翻译主体”，其中，政治享有优先权（任东升、高玉霞 2015：95）。因此，西方目前植根于阐释学的翻译学理论虽然对国家翻译实践研究有所启示，但并不完全适用。

此外，中国翻译研究学界一直希望发展一套属于自己的翻译理论体系，追求“自主的学科发展”（许钧 2018：10）。潘文国（2012：1-7）认为，不光中国翻译实践本身就是带有中国特色，而且理论就是话语权。跟着西方理论转，最终必然导致、也的确导致了中国“失语”。已经有陈东成（2017）和蔡新乐（2020）等诸多学者试图发展立足于中国传统哲学的中国学派翻译理论。他们的初步探索说明这是一条可以继续发展、也必然会被中国学者继续发扬的翻译理论道路。它绝不是中国翻译学界的自说自话，而是可以和西方理论交相呼应，弥补西方理论不足。例如陈东成（2017）的《大易翻译学》就对西方归化、异化以及翻译美学等概念进行了补充和修正。在这个基础上，作为极具特色的中国国家翻译实践，相关研究也应具有中国特色，并力图在此理论的基础上找到中国特色实践的指导原则。简而言之，国家翻译实践是非常具有中国特色的活动，中国翻译研究应该趁此机会将传统译论与相关理论探讨融合，既可以用传统译论对相关翻译活动进行解读、指导，又可以通过实践总结经验，发展具有中国特色的翻译理论。

## 2. 国家翻译实践中译者伦理问题

本文希望探讨国家翻译实践中的译者伦理问题，指出西方相关理论可以借鉴之处和不足之处，并以中国传统哲学中的伦理观进行补充。

韦努蒂（Venuti 1998）以《翻译的丑闻》为题，讨论翻译的伦理问题。但是，如上所述，作为阐释翻译学的拥护者，韦努蒂面对的道德困境在于原文、译文之差异，因而该书的小标题为“翻译之异的伦理问题”（Towards an Ethics of Difference）。在文中，韦努蒂为译者辩护，反对作者权威，称其为“学界歧视”（1998：39），并宣称要“重新定义翻译”（1998：43）：即要将翻译定义为“历史性的学术”，因为翻译“将接受外语文本的历史性问题展现在学者面前”（1998：46）。不论韦努蒂如何维护翻译的改写功能，对于国家翻译实践来说，要追求的依然是在权威（国家）指导下的忠实（任东升、张玉凌 2016）。因而，虽然韦努蒂的著作可以提醒译者注意不同文化中的对等翻译的困难，却不能作为国家翻译实践中，译者伦理的指导纲领。

同样，安东尼 · 皮姆（Pym 2012：166-167）提出了译者工作的五项基本原则：“译者同意接受翻译任务后，就应对翻译作品负责”；“译者应对翻译作品产生的后果负责”；“译者的伦理不应涉及两种文化间选择的问题”；“翻译的成本不应大于相应的合作互动的收益”；“译者……产出的译文应致力于长期的跨文化合作。”而任东升和张玉凌（2016）则指出，在国家翻译实践中，译者伦理的问题要比西方翻译伦理讨论的问题更加复杂，尤其是在忠实、差异伦理、合作伦理方面，国家翻译实践的伦理都需要突破西方伦理理论的讨论范围。这种复杂性也使得皮姆的原则并不能完全适用国家翻译实践，例如皮姆的合作原则在以自利为目的的国家翻译实践中并不适用。

任东升在对国家翻译实践的伦理问题进行探讨时，提及了三层次主体论，而又在后续研究中做了进一步说明，即：“高位主体”是国家，而“国家授权的翻译机构、组织作为国家翻译实践的落实者，属于中位主体。国家翻译实践的低位主体包括国家或以国家授权机构聘任的译者、作者、读者等个体”（2019：68）。任东升对于三层次主体的考虑是由上到下的，即国家指派机构，机构分配至个体，国家对于机构和个体、机构对于个体有管理作用，而个体应忠诚于机构和国家，机构也应忠诚于国家。虽然这是一个非常全面的模型，但在关于译者伦理的探讨中，他似乎只着眼于从上到下不断细化的路径，并用之指出皮姆等人有关伦理的论述中的不完善之处，对于在伦理问题中处理三层次主体的关系着墨甚少，尤其是对于自下而上的路径探讨不深，而在其 2019 年重述国家翻译实践的概念和体系时，又着眼于宏观框架，对于译者个体的能力和道德问题涉及不多。

将译者视为国家翻译实践主体的核心，可以在任东升理论基础上，增加另一种研究视角，思考译者和国家以及世界之关系。首先，国家翻译实践中，将我国的文件外译（例如《习近平谈治国理政》外译工作）是为了面向国际受众，传播国家形象。此时，虽然译者翻译忠实的主体是国家，但是对象却是世界，在服务国家的同时也在服务世界受众。中国试图提高国家软实力，国家翻译实践便是不可缺少的一环。软实力的打造也是我国发展国际影响力的重要方式，在国家翻译实践外译过程中，对国家的忠诚也体现在译作需要吸引国际受众。而如果考虑吸引国际受众，也就意味着国际受众也成了国家翻译实践的主体。从译者的角度出发，虽然国际受众不属于国家－机构－个人的由上至下的权力关系网中，但也是译者需要关照的对象，是任东升模型中的下位主体，也是游离国家对译者和翻译工作管理体系之外的主体。

本文从中国古典的道德理论出发，构建具有中国特色的译者伦理的理论框架，包括任东升的三层次主体论，注重三个主体之间的互动，即从上至下的指派关系，和由下至上的忠诚和逐步完善道德的关系。除此之外，该框架还以译者为讨论核心，既考虑译者和机构与国家的关系，又把世界受众包含在里面，把中国打造软实力也作为译者的伦理内容之一。另外，除了任东升之外，对于国家翻译实践相关客体的伦理研究几乎处于真空状态。在《习近平谈治国理政》外译引起研究和实践风潮的如今，许多文章着眼于细节处理和外译接受研究（如牛沈明 2018，赵晶 2020，刘奎娟 2021 等），却很少有针对译者及其伦理的相关理论探索。因此，本文也希望能够在一定程度上弥补这一块研究的缺失。

## 3. 以《礼记·大学》为框架的翻译伦理

《礼记》中对于个人道德、家庭伦理和社会理想的论述可以将任东升（2019）研究中的翻译三个主体囊括在内。同时，其中心怀天下的伟大抱负也可以为原模型增加新的主体，使国家翻译实践中的翻译伦理问题得到更加系统的阐述。另外，《礼记》中多层道德环环相扣，既可以自上而下追寻，又可以自下而上求索，解决了上述研究中过于注重由上而下的权力问题。《礼记·大学》（后文作《大学》）是中国古代有关个人道德和天下抱负的论述，我国对于“国家”一词的传统理解便包含其中。任东升和高玉霞（2020：148）在论文中提到这篇散文，但是未作细致的分析。

《大学》中，提出的便是一个只有“自下”才能“而上”的模型：

> 古之欲明明德于天下者先治其国，欲治其国者先齐其家，欲齐其家者先修其身，欲修其身者先正其心，欲正其心者先诚其意，欲诚其意者先致其知，致知在格物。物格而后知至，知至而后意诚，意诚而后心正，心正而后身修，身修而后家齐，家齐而后国治，国治而后天下平。（曾子 2001：895）

可以看到，文中的论述体现了个体和家国天下的哲学思考中自下而上的道德模型。通过这个模型，我们可以反思任东升（2019）提出的三层次主体论，治国为译者个体作用在国家主体，齐家为译者个体作用在机构主体，修身为译者个体本身的道德，三者以先、后逻辑相连，以译者个体为论证核心，反映出译者对国家的责任。在国家翻译实践中，对国家忠诚的逻辑链的发起端也是译者，因此译者对翻译的责任逐渐会转化为其对国家的责任。将任东升的三主体的伦理模型和《大学》四个主体的道德模型相结合，可以得到图1的模型。

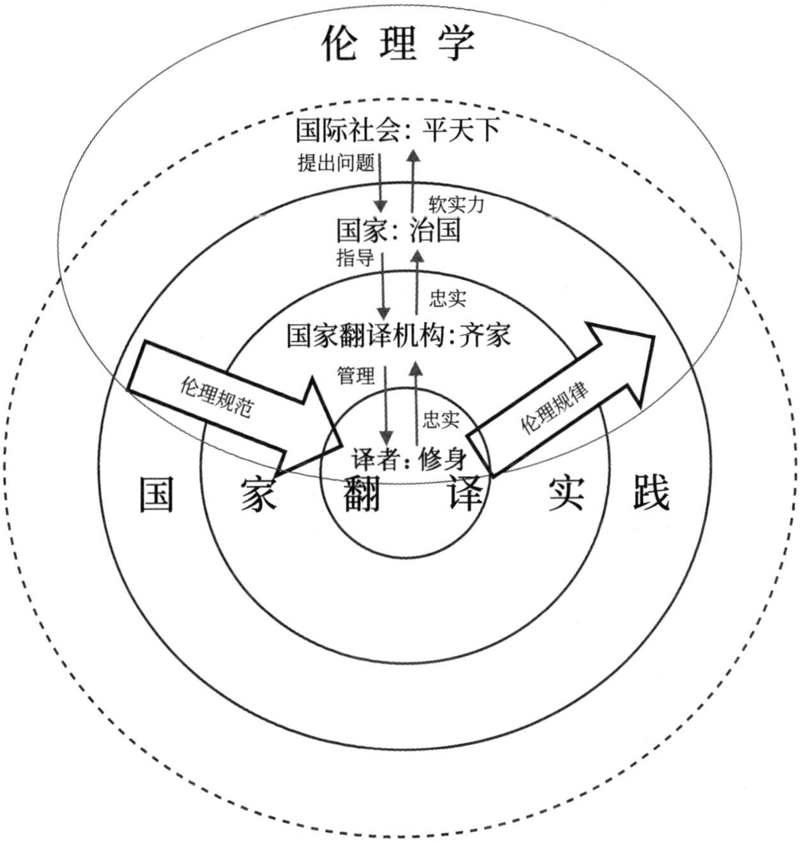


图1基于《大学》的译者、国家翻译机构、国家和国际的同心圆模型

该模型将译者置于国家翻译机构中，将国家翻译机构置于国家中，充分体现出修身至平天下过程中，译者与机构、国家、天下的从属关系。国家翻译实践的上位主体是国家，细分才有机构，机构再细分才有译者。而图1中以虚线表示的国际社会则处于这个同心圆结构之外，与同心圆结构互动，向国家翻译实践提出新的问题，也受国家软实力的影响。国家翻译实践指的是同心圆内的翻译活动，但其伦理也影

响外在的国际社会。而伦理学的问题与国家翻译实践重叠之处就是本文通过《大学》的内涵建构的国家翻译实践中的翻译伦理体系。

下文通过借鉴《大学》的论述，梳理了以译者为视角所涉及的译者、国家翻译机构、国家和国际受众四个主体，以及《大学》对国家翻译实践伦理问题研究的启发。另外，关于“正心，诚意，致知，格物”属于个人修养（内圣），本文将其统一归纳到了国家翻译实践伦理中的译者个人道德层面进行探讨。

## 3.1 修身：个体的伦理

由小到大，同时也遵从《大学》中的“先”和“后”，本文最先讨论个体问题。《大学》(曾子 2001: 896) 认为个体才是道德的根本，说“其本乱而末治者，否矣”。《大学》(同上) 将人比作根基（本），将家、国、天下比作枝干（末），认为只有根基不坏，才能保证枝干的健康。关于个体如何保证其道德，《大学》给出的答案是“格物、致知、诚意、正心”。这里四项活动也分先后、分主干。即，“格物致知”才能明明德于天下。而《大学》中并没有提供对“格物致知”的具体解释，后人对此也莫衷一是。科学哲学派表示，格物致知体现的是有关认识客体之规律。马来平（2019）以朱熹对此概念的诠释为起点，以科技哲学的视角，对其不同时期的认识转向作了解读。他认为，在程朱格物致知说中，客体是格物的对象，而其过程在于观察客体的“性质和规律”（同上：88）。而后，学界对格物致知的理解产生了第二次转向，进一步强调了认知对于客体的依赖，“格物穷理”成了科学的代名词。而冯友兰 (2001: 146) 则通过以《荀子》比较《大学》，试图说明格物致知的内涵。他认为格物就是“与外在的事物接触”，是“致知”的首要条件。

通过对外在事物的接触，人们能获取知识，而最重要的知识就是“本”，因此《大学》中说“此谓知本，此谓知之至也”（曾子 2001：896）。所谓“本”，就是修身，即获取知识最终是为修身服务的。要做到这一点，就要意诚，即“毋自欺也，如恶恶臭，如好好色。故君子必慎其独也”（同上）。格物、致知、诚意的君子，要“如切如磋，如琢如磨”（同上：897），其中“如切如磋”指的是“道学”，也就是“努力治学”，“如琢如磨”指的是“自修”（王文锦：899）。

最终，达到正心、修身的境界。“所谓修身在正其心者：身有所忿懥，则不得其正；有所恐惧，则不得其正。有所好乐，则不得其正。有所忧患，则不得其正。心不在焉，视而不见，听而不闻，食而不知其味。此谓修身在正其心。”（曾子 2001：900）心中的愤怒、恐惧、偏好、忧虑都会导致心“不正”，也就是心不在焉，看不明、听不清、吃而不知滋味。只有摆脱这样的状态，才是正心，也才能叫修身。

对于译者伦理来说，修身对应着译者个人的修养。《大学》中的“格物”，在翻译实践中表示，译者需要借助对外物的观察，通过与其接触探究找到规律，学习知识，而学习知识的最终目的是提升自己。例如，在《治国理政》的英译研究中，有学者发现，“小康社会”的英译由“prosperous society”变成了“well-off society”，评论说“看似一词之差，其背后的考量却是精益求精的努力”（杨立学 2020：212）。这里的“精益求精”正是《大学》中引用《诗经》，称赞的“如切如磋，如琢如磨”，是译者必备的自身修养。同时，在翻译过程中，译者的“正心”也非常重要。《大学》中所称的心不在焉，视而不见，听而不闻的状态在翻译工作中指的是忽略跨文化交际中的不同之处，即只把翻译当作简单的文本转换，而不能“看见和听见”原文和译本中微妙的不同。看不到文本在不同文化中意义表达的差异对译者工作都是非常危险的。原文和译文的环境，或曰语境“必须走出文本、走进文化、走进社会、走进作者乃至走进读者去设置……在翻译中，无论是话有三说还是文有多译，都是语境规约所引起的反应，或者说都是译者不同修养的直接反映”（阎佩衡、王谋清 2011：96）。译者要提升自己的修养，一方面需要增加自己的语言、文化知识，成为“杂家”（同上），另一方面则要求译者在工作中精益求精，切勿因急于求成而“视而不见，听而不闻”。修身也是国内众多从微观层面研究国家翻译实践的落脚点，通过精细的文本分析，看出译者的精巧用心。

## 3.2 齐家：机构的伦理

关于伦理的探讨不应该止步于个体层面。修身之后，《大学》便强调其对“齐家”的作用，紧接着便是齐家对于治国的启示。

> 所谓齐家在于修身者，人之其所亲爱而辟焉，之其所贱恶而辟焉，之其所畏敬而辟焉，之其所哀矜而辟焉，之其所敖惰而辟焉，故好而知其恶，恶而知其美者，天下鲜矣……所谓治国必先齐家者，其家不可教而能教人者，无之。故君子不出家而成教于国。（曾子 2001：901）

齐家，指家庭礼仪。王纪波借用福柯的“全景审查”概念，论述说，齐家“实质上就是通过这些全景敞开的礼仪来规训主体修其身的能力，培养其应然意识和降服性内在义务感”（王纪波 2013：113）。在考虑儒家的齐家思想时，要考虑其“父父子子”（杨伯峻 1980：128）的主张和“何为人义？父慈，子孝”（李学勤 1999：689）的思想。前者说的是上下层级、制度的关系，指的是“父为子纲”（陈立 1994：373）。也就是说，在家庭活动中，要有基本的规章原则，管理制度。从“父”到“子”，建立了层级制度，便于管理（苏力 2016：103）。而后者说的是互利的“双向合同”，父对子的“慈”，使儿子更容易长大成人，以此换取子对父的“孝”，防止父亲老无所养（同上：111）。需说明的是，借用《大学》来探讨翻译机构伦理，无法做到完全一一对应，譬如由于本文此番探讨不涉及家庭中“孝”的概念（但依然以隐喻的形式探讨），于是家中父母、兄长、子女的概念自然也就不适用。

不过，虽然儒家严格的“父父子子”和“父慈子孝”的道德规范虽然不能原封不动地照搬用于机构和个体之间，但“齐家”的一些相关理念依然可以启发有关机构在国家翻译实践中的伦理探索。儒家倡导的“家文化”衍生出的中国社会传统早已渗透入企业中，按企业管理理论分类，儒家“家文化”影响下的企业属于“灵活适应型”企业文化（姜越宇、朱祖平 2010）。已有学者指出儒家“齐家”思想在企业管理中的重要作用。例如，乔渭柏（2010：17-18）将齐家论述为企业准备的三个重要方面，即“立规章、配资源、找方法”。另外，李金平（2014）等学者也论述过更广义的儒家文化思想如何启发企业管理智慧。国家翻译机构的管理亦能从中获得启发。

本文将“家”的概念类比“机构”的概念，原因是二者在道德论述的逻辑链中都起到链接的作用。在《大学》中，“家”这一概念就是小的“国”，君子只有先如此对待家，才能如此对待国。这和任东升（2019）的国家指派机构，机构指派译者；译者忠诚机构，机构忠诚国家的逻辑相吻合。就翻译机构和译者的关系具体而言，首先，机构和译者之间是管理者和被管理者的关系，后者服从于前者。机构需要设立等级分明的层级制度，层层管理，将任务层层下发，保证自身有效、高效地运行。其次，机构和译者之间应是互惠互利，而不应仅仅是机构单向向译者传达任务，只能机构要求译者。机构向译者提供优质的福利，译者也会更乐于和机构合作。这里讨论的伦理与皮姆的翻译成本和合作收益的伦理讨论非常相似，但是皮姆没有提及机构对译者应有的管束作用和译者应该忠于机构的伦理，故“齐家”的内涵也可丰富其翻译管理理论。

## 3.3 治国：国家层面的伦理

“齐家”的概念是伦理由内而外的重要转折点和连接点。在齐家之后，“内圣”的伦理道德转化为了“外王”，自然也就过渡到了治国的层面。

> 康诰曰：“如保赤子。”心诚求之，虽不中不远矣。未有学养子而后嫁者也……此谓一言偾事，一人定国。尧舜率天下以仁而民从之，桀纣率天下以暴而民从之，其所令反其所好而民不从。是故君子有诸己而后求诸人，无诸己而后非诸人，所藏乎身不恕而能喻诸人者，未之有也。

故治国在齐其家。（曾子 2001：901）

“赤子”观是中国古典哲学的经典比喻，先秦诸子都有论述，而内涵又不尽相同。《大学》中引用的是《尚书》（孔子 2012：14）中的“若有疾，惟民其毕弃咎。若保赤子，惟民其康乂。”即：“如果像保护初生婴儿一样保护人民，他们就康乐安定。”这里的赤子之观，即认为国民是“需要被照料的婴儿”（刘梁剑 2019：6），是儒家赤子观的一脉相承，认为人之初，性本善，赤子“都是积极正面的，充满褒义色彩和钟意之情”（肖建平 2014：100）。除了爱护国民外，治国还需要治国者以身作则，做到“诸己而后求诸人，无诸己而后非诸人”，在这个过程中，治国者的言行是非常重要的，正是“一言偾事，一人定国”。不论是败坏事情的一句话，还是安定国家的一个人，都对治国者的言行一致（即正心）提出了很高的要求。

到了这个层次，论述的伦理是国家管理者的伦理，本文中，可以对应的是国家翻译的伦理。在国内宣传方面，国家翻译实践涉及向少数民族翻译必要的文本，达到广泛传播以治国的效果。例如，1950—1965 年，《毛泽东选集》面向少数民族的翻译和出版传播都“对我国的政治、社会和文化均产生了重要影响”，既“有利于毛泽东思想嵌入少数民族地区民众的信仰之中”又“提高了少数民族地区民众对中共及其领导的社会主义国家的认同”（杨林 2017：46）。同时，这些文字是通过翻译工作者之手传达出去的，于是，在此过程中，国家翻译实践工作者需要高度警惕，以防“一言偾事”。此外，向少数民族进行翻译工作本身就是若保赤子的体现。通过翻译工作照料赤子，即通过翻译保护并丰富其语言、文化，这样少数民族地区的人民才会“惟民其康乂”。总而言之，国家层面的国家翻译实践伦理是由治国者和翻译共同实践的。由于语言传播的需要、不同语言之间的区别、不同文化之间的隔阂，治国者的本意需要通过翻译良好地传达出去，其目的既是宣传治国理念，又是照料国民，翻译要如何完成好这一双重任务，需要译者多加考量。

## 3.4 平天下：国际层面的伦理

治国之后，就是要向国际受众传播来自国内的消息，与国际社会沟通与交流。翻译是中国走向世界的必经之路，因此在国与国的交流与信息传播中，翻译者需要注意国际层面的翻译伦理问题。

> 所谓平天下在治其国者：上老老而民兴孝，上长长而民兴弟，上恤孤而民不倍，是以君子有絜矩之道也。所恶于上毋以使下，所恶于下毋以事上，所恶于前毋以先后，所恶于后毋以从前，所恶于右毋以交于左，所恶于左毋以交于右，此之谓絜矩之道。（曾子 2001：903）

在平天下的层面，《大学》提出了“絜矩之道”的理念。絜矩之道就是把握与他人的关系，充分发挥主观能动性（孙德玉、杨慧 2018）。君子通过上老老、上长长、上恤孤影响普通人，让他们也模仿，做到孝、悌、恤。因此，推己及人，己所不欲勿施于人，都是对平天下的君子提出的要求。

在现代社会，国家希望提高自己在国际中的影响力，这种影响力可以分为硬实力和软实力。《大学》中提出的平天下的思想可以呼应如今国家对软实力的追求，即“吸引其他国家合作而非强迫其他国家合作的实力”（Nye 2004：5）。“絜矩之道”道明的正是这层道理：一个国家在和其他国家的互动过程中，把握与他国的关系，通过行为影响他国。其他国家在接收到国家行为后，如果被吸引，选择与该国合作，就可以说这个国家成功提高了软实力。同时，国际社会不是“赤子”，他们是成熟的个体，虽然需要影响、吸引他们，但不能以“如保赤子”的心态在国际社会上生存。作为参与国家翻译实践的个体来说，如何利用翻译吸引国际受众正是国家翻译实践的核心问题，也是实践中译者的伦理问题。正如任东升和张玉凌（2016：108-109）所说，国家翻译实践寻求的是自利，“不仅在输出型国家翻译实践中表现为对本国意识形态、文化、价值观等尊重的态度，在输入型国家翻译实践中也不会完全尊重源语文化的意识形态、价值观等，而会根据本国需要对原文进行一定的删改或者在措辞方面对于己不利的内容进行弱化、美化等”，这便是“所恶于上毋以使下，所恶于下毋以事上，所恶于前毋以先后，所恶于后毋以从前，所恶于右毋以交于左，所恶于左毋以交于右”的体现，即，在输出型国家翻译实践中，国家所恶毋以事国际，以打造我国良好的国际形象，在输入型国家翻译实践中，国际所恶毋以使国家，过滤对自己不利的内容。

## 4. 结语

通过对国内外国家翻译实践理论和译者的伦理的文献梳理，本文提出，对于具有中国特色的翻译实践活动的分析，可以从中国特色的哲学体系中吸取养分，再通过实践反哺中国古典哲学在当代译论中的使用，保证理论和实践的生生不息。本文借用《礼记・大学》中的个人修养相关论述，试图探讨其在国家翻译实践中的现实意义。通过“身家国天下”四位一体的讨论，本文认为，国家翻译实践的主体应该是四位：译者、机构、国家、国际，四位主体以译者为中心，形成同心圆的结构，从一个圆跳跃入另一个圆便要达到《大学》中对个人修养的要求。只有修身，即译者能力和翻译态度的培养；才能齐家，即译者服务于机构，机构对译者有指挥、命令的权力，但是要注意译者的福利；齐家才能治国，即通过翻译彰显治国者方略，也要避免翻译中出现问题，导致一言偾事；治国才能平天下，即通过翻译输出活动在国际上实行“絜矩之道”，让他国看到我国的吸引力，从而选择与我国合作，提高我国软实力，也要小心翻译输入活动，要主动过滤有害信息，防止其流入而造成严重后果。

诚然，《大学》中描述的伦理是儒家在当时的文化环境中对“圣人”的要求，由于时代的进步、环境的不同，不能把其中内容完全照搬，套用在如今的伦理道德理论中。但是，同时应该看到，中国古典哲学在如今依然有解释力和生命力。本文认为，《大学》给国家翻译实践伦理的启示在于译者、机构、国家、国际间的互动。“有德此有人，有人此有土，有土此有财，有财此有用。”（曾子 2001: 905）冯友兰（2001: 150）认为：“一个人要修身，他必须在家、国、天下中去修，那就是说，他必须齐家、治国、平天下。所以修身和齐家、治国、平天下就是一回事。”在国家翻译实践中，这也意味着译员的翻译水平是不能脱离翻译实践独自提高的，而翻译实践是不能脱机国家战略独自存在的，因此译者对译文的打磨、对翻译机构的负责、对国家治理的帮助和对国际受众的吸引是相辅相成，不可分割。

中国传统哲学和译论的结合研究尚在开始阶段，国家翻译实践理论也还处于发展期，本篇文章是一次二者结合的尝试，既希望说明中国传统哲学指导当代实践上依然有很大意义，也希望对国家翻译实践理论的丰富做一点贡献。

## 参考文献

[1] 蔡新乐 .《论语》之中“仁”的英汉译解原理简论 [J]. 外语与外语教学， 2020 (002): 69-83.

[2] 陈东成 . 大易翻译学 [M]. 北京：中国社会科学出版社，2017.

[3] 陈立 . 白虎通疏证 [M]. 北京：中华书局，1994.

[4] 冯友兰 . 中国哲学史新编（中卷）[M]. 北京：人民出版社，2001.

[5] 姜越宇，朱祖平 . 企业中家文化的内涵与外延 [J]. 企业改革与管理，2010（6）：40-41.

[6] 孔子 . 尚书 [M]. 北京：线装书局，2012.

[7] 蓝红军 . 国家翻译实践——从现实需求到理论建构 [J]，外国语文，2020（5）：112-118.

[8] 李金平 . 儒家文化与企业管理智慧 [J]. 北方经贸，2014（4）：137-138.

[9] 李学勤 . 十三经注疏 · 礼经正义 [M]. 北京：北京大学出版社，1999.

[10] 刘梁剑．“身家国天下”意象与中国政治的当代转化：一项哲学语法考察 [J]. 华中科技大学学报（社会科学版），2019(33)：1-29.

[11] 刘奎娟．《习近平谈治国理政》第一至三卷英译探析 [J]. 中国翻译，2021（1）：139-146.

[12] 马丁·海德格尔．存在与时间（陈嘉映、王庆节译，熊伟校，陈嘉映修订）[M]. 北京：生活、读书、新知三联书店，2019.

[13] 马来平．格物致知：儒学内部生长出来的科学因子 [J]. 文哲史，2019（3）：87-167.

[14] 牛沈明．《习近平谈治国理政》英译本翻译策略评析 [J]. 中北大学学报：社会科学版，2018（6）：121-125.

[15] 潘文国．中国译论与中国话语 [J]. 外语教学理论与实践，2012（1）：1-7.

[16] 乔渭柏．修身 齐家 治国 平天下——企业发展与提升的“路线图”[J]. 建筑设计管理，2010（7）：16-20，42，58.

[17] 任东升，张玉凌．国家翻译实践伦理探索 [J]. 中国海洋大学学报（社会科学版），2016（1）：68-112.

[18] 任东升，高玉霞．国家翻译实践初探 [J]. 中国外语，2015（3）：92-103.

[19] 任东升，高玉霞．国家翻译实践中的“国家”概念及其英译探究 [J]. 英语研究——文字与文化研究，2020（12）：146-154.

[20] 任东升．国家翻译实践概念体系构建 [J]. 外语研究，2019（4）：68-73，112.

[21] 苏力．齐家：父慈子孝与长幼有序 [J]. 法制与社会发展，2016（2）：100-113.

[22] 孙德玉，杨慧．《大学》“絜矩之道”的历史观照和现实启示 [J]. 高等教育研究，2018（11）：85-89.

[23] 王鸿．家国天下与中国式的认同困境 [N]. 中华读书报，2017-03-22.

[24] 王纪波．《礼记》与《儒学意识形态的建构研究》[D]. 长沙：湖南师范大学，2013.

[25] 王文锦．礼记译解 [C]. 北京：中华书局，2001.

[26] 肖建平．先秦儒家、道家、墨家“赤子观”初探 [J]. 湖南行政学院学报，2014（1）：98-103.

[27] 许钧．改革开放以来中国翻译研究概论（1978—2018）[M]. 武汉：湖北教育出版社，2018.

[28] 阎佩衡，王谋清．翻译需要一个三维语境——兼议译者的主体修养 [J]. 西北民族大学学报（哲学社会科学版），2011（1）：92-96.

[29] 杨伯峻．论语译注 [M]. 北京：中华书局，1980.

[30] 杨林.《毛泽东选集》少数民族文版的翻译、出版与传播（1950—1965），2017（5）：42-47.

[31] 杨立学.习近平治国理政思想英译与对外话语体系构建 [A]// 天津市社会科学界联合会.天津市社会科学界第十五届学术年会优秀论文集 [C]. 天津：天津人民出版社，2020：208-214.

[32] 曾子.大学 [A]// 王文锦.礼记译解 [C]. 北京：中华书局，2001.

[33] 赵晶.再实例化视角下政治文本标题的翻译策略与方法——以《习近平谈治国理政》的英译为例 [J]. 北京科技大学学报：社会科学版，2020（1）：30-38.

[34] Gadamer, H. G. *Truth and Method* [M]. New York: Crossroad, 1975.

[35] Koskinen, K. Institutional translation: The art of government by translation [J]. *Perspectives*, 2014 (4): 479-492.

[36] Nye Jr, S. *Soft Power: The Means to Success in World Politics* [M]. New York: Public Affairs, 2004.

[37] Pym, A. *On Translator Ethics: Principles for Mediation between Cultures* [M]. Amsterdam & Philadelphia: John Benjamins Publishing Company, 2012.

[38] Tobar, H. *Translation Nation: Defining a New American Identity in the Spanish-Speaking United States* [M]. New York: Riverhead Books, 2005.

[39] Venuti, L. *The Scandals of Translation: Towards an Ethics of Difference* [M]. London & New York: Routledge, 1998.

## 作者简介

田野，英国女王大学（Queen's University Belfast）在读博士。研究方向：跨符际翻译、翻译伦理、国家形象翻译。

# 译者研究

## 论译者译事中的关系和地位：新翻译权力论视角下的阐释

## A Study of Translator's Relationship with Other Involved Parties and His（Her）Status in Translation from the Perspective of New Theory of Translation Power

袁斌业
YUAN Binye

摘要：

本文从新翻译权力论视角审视译者与其他涉译方的关系及其在翻译中的地位，探讨了译者与其他涉译方的四种关系，即主导与被主导的关系、互有主导的关系、对抗的关系和服从—命令的关系；指出了译者的三种地位，即（1）从文本选择到译作出版全程主导者的地位；（2）从文本选择到译作出版过程中部分阶段主导者的地位；（3）在遣词造句方面有低限度的主导者地位。本文认为，这样的研究有助于我们更全面清楚地认识译者与其他涉译方的关系以及其在翻译中的真正地位、译者在跨文化交流中发挥的作用等方面的问题。

关键词：

译者；涉译方（或翻译权力主体）；关系；地位

**Abstract**:

Making a study of translator's relationship with other involved parties and his（her）status in translation from the perspective of new theory of translation power, this paper discusses four kinds of the relationship, which are the relationship dominated by translator, the relationship dominated by translator and other involved parties（or subjects of translation power）in different stages of the translation process, the relationship of opposition and the relationship of order-giver and order-taker, and concludes that there are three kinds of status for a translator, which are the status as a dominator in the process of selection of texts to be translated to the publication of translated texts, the status as a dominator in a certain stage in the process of translation and the status of an operator who has limited power in the linguistic operation. It is believed that the study can help us have a more thorough and clearer understanding of the relationship and the translator's real status, the role that he or she plays in cross-cultural communication and other issues related with translator's status.

**Keywords:**
Translator; Involved Parties（or Subjects of Translation Power）; Relationship; Status

## 1. 引言

译者译事中的关系和地位即翻译过程中译者与其他涉译方如原作者、译文读者、赞助人等方面的关系，以及译者在翻译中的地位。关于译者与这些方面的关系以及译者在翻译中的地位，迄今国内外已经有不少的相关研究成果，但如果我们从翻译权力论视角去审视译者译事中的关系和地位，我们会看到另外一种景象，本文的讨论就是为了揭开这种景象。

关于国内外对译者译事中关系和地位的现有研究，下面分别简述。就译者与其他涉译方而言，在译者与译文读者方面有“仆主关系”（杨绛 1986）、“平等的朋友关系”（涂兵兰 2020：101-115；傅雷 1957）、“嘘寒问暖关怀备至的亲人之间关系”（涂兵兰 2020：92）；在译者与原文作者方面有“仆主关系”（杨绛 1986；谭载喜 2017:104；Dryden 2006）、“征服者与被征服者或摆布者与被摆布者的关系”（Nietzsche 2006；Lefevere1992:general editor's preface）、“相互依赖、互为补充、平等互补的共生关系”（Simon 1996：1-38；蒋童 2016：60；刘军平 2019：132）、“基于信任和理解基础上的朋友关系”（涂兵兰 2020：90）、“守门人或把关者与信息提供者之间的关系”（李欣 2009；Nord 2001：32）、“一种对话关系”（郭英剑 2016；米健 2019）；在译者与赞助人关系方面有“经济依附关系”（涂兵兰 2020：111）、“在政治上、经济上、文化上还是在社会地位上都息息相关的惺惺相惜朋友关系”（同上：112）等。就译者在译事中的地位而言，主要有仆人地位论（杨绛 1986）、译者永远是原作者影子说（谢天振 2011）、译者享有与原作者同等甚至更高地位评（Venuti 2004：307-313；Robinson2012：前言；Simon1996：16）。学者们的这些看法虽然都有一定的道理，但表述方面都比较笼统，还不是译者译事中的全部关系和地位。如果我们从翻译权力论来审视，那些关系和地位会更加清楚地呈现在我们面前，译者与其他翻译涉译方的关系以及他（她）在翻译中的地位会有所差别，我们对那些关系和地位会看得更清楚。下面的讨论先从新翻译权力论的介绍开始。

## 2. 新翻译权力论

笔者这里提出的新翻译权力论，是相对于旧翻译权力论而言的。以列弗维尔（Andre Lefevere）和巴斯内特（Susan Bassnett）等学者为代表的文化学派关注文本以外的权力因素与翻译的相互作用，笔者将之称为旧翻译权力论。该论的主要观点可以概括为：翻译权力是指翻译与权力之间的互动关系，这种关系尽管复杂，但主要有三种表现形式：第一，翻译受各种权力的操控；第二，翻译产生权力即翻译带来影响、价值与功用；第三，翻译过程中的权力因素即译者与作者、原文及译文之间的关系。笔者认为，该论对译者与其他涉译方关系的解释力不够，因为它只提到译者与原作者的关系，至于是什么样的具体关系，它语焉不详。对前者的解释力苍白，对译者在翻译中地位的解释也必然无力。

如何探清这种关系呢？解策之一就是重新定义翻译权力，指出其中的涉译方，分清他们的翻译权力关系，如此有助于我们更清楚地探知译者译事中的关系和地位。

笔者借用政治学和社会学上的权力论来重新阐发翻译权力。政治学、社会学等学科上关于“权力”的定义很多，据说有几百种甚至上千种（丹尼斯·朗 2001:3），其中的多数定义都把权力看作是一种社会关系，其中包含有权力主体及其权威、权力能力、权力关系和权力受体（中国社会科学院世界经济与政治研究 1993：131；郭道晖 2009：3-9；宋洁绚 2015：168；彼得·布劳 1987：135、137）。参考学者们关于权力的定义，结合翻译实践，笔者这样重新定义翻译权力：翻译权力是一种翻译权力主体内的社会关系，任何翻译权力主体（个人、团体、机构）只要能够运用其所拥有的资源，促使客体改变行为，以实现翻译权力主体的意志、利益等。翻译权力需要得到涉译方共同体的认可或默认，从而具有合法的权威基础。因此构成权力这种社会关系的要素有翻译权力主体、翻译权力能力、翻译权力关系、翻译权力受体。

行使翻译权力的人或机构就是翻译权力主体，包括译者、原作者、委托人、赞助人、监管人、出版人、读者和翻译评论者；翻译权力能力是指某翻译权力主体拥有一定的权力资源，该资源能够对其他翻译权力主体施加影响力、支配力。某翻译权力主体之所以拥有支配其他翻译权力主体的特殊力量，在于他拥有必要的物质或精神的影响，达到他（她、它）意志所要达到的目的，如在世的原作者对歪曲其原作的译者施加压力、赞助人在资助方面对译者的吸引力、在意识形态方面的感召力或压力等；翻译权力关系是指翻译权力主体组成的共同体成员之间的关系。构成共同体成员的数量是不固定的，有时可能只有原作者、译者和译文读者；有时除了这三方外，还包括委托人、赞助人、监管人；有时还有出版人、译评者。翻译权力关系只有在翻译权力主体组成了共同体后才存在，共同体以外的人员和机构与共同体内的成员没有这种关系。

翻译权力受体即翻译权力的相对人。翻译权力主体行使翻译权力必然要有其支配的对象，才能发挥其作用，其存在的效力和价值才能得到体现。翻译权力主体与翻译权力受体构成“命令—服从”关系（即使翻译权力受体抗拒，也只能被动地屈从）。在这种关系中，翻译权力主体与翻译权力受体是处于不平等的地位。

以上就是新翻译权力论。它包含了翻译权力主体、翻译权力能力、翻译权力关系、翻译权力受体，明确了这些相关因素，解释译者与其他涉译方的关系和地位就比较充分。

在涉译方（翻译权力主体）组成的译事共同体中，译者可能是翻译权力主体，向其他涉译方（翻译权力主体）发号施令，也可能是翻译权力受体，接受来自其他涉译方（翻译权力主体）的指令，角色不同，地位有别。表面上看，译者只有两种地位：作为发号施令的主人地位和接受指令的受支配地位，但由于翻译活动的特殊性，译者在翻译中的地位事实上不止以上两种。要看清楚译者在共同体中的真正地位，我们先要了解译者与其他涉译方（翻译权力主体）的关系。

## 3. 译者与共同体内其他涉译方（翻译权力主体）的关系

译事共同体内只有翻译权力最大的主体才能对其他翻译权力主体发生强制性的影响力、控制力，促使、命令、强迫其他翻译权力主体按照他（她、它）的意志和价值标准作为或不作为，具体言之，就是对涉译事务做出最终决定，要求其他翻译权力主体执行他（她、它）的决定。包括译者在内的任何翻译权力主体都有可能成为共同体中权力最大的主体。当译者是或不是共同体内权力最大的权力主体时，就拟译文本的选择、原文本的阐释、文本转换中的具体操作、出版时是否保持译稿的原貌等与译者有关的涉译事务，他（她）与共同体内其他翻译权力主体会构成数种不同的关系。这些关系大致有以下四种。

### 3.1 译者与共同体内其他翻译权力主体构成主导与被主导的关系

此时的译者是共同体内权力最大的翻译权力主体，他（她）可以运用其所拥有的资源对其他翻译权力主体发生强制性的影响力、控制力，促使、命令或强迫其他翻译权力主体贯彻落实他（她）的决定。他（她）可以按照自己的兴趣、意愿选择拟译文本，可以按照自己的价值判断阐释文本，可以按照自己的翻译目的选择合适的翻译策略，可以确保出版的译本与原译稿保持一致。严复、马君武、苏曼殊等等翻译家就是这样的译者。以严复为例，他自主选择八种原著、翻译过程中任意使用达旨术是他身处翻译权力主体主导地位的结果。他与商务印书馆 1903 年 12 月就《社会通诠》的翻译出版签订的合同更显示他在翻译权力主体内主导者的身份。该合同共有 10 条款，第一款是翻译内容，第二款说明签约双方是印主（商务印书馆）和稿主（严复）；其余的 8 款中，6 款是对印主的约束（包括费用支付标准、印主必须粘贴稿主印花、印数不得欺骗稿主、每批印书前通知稿主备送印花、费用结算时间、付梓前允许稿主修改译文），1 款是对稿主的约束（履约期间稿主不得将书稿另许他人印刷），另 1 款约定版权归属（张元济 2011：4-5）。从这个合同看，稿主严复在共同体中的权力远远大于印主商务印书馆的权力，其主导者身份彰明较著。马君武、苏曼殊等等与严复有类似情形的译者都具有这样的身份。

### 3.2 译者与共同体内权力最大的翻译权力主体构成互有主导的关系

首先，当赞助人是共同体内权力最大的主体时，译者与该赞助人构成互有主导的关系。在部分翻译实践中，有的赞助人只负责选择文本和提供资助，而不参与文字转换操作过程，或赞助人只负责提供资助，不参与拟译文本的选择，只希望译者选择符合赞助人意识形态要求的文本。如近几年国家社科基金办公室推出的“中华学术外译项目”，拟译文本的选择和语言转换操作过程完全由译者掌握，该办公室负担译作在国外权威出版机构出版并进入国外主流发行传播渠道的一定额度费用，但译作内容必须保证正确的政治导向，必须符合国家的法律法规等。其他项目如 1995 年推出、旨在系统全面地向世界推出外文版中国文化典籍的国家重大出版工程《大中华文库》等也是如此。其次，当监管人是共同体内权力最大的主体时，译者与该监管人构成互有主导的关系。有些翻译实践没有赞助人，但有监管人，他（她、它）可能在场，也可能不在场。他（她、它）负责监管译本内容是否违法犯规，其他事项由译者掌管。例如，在当下的中国语境中，如果要出版翻译作品，必须首先向地方党委宣传部门、新闻出版管理部门等监管机构提出选题申报，以上部门要审核原作内容，获得批准后，才能进入翻译出版的有关环节，其中的翻译过程包括对文本的阐释、文本转换过程中的具体操作就由译者主导。再次，当原作者是共同体内权力最大的主体，译者与原作者构成互有主导的关系。在有的翻译实践中，原作者是共同体内权力最大的主体，他（她）对译者有着强制性的影响力、控制力，或者译者本人主观上具有对原作者的仰慕、顺从意识，他（她）紧紧地追随原作者，希望能最大限度地把原作者的意图和所表达的各种信息转换到译文。在辜正坤的翻译标准系统中，译作是否符合标准，全由原作者一人判断，因为他（她）具有绝对的权力（辜正坤 1989）。一些翻译家所说的那种对原作“战战兢兢、如临深渊，如履薄冰”所要表达的真正意思是对原作者绝对权力的敬畏之感。有的在世原作者还会直言不讳地要求译者必须按照其所言所述进行翻译，如莫言要求葛浩文翻译他的一些小说时不要改动删节原文内容，如果确实需要，特别是幅度较大的删节，需要取得原作者同意后才实施（葛浩文等 2014：243），但是，如何尽可能准确地把原作者意图和所表达的各种信息转换到译文？如何把译者那种对原作“战战兢兢、如临深渊，如履薄冰”的敬畏感落实到具体的实际操作中？如何删节？删节哪些部分？所有这些，都要由译者斟酌后付诸实施，所以说，译者具有部分主导权。另外，当译文读者是共同体中权力最大的主体，译者与译文读者构成互有主导的关系。译者的接受能力、接受习惯是译者要考虑的头等大事，决定着译者的翻译策略。国内翻译界经常提到傅东华的中译本《飘》、美国译者伊文 · 金（Evan King）译自老舍的同名小说《离婚》、英国汉学家霍克斯（David Hawkes）的《红楼梦》英译本等就是这方面典型的例子。老舍小说《骆驼祥子》的第一个英译者是抗战时期一个被关入日本集中营的英国人。该译者认为，英美读者阅读中国的小说，无法接受一个悲剧性的结局，所以他就把原作的悲剧性结局改为喜剧性的结局（葛浩文等 2014：226）。以上译作读者的接受习惯引导着译者的翻译方向，主导了翻译过程，迫使译者采用归化程度较大的翻译策略，因而成了主导者，但如何针对译文读者的接受习惯打造出恰如其分的译文？这需要译者一番思量和熟练的操作后才能完成，因此，译者具有部分主导权。最后，当出版人是共同体中权力最大的主体，译者与出版人构成互有主导的关系。翻译出版专家李景端（2018）在“新时代中国文学译介与传播高峰论坛暨浙江大学中华译学馆成立仪式”（2018 年 11 月 10 日在浙江大学举行）上的主旨发言中提到，现在的翻译是一仆三主，除了作者、读者，还要加一个出版商，出版商就是主人，徐珊珊（2011）也把出版商看作是第三个主人。李景端和徐珊珊提出的“出版商是主人”与本文所说的出版商是共同体中权力最大的主体是一致的。到了出版环节，出版商有最大的发言权。他们对译文读者的阅读习惯、接受能力了然于胸，因而会就增添、删减、改写译文、调整译文结构等方面对译者提出各种不容商量的要求。葛浩文说，一旦出版社购入版权之后，他们就向原作者和译者发号施令（葛浩文等 2014：243）。葛浩文还提到，他在把《狼图腾》交给企鹅出版社后，该社编辑要求他“先删去三分之一左右。……小说里有不少重复的短语、段落甚至概念，跳过去就行了”（同上）。哪些部分需要删除？哪些概念不必翻译？这个决定权在译者手里，在这部分的操作中，译者说了算，因此译者具有部分主导权。

### 3.3 译者与共同体内权力最大的翻译权力主体形成对抗的关系

此时的译者不是共同体内权力最大的主体，最大的权力掌握在共同体的其他权力主体手中。一是共同体内最大权力掌握在赞助人或监管人手中。任何赞助人或监管人都希望译者选译的文本不包含有任何超出自己期望的内容或违规的内容，特别是不要违逆监管人自己所信仰或支持的意识形态，但如果译者不接受赞助人或监管人对拟译文本的指令或操控，而是坚持按照自己的价值标准选择和翻译文本，从文本选择到出版全程由译者主导，此时的译者与监管人形成了对抗的关系。如抗战时期在大后方各中心城市重庆、桂林、昆明、贵阳等，中共阵营的译者或拥护中共的译者与国民党各级书刊出版审查机关构成了翻译权力关系，后者完全有权力命令译者按照其意识形态要求选择拟译文本和操作文本，但译者拒绝服从命令，他们选择翻译马列著作、进步社会科学著作、苏联、英美左翼作家作品，转换操作中突出普通民众与统治者的斗争等国民党各级书刊出版审查机关禁止的内容。二是共同体内最大权力掌握在原作者手中。有的在世原作者，拒绝认同译者对其文本的处理方式，要求译者停止糟蹋其原作，停止出版译作，但译者依然我行我素，坚持全程主导译作的翻译和出版。上文提到的美国人伊文·金在翻译老舍的《离婚》时对原文进行了增删改写，老舍动用他在共同体中拥有的最大权力，就文本的处理与对方多次交涉，但伊文·金毫不让步，最后还成立自己的公司出版该译作。井上红梅（约1881—1949）是最早译介鲁迅作品的日本译者。他辛亥革命后不久来到中国上海，研究中国风俗，出版了与此有关的专著，同时放纵自己于吃喝嫖赌。当他与鲁迅接洽，要求翻译鲁迅作品时，鉴于其个人生活有失检点，鲁迅并不愿意他来翻译自己的作品，但井上红梅坚持自己的选择。从 1926 年开始，他陆续选择翻译了鲁迅的《狂人日记》《呐喊》《彷徨》《药》《风波》《在酒楼上》等作品。1932 年，他在日本改造社出版了第一卷本的《鲁迅全集》，这是日本乃至世界上第一本以“鲁迅全集”命名的译本（吕元明 1992：359-361；杨四平 2014：84；李莉薇等 2017）。尽管译文中不少地方偏离了原文、庸俗化原文而导致鲁迅不认可该译本，但译者不顾原作者的反对而争取主导翻译全程，这是不可否认的事实。

### 3.4 译者与共同体内权力最大的主体构成了服从－命令的关系

在这种关系中，后者选定好文本，有的情况下甚至规定好翻译策略，译者按照命令执行即可。杨宪益称他和夫人戴乃迭 20 世纪 50 年代末直到文革时期曾经当过“雇佣译手”（李辉 2001：36）；草婴在回忆文革时期“上海市‘五·七’干校六连翻译组”的工作时称“我们当的是翻译机器”（陈丹燕 2015：217）。“工宣队的人逼我们要在二十天里交四十万字的翻译稿出来，他根本不懂，瞎指挥，说：‘你们有什么好改的，上面写了热水瓶，你就写热水瓶嘛。’”后来的《落角》《人世间》《你到底要什么》和后面的一些书就是这样做出来的（同上：308）。李亚舒、黎难秋特别提到“文革”十年间中国翻译史上的特殊翻译现象：“在翻译上闹出的笑话，这时期也最多。文章资料特别是中译外的文献资料，只能照字面一字一句地翻译，稍有不慎，就可能带来灭顶之灾，译者根本不可能进行创造性的翻译了”（李亚舒、黎难秋 2000：553）。当时译者奉命把“老虎”译为 old tiger，把“肥猪”译为 fat pig，哲学术语“两点论”被译为法语 la these en deux points 等译文都是译者请示有关“首长”后被要求做出如此的翻译（叶君健 1991）。有人提到，前几年，国内出版社在出版美国前总统奥巴马《无畏的希望》时，为了尽快使译本面世，抢占市场份额，达到最大限度的商业目的，在翻译该书的过程中，大多数出版社向译者施压，要求他们在尽可能短的时间内完成该书的翻译（徐珊珊 2011）。

上面提到的“雇佣译手”“翻译机器”是我国 20 世纪 50 年代后期到 70 年代后期特殊历史时期的特殊产物，当时的绝大部分译者处在一种被管束的地位，他们不得不服从管束，但在受命翻译的过程中，他们对遣词造句仍然有有限的自由度。而出版社向译者施压，译者也不敢怠慢，他（她）会接受指令，以便早日完成任务，让译作面世，但是，具体的操作仍然由他（她）来决定。

## 4. 译者在翻译中的三种地位

以上的讨论表明，译者与共同体内其他涉译方（翻译权力主体）的关系在不同的翻译实践中是有区别的，其地位也随着他（她）与其他涉译方（翻译权力主体）关系的不同而有所差别。

### 4.1 译事全程的主导者地位

当译者与共同体内其他涉译方（翻译权力主体）构成主导与被主导的关系时、当译者与共同体中权力最大的主体构成对抗的关系时，译者就具有从文本选择到译作出版全程主导者的地位、中心的地位，他（她）就可以引领以上这个过程，成为领航翻译过程的“把舵人”，掌握着译事推进的方向，此时的译者才是真正的主人，才具有说一不二的主人地位。傅雷（1957）说到的“选择原作好比交朋友：有的人始终与我格格不入，那就不必勉强；有的人与我一见如故，甚至相见恨晚。”许钧（2011）论及的“翻译一部书就便是在选朋友、变朋友。”巴金（1984）在谈到翻译的感想时所言的“我只是选择我喜欢的、笔调跟我的相近的书。”萧乾（1999）

言及的“只是译的必须是我喜爱的，而我一向对讽刺文字有偏爱，觉得过瘾，有棱角，这只是我个人选择上的倾向。”林少华（2011）感叹的“文学翻译不仅仅是语汇、语法、语体的对接，而更是心灵通道的对接、灵魂剖面的对接。”类似言说实际上包含有翻译家们主导整个翻译过程的总结或对发挥这种主导作用的期盼。有些翻译家虽然没有类似的明确言说，但他们的翻译实践过程就是发挥翻译全程“把舵人”作用的过程，如前文提到的严复、马君武、苏曼殊就是这样的译者，一些从事中国文化外译的外籍汉学家如英国汉学家理雅各（James Legge）、德庇时（Sir John Francis Davis）、翟理思（Herbert Allen Giles），法国汉学家顾赛芬（Séraphin Couvreur）、德国汉学家卫礼贤（Richard Wilhelm）等和海外华裔翻译家柳无忌（Wu-chi Liu）、叶维廉（Wai-lim Yip）、欧阳桢（EUGENE Chen Eoyang）等也是如此。

## 4.2 译事全程中部分阶段较大程度的主导者地位

如果译者与共同体内权力最大的主体如赞助人、监管人、原作者、译文读者、出版人构成互有主导的关系，他（她）就不具有完整意义上的主导地位，不具有从文本选择到译作出版全程主导者的地位，他（她）只在这个过程中的文本转换操作这个环节起主导作用，只在这个阶段拥有主导者的地位。目前国内译学学者们所说的“译者是主人，译者拥有主人的地位”“译者主导着翻译过程”并不完全准确，至少就我国现阶段实际情况而言是如此。因为处在这个地位的译者实际上只在文本阐释、语言转换操作层面具有主导权，而在文本选择层面不能任意而为，必须接受赞助人或监管人的监管，如果译作选题申报没有得到赞助人或监管人的批准，就不会有翻译这个环节。有学者在研究新闻英语翻译时说，在新闻英语翻译中，译者是译语新闻的创作者，新闻英语译者代表着某个媒体、利益集团或者国家的视角和立场，至少他们要受到这些集团的约束。同时新闻英语译者的视角和个性依然渗透在翻译的全部过程中，只是最终的翻译结果要受到权利[1]和权利[2]话语的修饰和左右。因此，在新闻英语翻译中，译者的自由度相对来说可能会更低一些，但同样因为新闻英语翻译的特殊性，对文本总是采取诸如摘要、解释、增删、改编、改写等方法进行翻译，其中语言表述的改变以及文本视角的微妙变化都得依靠具体的译者来完成。（杨莉等 2019：41-42）

## 4.3 遣词造句阶段很低限度的主导者地位

当译者与共同体内权力最大的主体构成服从一命令的关系时，他（她）仅仅在遣词造句方面有很低限度的主导权，其他方面须听命于命令发出者，此时译者地位很低，但无论其地位如何低微，他（她）在词义的选择、译文的谋篇布局方面多少都有些自主决定的权力，而不是像有的译者或译论学者所说的译者总是“仆人”“传声筒”“边缘人”“匠人”“拙劣的模仿者”“永远居于屈从地位的人”，“一切得听从主人，不得自作主张”，等。郭建中（2000：162）所说的“在译者与赞助人的关系中，译者若想使自己的翻译得到出版，其所享有的自由度是很小的。”就是指译者享有很低限度的主导者地位。

综上所述，译者有三种地位，即（1）从文本选择到译作出版全程主导者的地位；（2）从文本选择到译作出版过程中部分阶段较大程度主导者的地位；（3）遣词造句方面很低限度的主导者地位。前两种地位是常态，最后一种地位是非常态，是特殊历史条件下的产物，前文学者从理论和实践上论证的译者地位某一方面是正确的，而有些方面则不正确。

## 5. 结语

探清译者与其他涉译方（翻译权力主体）的关系以及他（她）在翻译中的真正地位，有利于我们从另一视角审视翻译的本质，更清楚地认识翻译的过程及其中存在或隐或显的权力较量、译者在民族文化构建、沟通原语文化和译语文化方面做出的真正贡献、特殊历史条件下译者所遭受的不公正对待。翻译是一种复杂的活动，译者与其他涉译方（翻译权力主体）的关系也是一种复杂的关系，他（她）在其中的地位也会比较复杂，在这种情况下，译者与其他涉译方（翻译权力主体）的关系及其在翻译中的地位应该还会有本文未触及的其他类型，这些类型有哪些？另外，这些有待探讨的关系和地位对翻译过程、译文结构、译语的形式和风格有哪些具体的影响？全面深入的相关研究有助于我们完善译者与其他涉译方（翻译权力主体）的关系和其在翻译中的地位。

## 注释

[1]“利”应为“力”。

[2]“利”应为“力”。

## 参考文献

[1] 巴金 . 一点感想 [A].// 罗新璋 . 翻译论集 [C]. 北京：商务印书馆，1984：550-551.

[2] 彼得·布劳．社会生活中的交换与权力 [M]．孙非，译．北京：华夏出版社，1987.

[3] 陈丹燕．上海的风花雪月 [M]. 上海：上海文艺出版社 ,2015.

[4] 丹尼斯·朗．权力论 [M]. 陆震纶，郑明哲，译．北京：中国社会科学出版社，2001.

[5] 方梦之．译者就是译者 [A].// 许钧．翻译思考录 [C]. 武汉：湖北教育出版社，1998：83-89.

[6] 傅雷．翻译经验点滴 [J]. 文艺报，1957（10）：14-15.

[7] 葛浩文，史国强，闫怡恂．葛浩文随笔 [M]. 北京：现代出版社，2014.

[8] 辜正坤．翻译标准多元互补论 [J]. 中国翻译，1989（1）：16-20.

[9] 郭道晖．社会权力与公民社会 [M]. 南京：译林出版社，2009.

[10] 郭建中．当代美国翻译理论 [M]. 武汉：湖北教育出版社，2000.

[11] 郭英剑，文学翻译是译者与原作者的对话 [DB/OL].(2016-07-06)[2021-12-07]. http://www.chinawriter.com.cn

[12] 胡庚申．翻译适应选择论 [M]. 武汉：湖北教育出版社，2004.

[13] 蒋童．韦努蒂翻译理论的谱系学研究 [M]. 北京：商务印书馆，2016.

[14] 李辉．杨宪益与戴乃迭一同走过 [M]. 郑州：大象出版社，2001.

[15] 李景端．我看新时代的翻译 [E]. 杭州：中国译学馆，2018.

[16] 李莉薇，熊萱．京剧在近代日本的传播与井上红梅 [J]. 日本研究，2017（1）：74-80.

[17] 李欣．从“译者”到“守门人”——传播学视阈中的对外传播译者角色 [A].// 王世庆．大学英语教学研究 [C]. 天津：天津科学技术出版社，2009：109-117.

[18] 李亚舒，黎难秋．中国科学翻译史 [M]. 长沙：湖南教育出版社，2000.

[19] 林少华．《挪威的森林》生日纪事 [A].// 柳鸣九等．译书记．北京：金城出版社，2011：142-147.

[20] 刘军平．西方翻译理论通史 第 2 版 [M]. 武汉：武汉大学出版社，2019.

[21] 吕元明．日本文学论释兼及中日比较文学 [M]. 长春：东北师范大学出版社，1992.

[22] 米健．翻译是译者和作者跨越时空的灵魂对话 [EB/OL]. (2019-11-09)[2021-12-07]. https://xuewen.cnki.net/CCND-ZHDS201911060071.html.

[23] 宋洁绚．我国高校招生考试制度的形成与演化——基于国家主义的视角 [M]. 武汉：武汉大学出版社，2015.

[24] 谭载喜．翻译学作为独立学科的求索与发展 [M]. 上海：复旦大学出版社，2017.

[25] 涂兵兰 . 民初翻译家翻译伦理模式构建及其影响研究 [M]. 北京：知识产权出版社，2020.

[26] 萧乾，文洁若，许钧．翻译这门学问或艺术创造是没有止境的 [J]．译林，1999(1): 210-216.

[27] 谢天振 . 论译者的地位——为纪念傅雷诞辰一百周年而作 [A].// 许钧 . 傅雷的精神世界及其时代意义 “傅雷与翻译”国际学术研讨会论文集 [C]. 上海：中西书局，2011：29-33.

[28] 许钧 . “创造性叛逆”和翻译主体性的确立 [J]. 中国翻译，2003，24（1）：6-11.

[29] 徐珊珊 . 第三位主人的僭越：从奥巴马《无畏的希望》看畅销书翻译的质量问题 [J]. 北京电力高等专科学校学报（社会科学版），2011（8）：86-88.

[30] 杨绛 . 失败的经验（试谈翻译）[J]. 中国翻译，1986（5）：23-29.

[31] 杨莉等 . 跨文化交际翻译教程 [M]. 北京：知识产权出版社，中国纺织出版社，2019.

[32] 杨四平 . 跨文化的对话与想象现代中国文学海外传播与接受 [M]. 上海：东方出版中心，2014.

[33] 叶君健 . 毛泽东诗词的翻译：一段回忆 [J]. 中国翻译，1991，12（4）：7-9.

[34] 袁莉 . 关于翻译主体研究的构想 [A]. // 张柏然、许钧 . 面向 21 世纪的译学研究 . 北京: 商务印书馆，2002：397-409.

[35] 张元济等 . 张元济论出版 [M]. 北京：商务印书馆，2011.

[36] 中国社会科学院世界经济与政治研究所 . 当代世界政治实用百科全书 [M]．北京：中国社会出版社，1993.

[37] Dryden, J. The Three Types of Translation[A]. //Robinson, D. *Western Translation Theory from Herodotus to Nietzsche*[C]. Beijing: Foreign Language Teaching and Research Press, 2006: 172-173.

[38] Lefevere, A. *Translation, Rewriting and the Manipulation of Literary Fame*[M]. London &New York：Routledge, 1992.

[39] Newmark, P. *About Translation*[M]. Beijing: Foreign Language Teaching and Research Press,2006.

[40] Nietzsche, F. Translation as Conquest[A].// Robinson, D. *Western Translation Theory from Herodotus to Nietzsche*. Beijing: Foreign Language Education Press, 2006:162-163.

[41] Nord, C. *Translating as a Purposeful Activity: Functionalist Approaches Explained* [M]. Shanghai: Shanghai Foreign Language Education Press, 2001.

[42] Robinson, D. *Translation and Empire: Postcolonial Theories Explained*[M]. Beijing:

Foreign Language Teaching and Research Press, 2012.

[43] Simon, S. *Gender in Translation: Cultural Identity and the Politics of Transmission*[M]. London: Routledge, 1996.

[44] Venuti, L. *The Translator's Invisibility: A History of Translation*[M]. Shanghai: Shanghai Foreign Language Education Press, 2004.

## 作者简介

袁斌业，广东科技学院外国语学院教授。研究方向：翻译理论与实践。

# 是"艰难抉择"，还是"有意为之"？
## ——恩古吉自译实践动因钩沉
# Passive Retreat or Proactive Initiative: Ngugi's Self-Translation Event Revisited

聂品格　俞盎然　姚峰
NIE Pinge　YU Angran　YAO Feng

**摘要：**

20 世纪 80 年代，恩古吉（Ngugi）首次将自己的吉库尤语作品译为英语，这一举措在学界引来诸多争议，一些学者将之视为向西方权力话语的妥协。本文将从出版市场、读者群体以及国际统一战线的构建三个方面进行阐释，并将分析维度从恩古吉对于非洲本土问题的反思，延伸至他对泛非与亚非拉想象的考量。本文认为，恩古吉的自译实践并非全然是作家"艰难抉择"之后的妥协，而是恩古吉为重塑"被肢解的非洲"、建立国际统一战线而"有意为之"的举措。

**关键词：**

恩古吉；自译；读者；市场；国际统一战线

**Abstract:**

In the 1980s, Ngugi for the first time engaged in translating his novel in Gikuyu into English, thereby arousing a heated academic discussion and dispute. Some scholars regarded his reversion to English as regressive compromise with the power of the Western academic discourse. This paper tries to revisit and examine his self-translation practice in terms of three aspects, namely the publishing market in Africa, procurement of a larger readership in the whole continent and abroad, and constructing a united front in the international sense. Moreover, this paper tries to explain Ngugi's reflections on indigenous African issues, and illustrate his pan-African and Afro-Asian imaginary. It is argued that Ngugi's practice of self-translation is not entirely a symptom of compromise because of the "dilemma" he found himself enmeshed in, but rather a "deliberate" act to reshape the "dismembered Africa" and build an international united front.

**Key Words:**

Ngugi; Self-translation; Readership; Publishing market; An international united front

# 1. 引言

作为成长于殖民教育体系之下的非洲知识分子，恩古吉接受的是英语语言教育，通过发表英语小说步入文坛，如小说《大河两岸》（*The River Between*, 1965）《孩子，你别哭》（*Weep Not, Child*, 1964）以及《一粒麦种》（*A Grain of Wheat*, 1967）等。但是，1962 年马凯雷雷大学“非洲作家大会”上非洲本土语作家的缺席，加之法农（Frantz Fanon）有关民族文化的论述的影响，在后殖民时期，恩古吉逐渐成为倡导使用非洲本土语言写作并身体力行的“语言斗士”，他于 1977 年创作了自己的第一部吉库尤语小说《十字架上的魔鬼》（由作者本人译成英文，英译本为 *Devil on the Cross*, 1982）。1982 年，恩古吉流亡海外，期间于 1986 年创作了第二部吉库尤语小说《马蒂加里》（由他人代为翻译，英译本为 *Martigari*, 1987）。但是，为了契合西方的小说文类传统，在万古伊·瓦果罗（Wangui wa Goro）的译本中，许多吉库尤语中的隐喻、谚语、意象的含义失去了原有的意味，小说对时局和政府的批判因而大为减弱。因此，有关创作语言的选择以及在不同文化背景中的翻译或转译问题也使得恩古吉就语言和翻译问题展开了更深刻的思考和讨论，此后，恩古吉的吉库尤语作品皆由本人亲自翻译，以确保留存作品原有的深层含义和批判性。但是，恩古吉本人却也因高举非洲本土语言写作的旗帜招来非议，被认为打着复兴非洲本土文化旗号而行排外主义之实，同时“使我们倒退回黑暗状态”(Ngugi 1988：225)，回到只有“酒椰、葫芦和化装舞会文化的（社会未分化的）时代”（Chidi 2017：2）。恩古吉则将此类指责视为帝国主义扭曲非洲现实的明证，他回应道：“但是基库尤语是我的母语啊！其他文化的文学实践中的常识，在非洲作家身上却被质疑。”（恩古吉 2020：389）人们无法接受法语创作的英国文学、日语写成的中国文学（Mukoma 2018：3），但对于非洲作家而言，用非洲语言创作竟成了离经叛道之举，恩古吉认为这正是帝国主义颠倒黑白的结果。针对帝国语言与第三世界国家的民族语言之间的博弈，恩古吉曾表示，“将继续使用英语撰写论说性散文”，同时“希望通过翻译这一古老的媒介，继续与所有人对话”（Ngugi 1987：xiii）。有学者认为，恩古吉坚守非洲语言写作的立场愈发显得有心无力，不得已将自己的本土语言作品译入强势语言，流亡美国后更是如此，他的知识生产不得不向美国自由主义的学术话语妥协。那么，导致恩古吉自译实践的原因是否真如一些学者所言乃是西方权力话语压迫所致的“艰难抉择”，还是恩古吉为建立国际统一战线、与西方资本主义现代性展开斡旋而“有意为之”？

## 2. 规避审查，争夺非洲本土出版市场

由于非洲各国审查制度的束缚，非洲作家不得不经受来自教会或政府的施压，以至于无法自由地以母语公开进行文学表达，一些激进的作家——包括恩古吉本人——不得不转入地下或流亡他乡，甚至被警察秘密逮捕。此外，非洲本土文学作品的出版商也会遭到专制政府的迫害。恩古吉的基库尤语剧作《我想结婚时结婚》（由作者本人翻译，英译本为 *I Will Marry When I Want*, 1982）出版前一周，海尼曼出版商亨利·查卡瓦（Henry Chakava）不断收到恐吓信，甚至后来还被切下了一根手指（Ngugi 2013a：12）。恩古吉曾坦言，他的基库尤语作品《马蒂加里》在非洲被列为禁书，被迫退出了肯尼亚的文学市场，但英译本使得这部作品获得了第二次生命（Ngugi 2009：20）。因此，审查制度之下，非洲作家步履维艰，这也是作为作家的恩古吉为保全作品不得不面对的现实困境。

然而，恩古吉的自译实践与其说是一种妥协，不如说是困境中的一种反抗。对于桑戈尔曾在外国语言注入的“黑色血液”，恩古吉曾反思道：“为何不创作我们自己语言的文学丰碑？”（恩古吉 2020：369）换言之，恩古吉痛心地发现，从非洲语言与文化中汲取营养的非洲－撒克逊文学（Afro-Saxon literature）实则是为他人作嫁衣，为英语或其他语言带去了活力与生机（同上）。此外，恩古吉因《我想结婚时结婚》被捕入狱后，发现了被精英知识分子忽略、令专制政府忌惮的人民群众。他曾回忆：“在监狱里，我开始意识到，把一个学者、作家或戏剧艺术家关进监狱的根本目的，就是确保他不再与人民产生联系”（Ngugi 1985：153）。因此，即使在面对严格的审查制度，甚至遭遇几度迫害——恩古吉于20世纪80年代被迫流亡，回国后又遭遇袭击、妻子被强奸的绝境之中，流亡他乡的恩古吉都未曾放弃本土语言创作、未曾放弃自己的非洲本土读者。换言之，面对专制严苛的审核制度，恩古吉并未直接放弃基库尤语的文学创作，我们有理由将恩古吉的自译实践视作对肯尼亚审查制度的一种反抗。

这里似有存疑之处，即为何英语或欧洲语言创作的作品能够避免严苛的审查制度，而非洲本土语言作品则难以幸免。在殖民者看来，农民的语言是一种山野村夫的语言，是粗鄙的语言，“是奴隶的语言，是野蛮人的语言”，而相比之下，“英语是神圣的”（Ngugi 1981a：59）。这种贬低非洲语言、颂扬英语的政策是殖民者对非洲原住民进行文化渗透的重要手段。一些教会学校禁止学生在学校使用非洲语言，并将英语作为从小学到中学的教学媒介。这些教会学校甚至对那些说本土语言的非洲学生实施体罚或罚款，对此，接受过殖民教

育的恩古吉在学生时代就深有体会。身居高位者会对那些英语发音有误的非洲人大发雷霆；相反，对于自己无法用非洲语言说出一个正确的句子，他们不以为耻、反以为荣。可见，殖民者对非洲本土语言显示出一种傲慢姿态，他们贬低本土语言，赞美英语的“神圣”。在此情况下，主要掌握在西方大出版资本家手中的出版发行行业势必会压制甚至禁止本土语言文学的出版，同时降低非洲英语语言文学出版的门槛。

恩古吉认为，自己的两部吉库尤语小说遭禁，很大原因在于小说的内容极大地讽刺了统治当局，唤起了民众的反抗意识。正如他在小说《马蒂加里》英译本序言中所提到的，小说的吉库尤语版本在肯尼亚出版后，一个名为“马蒂加里”的男子在全国范围内发动武装革命，当局不得不下令逮捕他，而当政府意识到“马蒂加里”实为小说中的人物，当即将该小说列为禁书，并下令下架市面上所有的《马蒂加里》，因为这已经引起了当权者的恐慌（Ngugi 1989：241-251）。值得注意的是，恩古吉还曾由于从事与本土语言相关的文学活动而锒铛入狱。他在 1977 年写成的《狱中札记》（*Detained*）中回忆道，“我之所以身陷于此 [ 监狱 ]，是因为我参与了用吉库尤语编写的剧本《我想结婚时结婚》……”（Ngugi 1981a：188）在统治者看来，“我的主要罪过在于使用农民与工人能够理解并用于交流的语言为他们编写 [ 有关肯尼亚社会革命历史 ] 的剧本，让他们将其表演出来，使得成千上万的工人和农民为之 [ 工农革命 ] 鼓掌”（ibid：189）。换言之，参与非洲本土语言的相关文学活动是为统治当局所禁止的，因为本土语言小说的受众可谓“蔚为大观”，统治当局视之为一种潜在的威胁，因而甚为忌惮；若以英文写作，当地未受西方教育或受教育程度较低的工人、农民、妇女中，鲜有阅读或读懂之人，或许不至于激起民愤或民变，因而可以逃过作品被禁的结局。

可见，将本土语言作品译为英语文本是恩古吉规避审查所作的策略性调整，以获得更广阔的非洲出版市场，抵达更广泛的非洲本土读者。事实上，恩古吉对于非洲本土语言文学的市场持有乐观态度。在《论用基库尤语写作》（*On Writing in Gikiyu*）一文中，恩古吉曾明确表示：“从商业角度而言，使用非洲语言写作与使用其他语言写作一样具有可行性，对此，我毫不怀疑。”（Ngugi 1985：151）在恩古吉看来，文学市场与纯粹的语言问题本质上并无相关性。此外，恩古吉将非洲语言文学市场的压力视为一种优势，他认为：“市场的压力甚至可能形成一种额外的优势，好让那些使用非洲语言进行自我表达的人在其写作中，努力寻找与地方本土的关联性，因为没有农民或工人会购买与他的处境完全无关的小说、戏剧或诗集。”（ibid）换言之，相对小众的非洲本土语言创作的文学作品的价值，并不在于这些作品——

作为一种商品——的流通范围与销量，而是在于这些作品与非洲现实的贴合度，以及在非洲农民与工人之间的接受度。

## 3. 泛非读者，重组“被肢解的非洲”

扩大读者群往往是作家自译行为的主要动机之一，[1] 走近非洲民众是恩古吉进行本土语言文学创作的源动力。1972 年，在论及诗人和小说家与其集体历史的关系时，恩古吉认为，作家应当在作品中体现“历史感”，即与“过去的事情”达成某种协议（Ngugi 1972：39），细致记录小说家与人民的真实境遇，回到大众读者当中。因此，读者自然也是恩古吉进行自译实践的重要考虑因素之一。事实上，在恩古吉决定使用母语进行创作而后自译之初，就曾明确表示他着手进行基库尤语－英语的自译实践，是因为“肯尼亚和非洲的本土语言众多，我不想让我的非基库尤语读者感到被忽视。（Ngugi 2009：17）”无论我们如何解读这份关怀，都不会得出伯恩斯 · 林德福斯（Bernth Lindfors）所说的“讽刺”意味。他曾言：“具有讽刺意味的是，虽然撒哈拉以南多数国家拥有数量众多的语言，但如果离开了殖民者的语言，不同民族、国家彼此之间的交流沟通就很困难。”（林德福斯 2020：23）因此，殖民者语言才是非洲各民族和国家沟通的重要媒介，只有选择殖民者带来的全国性语言，才能使得非洲文学作品超出“族裔”疆界（Achebe 1965：342-349），而这些作品也因而更能“反映所属时代和地方的思想氛围”（林德福斯 2020：24）。

的确，这番论述似乎可以用来解释恩古吉“艰难抉择”，似乎只有借助英译，恩古吉的文学作品才能超越所谓“族裔”的边界，但其中所含的价值判断却难以令人完全信服。如果说恩古吉此言似在表达他欲将英语视为一种建立对话的得力工具，那么林德福斯的文字更多凸显了殖民者语言的荣耀光环，对于林德福斯会在此基础之上结出什么样的果实——一个激情四射的殖民者语言是必要的，只有这样才能将非洲思想清楚地传达给世界——也就不难想象了。

事实上，在这篇讨论政治与非洲文学形式的论述中，林德福斯暗示非洲本土语言文学的“穷途末路”之时，提供了几个考察非洲本土语言作家所处困境的面向，可以作为理解恩古吉自译行为的一种参考性分析。他认为，从读者的数量与年龄、审查制度以及作品流通等的任一角度来衡量，“比起针对人数少、年龄小、构成简单的受众写成的本土语言作品”（同上：23），只有放弃本土语言转而选择殖民者语言进行非洲文学创作，才能“将他们 [ 非洲作家 ] 的声音带到更远的地方”和“有效地达成泛－非洲的目标”（同上：24）。如果我们陷入林德福斯所呈现出的“利益最大化”——成年读者最广、传播能力最强——的逻辑，我们永远无法超越将殖民语言作为非洲文学最优解的结论。根据林德福斯作出的非洲本土语言文学与殖民者语言文学的对比，上述的四个角度都可用以解释恩古吉的自译实践，也无疑会导向恩古吉迫于西方权力话语所作的“艰难抉择”这一结论。

英语作为一门国际性语言，非洲作家是“乘其之便”还是“无奈之举”的区别在于作家的创作目的。恩古吉为反对新殖民主义而写作，并将其用基库尤语创作的作品视为“肯尼亚和非洲各民族反帝反斗争的重要组成部分”（恩古吉 2020：389），因为他在非洲本土语言中发现了广大的农民与工人群体。恩古吉在《论用基库尤语写作》一文中，回顾了他在创作《我想结婚时结婚》时，如何向当地村民学习戏剧的语言，他当时便意识到，自己原先的创作距离非洲人民有多么遥远。（Ngugi 1985：151-152）在恩古吉看来，“人数少、年龄小、构成简单的受众”（林德福斯 2020：23）实则是被孤立的作为大多数的工农阶级，是被精英阶级遗忘的年轻非洲读者。为了联结这些“少数人”，恩古吉没有不擅加利用英语、乘其之便的道理。恩古吉所批判的对象从来都是隐匿于语言背后的帝国主义霸权，而非英语这门语言本身。再者，恩古吉也并不认为“为年轻孩子写作”与“有抱负的作家”之间有何矛盾之处。[2] 事实上，恩古吉本人就创作过多部儿童读物。至于为了“将他们的声音带到更远的地方”而被迫选择殖民者语言，我们也可从恩古吉对于“非基库尤语读者”的关怀中看出，他期待的是将其知识旅行的第一站设在非洲本土，而非面向世界读者。

因此，如果抛弃那些“少数人”而转向全球的所谓精英读者，非洲作家当然只能被动地将殖民者语言——尤其是英语——奉为圭臬。恩古吉因此曾将这类由其语言媒介的性质所规定的文学称作“小资产阶级的文学”（恩古吉 2020：381）。对于恩古吉而言，从事基库尤语－英语的自译实践，目的在于联结非洲的与世界的工农群众，而眼下，英语碰巧是“我能够理解的语言”（Ngugi 1989：250），是手边最适合的工具。恩古吉曾在《非洲文学的语言》中明确指出，语言的双重性质，即交流的工具与文化的载体（恩古吉 2020：374）。这一语言观更能说明作为工具的英语的确存在于恩古吉的意识之中。换言之，恩古吉在批判作为殖民者语言的英语之时，又能够对其加以利用，从而以子之矛攻子之盾。如果将目光一直聚焦于非洲作家对于这支矛的使用权，便很有可能会忽略其中反抗性的一面，即“攻子之盾”。

进一步来说，将恩古吉自译实践视为向西方权力话语妥协的判断本身似乎陷入了一种基库尤语与英语（本土语言 / 殖民者语言）二元对立的僵化关系之中。换言之，正是在这一逻辑之下，恩古吉自译实践才被问题化。事实上，从恩古吉的“泛－非洲的目标”与反对新殖民主义的强烈愿望来看，基库尤语创作与自译实践更应当被视为一种互补，而非矛盾。恩古吉在论及《非洲作家系列》（*African Writers Series*）时说道，“……在我的一些作品中也曾如是强调……欧洲语言写作的非洲文学是我们所拥有的、最接近于泛非共同文学遗产之物。”（Ngugi 2013a：12）他认为，欧洲语言写作的非洲文学使得三个主要殖民传统——葡萄牙语、法语和英语——的读者和非洲作家之间产生对话，也使得非洲大陆的非洲人和散居海外的非洲人之间能够展开对话。

## 4. 全世界受苦的人，创建国际统一战线

无论从时间还是空间的维度来看，非洲与世界其他地区之间联系密切，在欧洲几个世纪的贸易活动和扩张征服中，非洲对世界其他地区的发展做出了很大贡献。恩古吉曾对“非洲国家如何在保留和发展其原始文化的同时，向现代世界开放其传统结构”这一说法作了分析。实际上，这句话暗含的预设——非洲的传统结构和文化未受历史进程的影响，一直对世界其他地区保持封闭——似有可疑之处。他指出，可将非洲的文化历史分为三大阶段，即白人征服前的非洲、殖民统治下的非洲，以及今天努力寻找真正自我形象的非洲。（Ngugi 2013b：40-42）显而易见，在不同的历史阶段，内部和外部的压力都改变了非洲的文化需求和前景。例如，在前独立时代，非洲大陆有着许多族群，每个族群都具有独特、颇具凝聚力的文化；而在后独立时代的这片大陆，这些族群正试图在更广泛、更具包容性的地理和政治边界内形成国家。因此，非洲作家应该在新的视野中重新审视文化在新时代的作用，考察部落、国家、泛非甚至世界其他地区之间的相互关系。

恩古吉对亚非拉的联结有着深刻的洞见，1973 年 9 月 6 日，恩古吉在亚非作家协会举办的莲花国际文学奖（Lotus Prize）颁奖大会上发表了获奖演说。他认为，莲花文学奖史上一个个杰出的亚非作家——如亚历克斯 · 拉 · 古玛（Alex la Guma）、马塞利诺 · 多斯 · 桑托斯（Marcellino Dos Santos）、野间宏（Hiroshi Noma）等——理应被亚非作家甚至亚非各国人民铭记（Ngugi 1981b：96）。恩古吉继而指出，对非洲作家而言，他的角色是与人民团结在一起，表达他们对自由最深切的渴望。亚洲的作家也是如此，所有来自被压迫世界的进步作家都是如此。共同的革命历史经验以及对未来的共同希望，都是将非洲大陆或散居海外的非洲人民与亚洲人民联系在一起的、最持久的纽带。而亚非作家的根本任务，实为同那些剥削、压迫、侮辱和贬低人类创造性精神的所有势力抗争（ibid: 103）。对亚非拉相互关系的认识构成了恩古吉有关国际统一战线思想的一个基础。

诚然，亚非拉各国之间的联系一直存在。但是，亚非拉人民如今生活在印度学

者萨提亚·莫汉蒂（Satya P. Mohanty）所谓“欧洲帝国时代漫长的知识阴影”（Ngugi 2012：18）之下，欧洲依然处于亚非拉话语圈的轴心，亚非拉民族间的联系被权力话语所遮蔽。通过思想与知识的宰制，亚非拉作家处于一种“思想 / 想象的殖民化”境地。因此，恩古吉认为，基于亚非政治、经济、文化交流的历史，亚非对话势在必行、不可或缺，非洲、亚洲和拉美需要相互学习。基于此，针对非洲与世界之间的相互关联，恩古吉主张一种阅读的伦理学——假定在人类的思想和行动领域，时间和空间是相互联系的。这种全球辩证法将每一个中心都解读为世界的中心，每一个文本都是它的镜子。根据恩古吉的观点，一种“全球性的想象”假定在人类思想和行动领域中时间和空间是相互联系的，即威廉·布莱克（William Blake）所谓的“在一粒沙中看到世界”，以及“在一个小时中看到永恒”（Ngugi 2013b：40）。

恩古吉指出，“全球性的阅读”是实现“全球性的想象”的重要途径，他指出文本辗转传播于不同的文化和历史之中，如古时的旅行者，无论步行、乘船，还是骑马，都是一个故事的载体，从一处传播到另一处。而翻译者则是现代旅行者，把取自一种语言的东西带入另一语言中（Ngugi 2013b：40-42）。可见，在恩古吉看来，翻译是联结处于不同时空的读者的重要手段。

“全球性的想象”还要求改变对语言的态度：单语主义令人窒息，常常被扩展为单边文学（monoliterature）和单边文化主义（monoculturalism）。根据恩古吉的观点，“全球性的阅读”是一种组织和阅读文学作品的方法：任何文本都可以引导读者从自己存在的“这里”到其他人存在的“那里”，然后再返回。帝国主义的方法希望来自全球任何角落的人都能从一个帝国中心，即帝国的大都市，作为唯一的中心出发，而“全球性的想象”假设任何中心都是世界的中心。每一个具体的文本都可以作为世界的镜子来阅读（Ngugi 2013b: 40-42）。换言之，“全球性的想象”使我们能够打开一个想象的空间，任何文本都能使读者同时接触到布莱克式沙粒的特殊性和世界概念的普遍性。

对于恩古吉而言，“全球性的阅读”过程是形成革命行动主体的过程。非殖民化文学与乔治·拉明（George Lamming）关系密切，尤其是《在我的皮肤城堡》（*In the Castle of My Skin*, 1953）。该小说很大程度上预言性地书写了弗朗茨·法农（Frantz Fanon）的《全世界受苦的人》（*Wretched of the Earth*, 1961）阿尔伯特·梅米（Albert Memmi）的《殖民者和被殖民者》（*The Colonizer and the Colonized*, 1957）等许多反殖民文本中的诸多主题。这些书写革命历史经验的文本彼此互文，民众阅读这些文本，如同与革命的历史相遇，因此阅读的过程也是形成能动的革命主体的过程。例如，小说《马蒂加里》中“马蒂加里”所体现的集体性十分关键。在其中的一个情节，

"马蒂加里"面对那些占据自己房子的人，声称自己一直在那里，在葡萄牙人的时代——即15世纪——以及阿拉伯人和英国人的时代，他都在那里。尽管强占者不屑于"马蒂加里"给他们"上历史课"，但这番话的确是不应遗忘的非洲历史。此外，"马蒂加里"作为生产者，却劳无所获，这一现象不是肯尼亚或是非洲特有的情况，即"马蒂加里"所遭遇的压迫与剥削超出了某个具体的地方——肯尼亚或非洲，这些问题超越了物理空间上的特殊性，而是具有普遍性的革命历史，人民阅读这些文学的过程，实际上就是与普遍的革命历史经验相遇的过程，他们的革命意识也因而有所觉醒，一个革命的主体可能在不自觉之中便形成了。然而，"我们的人民是谁？我们的人民是和我们说同一语言的人吗？抑或者，整个非洲大陆甚至整个第三世界的人民都是我们的人民？"（Jussawalla and Dasenbrock 1992：45, 52）法拉赫认为，所有的非洲人民和第三世界的人民都是自己的人民，而当他开始定义"我的人民是谁"时，他反复问自己，与自己最坦诚相待、最亲近的人到底是谁？他指出，不仅索马里的人民是自己的人民，整个非洲大陆亦是如此，另外，他在印度成长并在此完成了自己的第一部小说，而阿拉伯世界的文化也极大地影响了他的世界观，这些国家的人民都是自己的人民。法拉赫直陈，世界上任何被殖民主义剥夺了民族尊严的人民，"都是我的人民"[3]。作为一个被殖民的国家，肯尼亚无法逃脱世界上任何一个殖民地所遭受的压迫和剥削，而当恩古吉选择使用一门肯尼亚的民族语言写作时，显然意识到了肯尼亚曾作为一个殖民地的历史现实。此外，恩古吉还延申了法拉赫的"人民"概念，他指出，人民概念的核心是劳动，而劳动本身被视为具有改造的力量，因此，艺术家则是劳动的"最高代表"（Ngugi 2008：169）。诚然，艺术家从想象力中汲取养料，以此作为主要的生产手段。在恩古吉看来，想象力不受时空约束，也不受权威的束缚。因此，即使在一个压迫性的体系中，艺术家仍然可以通过想象力梦想和创造新的世界，而劳动者在阅读作品的过程中，遭遇了艺术家创作的新世界，在这个意义上，艺术家和他的人民在追求自由的过程中成为盟友，共同成为改造世界的主体。可见，恩古吉的自译实践折射出两个层面的问题：一方面作家想离哪些人更近一些？即"人民"指的是谁；另一方面，重要的是书写的内容，而不是书写使用的语言。换言之，恩古吉将历史经验的书写置于写作的首位，即书写"全世界受苦的人"被殖民的历史经验的同时，也是在走近他们。

因此，虽然非洲作家承认"欧洲语言可以成为非洲人可以使用的语言"，但对英语的使用"取代了后殖民主体与殖民语言和殖民文化的关系"，非洲作家的英语写作挑战了"帝国主义的叙述"，是对欧洲误导性话语的别样颠覆与抵抗。（John 1995：414-415）从这个意义上看，恩古吉的本土语写作与自译实践实际上的一种辩证的互补，是为了联结“全世界受苦的人”展开革命实践而自觉作出的策略性调整。

## 5. 结语

有关语言的论争贯穿恩古吉的文学生涯，学界现存的一些观点将恩古吉自译实践视为向西方权力话语妥协，但这一批评本身似乎已将本土语言与殖民者的语言置于二元对立的关系之中，使得恩古吉的自译实践被问题化。尽管对于非洲知识分子而言，语言问题无法完全摆脱其背后的意识形态，但抛开作家写作的最终目的，以扁平的二元对立视角来看待作家的语言选择或实践，则难以更全面理解作家文学活动发生的内在理路。实际上，恩古吉的自译实践背后有着深刻的内在动机，即恩古吉希望借助翻译这一手段，走近他在非洲大陆的非－吉库尤语读者，与流散海外的其他非裔群体，甚至是全世界饱受殖民主义或帝国主义迫害的普罗大众开展对话，使之在一种“全球性的阅读”过程中形成革命行动的主体，继而开展社会革命。因此，从表面上看，恩古吉之所以将自己的吉库尤语作品翻译成英语，是迫于非洲审查制度以及西方学术话语的压力而作做出的“艰难抉择”，实际上这是作者为重塑“被肢解的非洲”、创建国际统一战线而“有意为之”的举措。

## 注释

[1] 安图内斯（Antunes）认为，作者自译背后的动因共有如下几项：第一，为了扩大读者群；第二，担心自己的作品被其他译者误译；第三，为表达不同的政治或意识形态观点；第四，受制于外部因素，如意识形态监督等。See. Panichelli-Batalla, S.. Autofiction As Fictional Metaphorical Self-Translation: The Case Of Reinaldo Arenas’ El Color Del Verano[J]. *Journal of Romance Studies*, 2015, 15(1): 29-51; 格鲁特曼（Grutman）和范博尔德伦（Van Bolderen）也指出，作家自译背后的动因可归纳为四点，其中最重要的一点是希望获取更多的读者。See also. Grutman, R. & Van T. Bolderen. Self-translation[C]. *A Companion to Translation Studies*. Ed. Bermann, S. & C. Porter. West Sussex: Wiley Blackwell, 2014: 323-332；威尔逊（Wilson）则将自译行为视作一种“人类寻求认同、渴望被倾听和被理解的表现”。 See. Wilson, R..The Writer’s Double: Translation, Writing, And Autobiography[J]. *Romance Studies*, 2009, 27(3): 186-198。

[2] 林德福斯曾在《政治、文化和文学形式》一文中表示“一个有抱负的作者就不得不为年轻孩子写作，而非成年”。详见：伯恩斯·林德福斯．政治、文化和文学形式．非洲文学批评史稿（上册）[C]，姚峰，孙晓萌，汪琳等，编译，华东师范大学出版社，2020: 23。

[3] 1980 年代于伦敦接受 Jussawalla 和 Dasenbrock 的采访时，就“我们的人民是谁?

我们的人民是和我们说同一语言的人吗？抑或者，整个非洲大陆甚至整个第三世界的人民都是我们的人民？”的问题作了相关讨论。See. *Interviews with Writers of the Post-Colonial World*. Conducted and Edited by Feroza Jussawalla and Reed Way Dasenbrock. Jackson: University Press of Mississippi, 1992: 45, 52。

## 参考文献


[1] 伯恩斯・林德福斯. 政治、文化和文学形式 [A] // 姚峰，孙晓萌，汪琳等，编译. 非洲文学批评史稿（上册）[C]. 上海：华东师范大学出版社，2020: 23-35.

[2] 恩古吉・瓦・提昂戈. 非洲文学的语言 [A] // 姚峰，孙晓萌，汪琳等，编译. 非洲文学批评史稿（上册）[C]. 上海：华东师范大学出版社，2020: 364-391.

[3] 蒋晖. 导读 [A] // 姚峰，孙晓萌，汪琳等，编译. 非洲文学批评史稿（上册）[C]. 上海：华东师范大学出版社，2020: 1-16.

[4] Amuta, Chidi. *Theory of African Literature: Implications for Practical Criticism*[M]. London: Zed Books, 2017.

[5] Chinua, Achebe. English and the African Writer[J]. *Transition*, 1965(18): 342-349.

[6] Gikandi, Simon. Traveling Theory: Ngugi's Return to English[J]. *Research in African Literatures*, 2000, 31 (2): 194-209.

[7] Granqvist, Raoul J. Ngugi wa Thiong'o in/and 2006[J]. *Research in African Literatures*, 2011,42(4): 124-131.

[8] Grutman, R. & Van T. Bolderen. Self-translation[C]. *A Companion to Translation Studies*. Ed. Bermann, S. & C. Porter. West Sussex: Wiley Blackwell, 2014: 323-332.

[9] Jussawalla, Feroza & Dasenbrock Reed Way. *Interviews with Writers of the Post-Colonial World* [C]. Jackson: University Press of Mississippi, 1992.

[10] Mukoma, Ngugi's Wa. *The Rise of the African Novel: Politics of Language, Identity, and Ownership*. Ann Arbor: University of Michigan Press, 2018.

[11] John, Joseph. Essays on African Writing 1: A Re-evaluation[J]. *World Literature Today*, 1995, 69 (2): 414-415.

[12] Panichelli-Batalla, S.. Autofiction As Fictional Metaphorical Self-Translation: The Case Of Reinaldo Arenas' El Color Del Verano[J]. *Journal of Romance Studies*, 2015, 15(1): 29-51.

[13] Thiong'o, Ngugi wa. *Homecoming: Essays on African and Caribbean Literature, Culture and Politics*[M]. Nairobi: Heinemann Educational Books Ltd, 1972.

[14] Thiong'o, Ngugi wa. *Detained: A Writer's Prison Diary*[M]. Nairobi: Heinemann Educational Books Ltd, 1981a.

[15] Thiong'o, Ngugi wa. *Writers in Politics: Essays*[M]. Nairobi: Heinemann Educational Books Ltd, 1981b.

[16] Thiong'o, Ngugi wa. On Writing In Gikuyu[J]. *Research in African Literatures.* 1985(2): 151-156.

[17] Thiong'o, Ngugi wa. *Decolonising the Mind: The Politics of Language in African Literature*[M]. Harare: Zimbabwe Publishing House, 1987.

[18] Thiong'o, Ngugi wa. Literature in African Language[J]. *Storms of the Heart: An Anthology of Black Arts & Culture.* Kwesi Owusu. London: Camden Press, 1988: 225-230.

[19] Thiong'o, Ngugi wa & Maya Jaggi. Matigari as Myth and History: An Interview[J]. *Third World Quarterly*, 1989 (11): 241-251.

[20] Thiong'o, Ngugi wa. Freeing the Imagination[J]. *Transition*, 2008 (100): 164-169.

[21] Thiong'o, Ngugi wa. Translated by the author: My Life in between languages[J]. *Translation Studies*, 2009(1): 17-20.

[22] Thiong'o, Ngugi wa. What Is Asia to Me? Looking East from Africa [J]. *World Literature Today*, 2012, 86 (4): 14-18.

[23] Thiong'o, Ngugi wa. *In the Name of the Mother Reflections on Writers and Empire*[M]. Nairobi: James Currey, 2013a.

[24] Thiong'o, Ngugi wa. A Globalectical Imagination [J]. *World Literature Today*, 2013b, 87(3): 40-42.

[25] Thiong'o, Ngugi wa & Charles Cantalupo. African Literature ... Says Who? [J]. *Transition*, 2016 (120): 4-21.

[26] Wilson, R.. The Writer's Double: Translation, Writing, And Autobiography[J]. *Romance Studies*, 2009, 27(3): 186-198.

## 作者简介

聂品格，北京外国语大学外国文学所博士研究生。研究方向：非洲英语文学与思想。

俞盎然，清华大学外国语言文学系博士生。研究方向：非洲文学与世界文学。

姚峰，博士，上海师范大学副教授。研究方向：外国文学与非洲思想史。

# 诘辩白璧德身后的梁实秋

## ——林语堂编译《新的文评》动机再探

## A Debate with Liang Shiqiu Who Hid behind Babbitt - A Further Study on the Motivation of Lin Yutang's Translation and Edition of *The New Criticism*

郭志恒
GUO Zhiheng

摘要:

林语堂于1930年编译出版《新的文评》一书。一般认为其编译目的是与白璧德的人文主义论战。但是这些研究结论缺乏明确的文本论据支持。本文考察林语堂《新的文评》的译文内容，发现其主要编译目的是讨论文学批评的性质与文学批评的标准;其反诘的对象并非针对白璧德的人文主义，而更可能是梁实秋的文学批评理论。后者借用了白璧德的批评话语构建自身的文论体系，但其理论核心与白璧德存在实质性的区别和分歧。这一核心也正好构成《新的文评》编译内容的对立面。林语堂编译《新的文评》时改变译文收录顺序。翻译时间接近梁实秋相关论述的发表时间。林语堂编译《新的文评》阐释了自己表现说的原型,为日后林语堂和论语派的文学活动打下基础。

关键词:

林语堂;《新的文评》;梁实秋;翻译;文学批评

**Abstract:**

Lin Yutang translated and published *The New Criticism* in 1930. It is generally believed that Lin`s motivation is to debate with Dr. Erving Babbitt and his Neo-humanism theories. However, these conclusions lack clear textual support. This essay examines the contents of *The New Criticism*, and finds that its main purpose is to discuss the nature and standards of literary criticism. Upon further discussion of the concerned works, it might be concluded that *The New Criticism* aimed not to debate with Babbitt's Neo-humanism, but more likely with Liang Shiqiu's literary criticism. Although Liang directly borrowed literary discourses from Babbitt to build his own system of literary theory, there existed critical differences and disagreements between Liang and Babbitt. These differences constituted the opposite contents of *The New Criticism*. In order to debate with Liang who hid behind Babbitt, Lin rearranged the order of *The New Criticism* to form a corresponding relationship with the contents and form of Liang's literary criticism. In terms of time, *The New Criticism* was also closer to the publication time of Liang's related works. Lin's compilation of *The New Criticism* explained his own theory of expression, and laid a foundation for the literary activities of himself and the Analect School.

**Keywords:**
Lin Yutang; *The New Criticism*; Liang Shiqiu; Translation; Literary criticism

## 1. 引言

林语堂编译的《新的文评》出版于1930年，是林语堂在1928—1929年期间在《奔流》《北新》《语丝》等杂志上发表的翻译文章的总括。他有选择地摘译了斯平加恩（J. E. Spingarn）的《新的文评》、克罗齐（Benedetto Croce）的《美学原理》以及王尔德（Oscar Wilde）的《作为批评家的艺术家》等论文。其中，王尔德的《作为批评家的艺术家》的五篇译文在林语堂编译《新的文评》时合为一篇，分为五段。这些译文在《北新》《语丝》和《奔流》上先后发表，经过当时杂志编辑如鲁迅、郁达夫等人的审阅，具有较高的文学价值。林语堂希望通过译介《新的文评》改变中国文学界只关心文学标准的现状（林语堂 1930：160）。《新的文评》是林语堂在1936年从大陆赴美前出版的最后一部完整翻译作品，具有总结性。它围绕"文学批评"而非单纯介绍"表现主义"，是林语堂在1920—1930年文学批评研究的成果补充。该书也是林语堂翻译作品中唯一的文学批评理论专著。综上，该译本有比较重要的地位。编译该书的动机值得进一步研究。

前人已经讨论过林语堂编译《新的文评》的动机。陈平原认为林语堂翻译《新的文评》的动机是"特意介绍白璧德的论敌斯平加恩的表现主义理论，让这两位美国文艺理论家在中国再打一仗"（陈平原 1986：115）。顾国柱等学者同意陈平原的观点，认为这确为林语堂编译《新的文评》的动机（顾国柱 1989：51-55）。这说明陈平原的观点受到了学界的认可。周可（1996）认为林语堂为了让"中国读者更容易看到双方派别立论的悬殊，及旨趣之迥别"，将白璧德的论敌斯宾加恩的表现主义理论翻译介绍到中国，展现表现说与白璧德人文主义之间的不同（周可 1996：146-160）。近年持相似观点的还有刘旭东。他指出林语堂译介表现说的动机是因为对白璧德和其信徒的反感（刘旭东 2017：87）。这些论者都认为林语堂编译《新的文评》是为了与白璧德论战。

但是这个结论有两点值得推敲。首先，《新的文评》确实提到了白璧德。但林语堂在《新的文评》译者序中说自己"所译的不一定是（双方派别）互相诘辩的几篇文字”（林语堂 1930：序 5）。此处的“双方派别”指的是斯平加恩和白璧德。因此，林语堂编译《新的文评》的动机或许不完全与白璧德有关。并且他在译者序中两次提到“梅光迪、吴宓、梁实秋诸先生”。1927 年在《奔流》杂志上发表该文时林语堂将这些学者作为“白璧德先生的影响于中国文坛”的例子。1929 年为全书写作译者序时，他提到“新月书店将出版梁实秋先生所编吴宓诸友人所译白璧德教授的论文”（同上：序 5）。然而，在以陈平原为代表的现有相关研究中，吴宓、梁实秋等人与林语堂编译行为之间的这些关系被忽略了。其次，这个结论忽视了林语堂出版该书的时间。《新的文评》出版于 1930 年，交付印刷所的时间是 1929 年 11 月。此时《白璧德与人文主义》一书刚刚交付出版社。这是林语堂在印刷时“听说新月书店将出版”此书时，写在序言中的一句话（同上：序 5）。这说明林语堂没有预见到《白璧德与人文主义》出版。由此，林语堂应该不会针对一个未知的出版行为进行《新的文评》的编译活动。从这两点来看，林语堂编译《新的文评》是否是与白璧德论战仍有待商榷。因此，林语堂编译该书的动机值得思考。

## 2. 文学批评的性质和标准——《新的文评》翻译文本思想考证

《新的文评》主要译介了克罗齐和斯平加恩的理论，提出“艺术是表现”“表现是艺术”以及基于这两个观点的“创造性批评”。“艺术是表现”来源于克罗齐的美学思想，“创造性批评”是斯平加恩发展出的批评方法，而“表现是艺术”是林语堂译介过程中的创造（陈平原 2003：308）。创造性批评要求文学批评注重作品本身，将所有外在条件指为“死板的材料”（Spingarn 1917：87）。为了说明创造性批判的性质和方法，林语堂的译介活动首先从文学批评的性质入手。

林语堂认为文学批评的性质是“鉴赏”。这一观点来自克罗齐提出的“艺术是表现”。他直接借用斯平加恩的观点，提出文学批评的任务是“探悉诗人所要表现的目标与方法”（林语堂 1930：32）。这与斯平加恩的观点完全一致（what has the poet tried to express and how he expressed it）（Spingarn 1911：33）。《新的文评》一书中讨论文学批评性质的主要是《新的文评》以及《作为艺术家的批评家》两篇译文。林语堂在翻译斯平加恩的观点时进行了添加。他在翻译“我们已经废除古来天才与识见的分别”（We have done with the old rupture between genius and taste）（Spingarn 1924：43）时添加了这样一句话：“按：‘天才’genius 代表诗人所必具的特才，‘识见’鉴别的能力，taste 代表批评家的符才，略如中文所谓‘知音’；二者的分别，就是指常人以‘创作’与‘批评’相对。”（林语堂 1930：31-32）

这说明在翻译中，林语堂借用斯平加恩“创作与批评能力同源”的观点，证明文学批评的性质是鉴赏。

林语堂继续翻译王尔德的《作为艺术家的批评家》，展开讨论文学批评的性质。林语堂认为，艺术家在创作时对素材进行巧妙选择，细腻舍取，从而将纷繁芜杂的生活转化为完美的艺术。这种选取与舍弃的微妙把握正是鉴赏能力，提出个人对作品表现的理解。批评等同于鉴赏，并且是创作的核心（林语堂 1930：89）。可以看到，林语堂完全借用了斯平加恩关于文学批评性质的概念。并且，他翻译王尔德的文论，补充了“批评是鉴赏”这一定义。这是林语堂编译该书的第一个目的。

林语堂翻译文学批评性质的讨论是为了谈论文学批评的标准。这是《新的文评》译文的第二个研究问题。林语堂将讨论文学批评的标准分为两个步骤。他首先提出文学批评不能用单一的文学标准。林语堂借用斯平加恩的理论，废除文学批评标准，认为“一切旧规律”“文学的分类”“滑稽、悲惨、高尚等笼统抽象的名词”“道德批评”等都不适用于文学批评。他在翻译时特别指出，需要废除桐城派的“文章义法”，将起承转合、伏笔、反衬等都归入“写法”（the theory of style）中予以否定（林语堂 1930：20）。并且，林语堂在《新的文评》与《七种艺术与七种谬见》中两次提出相同的观点。他在《新的文评》序言中指出：“Spingarn 所代表的是表现主义的批评，就文论文，不加以任何外来的标准纪律，也不拿他与性质宗旨作者目的及发生时第皆不同的他种艺术作品作平衡的比较”（同上：序 3-4）。因此文学批评只能对单一作品成立。他指出，“个性既然不能强同，千古不易的抽象典型，也就无从成立”（同上：序 9）。既然文学作品是个人的表现，只能以自己作为参照，因此不能以固定普遍的标准定夺。

文学批评的对象始终是作家或文学作品，因此失去标准会导致文学批评无法进行。林语堂注意到这个漏洞，并努力在翻译过程中提出一个标准。斯平加恩没有提出文学批评的标准。他仅给出了文学批评的条件：“我们批评诗人的宗旨，须依其创作时的宗旨为断”（同上：14）。在《新的文评》接下来的译文中，林语堂同意王尔德的观点，认为固定标准使人失去“精神的自由活动”（同上：122）。他还批评泰纳，认为他忽视“艺术家个人独有视察、感觉、想象的能力”，试图证明每个人的自觉审美才是文学批评的标准（同上：149）。但是无论是王尔德或是泰纳的标准都不具有可操作性，并且十分模糊不清。因此，林语堂无法借用这些文人的论述，提出文学批评的标准。

在《新的文评》的最后一篇译文《批评家与少年美国》中，林语堂提出文学批评的标准。在译者序中他说，“当代出版界之芜杂庞乱”就是天然的文学批评，体现了人的“生气”。文学批评的标准就是生气的来源，也就是“作者心灵中充满着由人生直接得来之经验”。他进一步发挥这一点写道：“心灵之经验是第一要义，文学非文学，容后再谈。纪律不纪律，也尽可留给大学教授或候补教授他的讲义材料。如果没有经验，凭什么去纪律他；如果有蓬勃不可抑之经验，怕他不有经验所指教的标准？”林语堂认为，有了生活的经验，才能“灌溉生活的根源”。而这种经验来源于一代又一代人的“意象、俗见、情绪、回忆、态度”（同上：160-163）。林语堂认为古典的文学批评只是少数精英的活动，因此沦为一些大学教授或文化精英的不变权威。由于这样的批评方法无法反映每一个人的独特个性，使得文学批评无法发挥它应有的作用。

《新的文评》译文主要讨论了文学批评的性质以及标准两个问题。林语堂的文学批评理论是通过翻译借用斯平加恩、王尔德等学者的话语得到的。这就引出了本文讨论的问题：为什么林语堂要通过翻译讨论这两个问题？这两个问题是否是《白璧德与人文主义》关注的焦点？

## 3. 在白璧德身后的梁实秋——白璧德人文主义与梁实秋文学批评理论的核心区别

按照陈平原等学者的结论，林语堂编译《新的文评》的动机是为了与白璧德论战。由此《白璧德与人文主义》应该也讨论了有关文学批评的标准与性质这两个问题，否则林语堂与白璧德之间的论战便不能成立。

《白璧德与人文主义》一书收录的五篇译文是《学衡》杂志译介白璧德及其思想主张的文章。其中《释人文主义》阐述了白璧德如何论述人文主义与人道主义的不同，并介绍了白璧德要求人性“与一贯（unity）及多端（Plurality）之间必持精当之平衡”的主张（白璧德 1929：107）。《中西人文教育谈》与《白璧德论民治与领袖》关注现代教育与社会的联系，批评现代教育“破损道德之标准”（同上：53）。《论欧亚两国文化》讨论了从欧亚宗教中诞生的理性与感性的冲突，以及它带给世界的变革（同上：111-145）。这四篇译文并没有谈到文学批评。只有《白璧德之人文主义》提到了批评。译文指出，“标准逐渐破坏以后，文学艺术之混乱情形”，并且警告“吾侪今世之人，须融汇从古相传之义理而受用之，并须以超乎理智之上而能创造之直觉工夫，辅助其成。”（同上：44-45）这篇译文指出了文学研究与建立道德标准的紧迫性，但并没有直接讨论文学批评的性质和标准。因此，从内容上看，这几篇译文并没有直接讨论有关文学批评的标准这一核心问题。也就是说，《白璧德与人文主义》没有直接讨论《新的文评》的研究问题。

这样看来《新的文评》的内容并不是与直接该书论战的。这与陈平原等人的论点产生矛盾。那么林语堂为什么要在《新的文评》序言中提到《白璧德与人文主义》这部书，并且两次提到“吴宓、梁实秋诸先生”呢？特别是梁实秋。他并不是《白璧德与人文主义》的译者，却也被林语堂写入《新的文评》译者序。其中的关系值得进一步推敲。

《白璧德与人文主义》是学衡派的三位译者吴宓、胡先骕、徐震堮翻译的译文论集。但是建议并促成吴宓把《学衡》上面译介白璧德及其思想主张的文章编辑成册并出版的其实是梁实秋（段怀清 2006：213）。梁实秋也把这件事视为他为白璧德的思想观点在中国的传播所做的唯一一件事功。他后来说，“这是我唯一的一次对于白璧德先生主张稍尽一点力量”（梁实秋 1978：序 1）。《白璧德与人文主义》一书牵涉到四个关键人物，吴宓、胡先骕、徐震堮与梁实秋。可以发现这四人中对文学批评的标准与性质研究得最深入的是梁实秋。梁实秋在自 1925 年的《文学批评辩》之后，相继出版《浪漫的与古典的》等著作，系统地提出文学批评理论。他的关注点正是文学批评的性质和标准。那么，林语堂编译《新的文评》的动机是否有可能不是针对白璧德，而是针对白璧德的学生梁实秋？

为了回答这个问题，首先需要回答梁实秋的文学批评理论与白璧德有多少重合。如果梁实秋的文学批评理论完全借用白璧德，那么编译《新的文评》不针对白璧德这个问题就不成立。梁实秋的文学批评理论师承白璧德是没有疑问的。段怀清指出，梁实秋的第一本论集《浪漫的与古典的》全面反映他对白璧德思想的认识和认同（段怀清 2006：226）。这本论集中的《文学批评辩》一文是梁实秋第一次运用白璧德的文学观点及主张写作的文学批评理论。它直接借用了白璧德将西方思想史看成为“古典的”和“浪漫的”的两种不同或者在许多方面甚至完全对立的思想文化观念的此消彼长的历史，并将这种分法视为“西洋文学批评的正统”（梁实秋 1927：123）。在此基础上梁实秋发展了完整的文学批评方法论。1927 年，当梁实秋的第二本文学批评文集《浪漫的与古典的》出版时，他就向白璧德表示了谢意：“我若不从他研究西洋文学批评，恐怕永远不会写出这样的几篇文章”（同上：序 2）。梁实秋的文学批评理论所依凭的是白璧德对文学的一系列主张。它针对的是“五四新文学”的印象主义倾向（段怀清 2006：225）。这都说明梁实秋的文学观来自白璧德。

在具体的写作中，梁实秋与白璧德有两点重合。首先，梁实秋直接借用白璧德的批评语言。他论著中的“人性”（human norm）与“个性”（nature）等关键字都直接来自白璧德（Babbitt 1932：153）。其次，梁实秋与白璧德就文学批评的性质有相同的理解。白璧德指出，文学批评是“价值判断、选择，是对于作品的理解和同情”（Criticism is primarily judgment and selection and only secondarily comprehension and sympathy.）（Babbitt 1914：328）。梁实秋有类似的观点。他认为“文学批评根本的不是事实的归纳，而是伦理的选择，不是统计的研究，而是价值的估定”（梁实秋 1926：53）。斯洛伐克学者玛利安·高利克（Marián Gálik）认为，梁实秋将批评定义为“通过裁决、选择、估定来确定价值”（高利克 1997：281）。可以看出，梁实秋对文学批评性质的理解与白璧德相同。因此这两点是梁实秋与白璧德文学批评理论的相同之处。

尽管梁实秋的文学批评理论借用了白璧德的术语，但有学者指出，他的批评文章中几乎没有引述过白璧德的观点（赵慧 2015：81）。这是因为梁实秋无法直接借用白璧德模糊的文学批评标准。虽然在《论创造力及其它论文》里，白璧德认为有标准的批评可以揭示“自发性”（Spontaneity）在指导创作和指导生活上的双重不足（Babbitt 1910：105）。然而他不能指出文学批评到底以什么为依据，是审美还是伦理，是文学感觉还是道德理想，是语言材料还是社会生活（黄淳 2016：68）。白璧德更多关注“人”的完善，在文学批评中常常忽略作品或作家（McCord 1945：32）。文学评论家韦勒克（Rene Wellek）评价白璧德“小心谨慎地与文学作品保持距离”（Wellek 1986：6）。这都说明，白璧德的文学批评理论与具体的文学作品之间是有间隙的。对白璧德不能提出批评标准的原因，曾担任美国比较文学学会会长的艾德礼（Owen Aldridge）认为：“尽管他（白璧德）试图认同柏拉图和亚里士多德的观点，将道德和审美视为一体，但作为一个文学批评家，他又不得不将二者区分开来”（Aldridge 1987：30）。因此白璧德的文学批评理论没有明确的标准。人与作品的混同是白璧德文学标准模糊的原因。

然而在梁实秋的表述中，标准是最为重要的文学概念，是“各时代文学创作与文学批评整个领域内唯一正当的手段”（高利克 1997：282）。这一点学界已有研究证明。高利克指出，“从根本上说，梁实秋只承认文学批评是叫做‘仲裁批评’的那种形式。”他急于在传统与现代、东方与西方的“混乱”中建立标准（同上：281）。梁实秋吸收了白璧德提出的“二元人性论”，从中提出文学批评的标准是“人性”（梁实秋 1926：53）。梁实秋与白璧德就文学批评的标准有两点不同。白璧德并没有将人性作为文学批评的标准。在“人性”的问题上，白璧德更多地谈的是它的双重性，而不是普遍性。人性原本是白璧德“制约”人的一个标准。他所说的“普遍的事物”与“普遍真理”被梁实秋置换为“普遍的人性”，范围大大缩小（白璧德 2004：20）。梁实秋对人性的阐述也与白璧德不同。梁实秋将人性分割为个性和普遍性。他援引亚里士多德提出，“亚里士多德的意思，人生是变动的，但人生亦有其不变动者在，这一点不变动的便是亚里士多德所谓之‘普遍性’‘永久性’，亦即‘真’，亦即‘理想’”（梁实秋 2002：86）。梁实秋将个性与普遍性对立起来，选择将那些“不变动的”事物作为模仿对象，排斥“变动的”事物。“不变动的”人性成为梁实秋文学批评的标准。

尽管梁实秋叙述人性很不充分，却声称人性是理解和判断文学价值的唯一标准（高利克 1997：274）。这是梁实秋文学批评理论与白璧德的错位。他没有去追问白璧德的“人性论”的西方思想背景以及它与宗教或者“超自然”之间难以割舍的内在精神及现实联系，以及白璧德如何解决这一个西方思想史上的大难题。他直接将不变的“人性”与儒家“修齐治平”的思想串联在一起成为一种可行的文学与人生的批评标准。他说，“我们批评文学，采取文学的标准，我们批评文人的行，只能采取唯一的德行的标准”。然而，文学之所以成为文学，是要求用心尽力于文学的创作或研究或欣赏的文人，必须“寻求人性的普遍久远”（梁实秋 1928：10）。对于批评文学的人同样如此。可见，梁实秋认为文学与文人的评价标准是相同的，只有永恒不变的人性。可以说梁实秋的文学观、对浪漫主义的批判、对文学批评性质的认识都与白璧德一致。但是他的文学批评标准与白璧德不同。

梁实秋借用白璧德的批评话语完成了文学批评理论。它表面上符合白璧德的文学观和思想，但是在文学批评的标准这一问题上，梁实秋取“人性”为标准。他解读人性的手段与白璧德的观点具有核心与本质的区别。梁实秋站在白璧德的身后提出了自己的文学批评理论，与白璧德并不重合。这就使本文的研究问题变得合理。重新考察在陈平原等学者的结论，发现可对其作如下调整：林语堂编译《新的文评》，主要是针对梁实秋自身所提出的文论体系，而非主要针对白璧德的人文主义。本文将从翻译时间、编译顺序等角度证明林语堂编译《新的文评》针对梁实秋。

## 4. 诘辩白璧德身后的梁实秋——《新的文评》编译动机针对梁实秋的具体证据

梁实秋与林语堂的文学批评理论之间恰是互相对立的关系。两人对文学批评的性质和标准有完全不同的理解。梁实秋主张文学批评是“判断”，林语堂主张文学批评是“鉴赏”。梁实秋主张文学批评的标准是不变的“人性”，林语堂主张标准是各人不同的“经验”。梁实秋的文学标准是他在白璧德文学观的基础上独立发展的理论。因此从内容上说林语堂编译《新的文评》，是用“变动”诘辩梁实秋的“不变”，而非完全针对白璧德。为了达到形式上的对应，林语堂调整了《新的文评》的编译顺序。笔者整理了《新的文评》收录译文的翻译时间与顺序。具体请看下表：

**表 1：林语堂翻译《新的文评》收录所有译文发表时间表（按时间先后排列）**

| 题名 | 原作者 | 发表期刊与时间 | 明确的出版节点或译介时间 | 新的文评中的位置 |
|---|---|---|---|---|
| 《论静思与空谈》（“艺术的批评家”节译之一） | Oscar Wilde | 语丝 1928 年第 4 卷第 13 期 P1-7（Intention 节译 1） | 1928.3.26 出版 | 4.3 |
| 《批评家与少年美国》 | Van Wyck Brooks | 《奔流》 1928.6.20 第 1 卷第 1 期 P41-137 | 1928.4.17 写译后记 | 6 |
| 《论创作与批评》（“艺术的批评家”节译之二） | Oscar Wilde | 语丝 1928 年第 4 卷第 18 期 P1-7（Intention 节译 2） | 1928.4.30 出版 | 4.1 |
| 《新的批评》 | J.E.Spingarn | 《奔流》 1928.9.20 第 1 卷 第 4 期 P617-638（1928.8.15 写译后记） | 1928.8.15 写译后记 | 1 |
| 《法国文评》（一八八九年十一月二十日英国牛津大学 Taylorian Lectures 演讲之一） | Dowden E. | 奔流 1929.5.20 第 2 卷第 1 期 P1-16 | 1929.5.20 出版 | 5 |
| 《七种艺术与七种谬见》 | J.E.Spingarn | 北新 1929 第 3 卷第 12 期 P1687-1695 | 1929.7.1 出版 | 2 |
| 《印象主义的批评》（“艺术的批评家”节译之三） | Oscar Wilde | 北新 1929 第 3 卷第 18 期 P2419-2425（Intention 节译 3） | 1929.10.1 出版 | 4.2 |
| 《批评家的要德》（“艺术的批评家”节译之四） | Oscar Wilde | 《北新》 1929 第 3 卷第 22 期 P3103-3109 | 1929.11.16 出版 | 4.4 |
| 《美学：表现的科学》 | Benedetto Croce | 语丝 1929 第 5 卷第 37 期 P1-19 | 1929.11.25 出版 | 3 |
| 《批评之功用》（“艺术的批评家”节译之五） | Oscar Wilde | 《北新》 1929 第 3 卷第 23 期 P3219-3243 | 1929.12.1 出版 | 4.5 |

从上文中可以看到，《新的文评》出版时的收录译文顺序与林语堂翻译的顺序是不同的。林语堂翻译的第一篇译文不是后来成书时的《新的批评》，而是王尔德的《论静思与空谈》。《论静思与空谈》是《批评家即艺术家》译文的一部分。该译文讨论的是“批评的精神所能带给我们的品格”（林语堂 1930：104）。林语堂最先翻译这一篇文章有出于实践性的考量。结合他第二篇翻译的《批评家与少年美

国》来看，林语堂希望推广以“人生经验”为基准的批评理念，试图改变大众文学与受众鉴赏文学作品的能力。之后他首先翻译完成《法国文评》以及《作为艺术家的批评家》的五分之四后，才选择节译了克罗齐的《美学：表现的科学》。林语堂调整译文顺序的原因值得关注。

《新的文评》排列译文的顺序是从讨论文学批评的性质到讨论文学批评的标准。这符合梁实秋文学批评理论的写作顺序。无论是《文学批评辩》，或是《浪漫的与古典的》，梁实秋的写作顺序都是相同的。梁实秋认为文学批评必须以固定普遍的标准作为批评的根据。随后他指出文学批评的性质是判断，因此独立于艺术与科学而存在。最后梁实秋提出文学批评的固定标准是“人性”（梁实秋 1926：54）。因此，梁实秋的写作顺序是从文学批评的性质到文学批评的标准。而《新的文评》收录译文的顺序也按照这个顺序，与各篇译文在杂志上出版的时间顺序几乎相反。《新的文评》以及《艺术的批评家》两篇译文讨论了文学批评的性质。这两篇译文分别完成于 1928 年 8 月和 1929 年 12 月。《新的文评》《批评家即艺术家》《法国文评》《批评家与少年美国》四篇译文讨论了文学批评的标准。其中明确讨论文学批评标准的后两篇译文分别完成于 1928 年 4 月和 1929 年 5 月。也就是说，林语堂编译《新的文评》时更靠近梁实秋写作文学批评理论的顺序。

从翻译时间上看，林语堂翻译这些文章的时间与《白璧德与人文主义》收录的译文相隔较远。《白璧德与人文主义》收录的五篇译文是吴宓等译者从 1922—1925 年之间发表在《学衡》杂志上的译文。而这段时间的林语堂正在《语丝》杂志上推行“全面欧化”的主张。他陆续写作了《给玄同的书》（林语堂 1925a：1-3）、《急进派与守旧派》（林语堂 1925b：7）等文章，并没有将注意力放在文学批评理论上，也没有译介与白璧德论战的文章。从上表林语堂翻译序中的署名时间可以看到，《批评家与少年美国》翻译完成于 1928 年 4 月 17 日，《新的批评》完成于同年 8 月 15 日。其他诸篇文章在 1929 年底前陆续发表。在《论静思与空谈》与《批评家与少年美国》两篇译文之间相隔不到一月。照此推算，林语堂开始翻译《论静思与空谈》应该在 1927 年年末到 1928 年年初。因此，在林语堂开始译介《新的文评》收录的译文与吴宓等译者的译介行为之间有接近 3 年的空白。这在时间上是矛盾的。而梁实秋“关于文学批评方面作的文章的选集”《浪漫的与古典的》出版于 1927 年（梁实秋 1927：序 1）。该书不仅与《新的文评》在内容形式上都一致，与林语堂开始翻译《新的文评》的时间也相对接近。结合林语堂在《新的文评》译者序中两次提到梁实秋的名字，有理由怀疑林语堂编译《新的文评》的理由是针对梁实秋的文学批评理论。

梁实秋还对《新的文评》做出了回应。这是林语堂编译动机针对梁实秋的旁证。1934 年梁实秋出版《文艺批评论》。在该书的最后一章中，他花费大量篇幅反驳斯平加恩的表现主义文学批评理论。在已有译本的前提下，他额外节译了一部分斯平加恩《新的批评》以及《七种艺术与七种谬见》的内容，体现他对斯平加恩理论的不满。然而，在该书的结尾部分，梁实秋却话锋一转，写道："批评的主要努力还是在于根据常态的人生经验来判断作品的价值"（梁实秋 1934c: 134）。这句话中"常态的人生经验"在梁实秋以往的著作中没有出现。"常态的人生"取自梁实秋译介美国人文学家诺曼・福斯特（Norman Foester）在 1928 年出版的 *Towards Standards* 一书（Foerster 1928：165-172）。梁实秋认为"完整的均衡的人性要在常态的人生里去寻求。常态的人生是固定的，普遍的"（梁实秋 1934a：904）。因此他抨击傅东华《近世文学批评》译文中使用"人生主义"，反对"文学绝不能超脱人生而独立"的主张（梁实秋 1934b：62）。而"常态的经验"与"常态的人性"是文学批评的最后标准，出自《文学批评辩》（梁实秋 1926: 54）。耐人寻味的是，"人生"与"经验"的结合恰出自林语堂《新的文评》中的《批评家与少年美国》的译者序。林语堂指出，创造"在于作者心灵中充满着由人生直接得来之经验"（林语堂 1930：160）。梁实秋在此处提及"常态的人生经验"，是与他以往坚持的文学批评理论不同的。因此，"常态的人生经验"体现林语堂的编译行为可能对梁实秋的叙述有影响。

梁实秋批评斯平加恩，但没有直接批评林语堂。这并不是梁实秋想掩藏对白璧德理论的搬用和模仿，而是他不想授人以柄。用梁实秋自己的话说，"批评家……顶多是某某的门徒，他不能自立门户"（梁实秋 1933：10）。林语堂与梁实秋是朋友，在《新的文评》译者序中林语堂重申了这一点（林语堂 1930: 序 2）。可以推测，在双方的文学主张有对立冲突的情形下，林语堂与梁实秋两位好友各自退了一步，站在自己老师斯平加恩与白璧德的身后批评互相的文学主张。这使林语堂编译《新的文评》的行为看似针对白璧德，实则掩盖了两位文人互相诘辩的事实。

从译文的内容、形式、翻译时间以及论战双方的回应四点来看，有充分的理由怀疑，林语堂编译《新的文评》一书并不完全针对白璧德，而是诘辩站在白璧德身后的梁实秋。尽管该书被认为是林语堂"对克罗齐——斯平加恩'表现说'理解的全貌"，但不能忽视该书实际讨论的是有关文学批评的问题（周可 1996: 146）。理清这个问题可以更好地理解林语堂的思想轨迹，为之后的林语堂研究增添基础。

## 5. 结语

本文对林语堂编译的《新的文评》一书进行了考察，着重探讨其编译动机。本文对陈平原等学者的相关研究结论进行了思考和商榷，并提出如下观点：《新的文评》是林语堂自《语丝》转向《论语》的关键时期中唯一的翻译著作，也是这一时期林语堂唯一的文学理论专著。其编译动机是诘辩梁实秋提出的文学批评理论。通过对该书内容及相关历史文献的分析可以发现：以林语堂和梁实秋为代表的民国时期学者在进行文学理论探究时积极地使用外来的文学话语，建设在中国有可操作性的文学批评理论。而在利用外来资源进行讨论时，其立足点和主要商榷对象则多为当时国内的同行学者及文论建设成果，而非单纯介绍或承袭国外文论家之间的论争。《新的文评》一书展示了林语堂与梁实秋两位学者的不同着眼点。梁实秋强调文学的伦理关怀，延续中国先哲与古希腊以来的一条重要的文艺批评线索；林语堂则强调文学的自我独立，找到中国晚明与欧洲共同的人性解放的因素。这两人的论战体现了中国新文化运动中两种不同的文化取向。通过廓清林语堂编译《新的文评》的动机，对上述历史现象加以彰显和挖掘，以期进一步深入理解中国现代文论的发生和发展进程。这不仅能更好地了解历史，更能够有益于今天的文学批评理论研究。

## 注释：

[1] 《白璧德与人文主义一书》中收录的译文按时间顺序排列分别是：白璧德 . 中西人文教育谈 [J]. 胡先骕，译 . 学衡，1922（3）：9-21. 白璧德 . 白璧德之人文主义 [J]. 吴宓，译 . 学衡，1923（19）：14-36. 白璧德 . 论民治与领袖 [J]. 吴宓，译 . 学衡，1924（32）：5-28. 白璧德 . 白璧德释人文主义 [J]. 徐震堮，译 . 学衡，1924（34）：5-24. 白璧德 . 论欧亚两洲文化 [J]. 吴宓，译 . 学衡，1925（38）：11-36.

## 参考文献：

[1] 白璧德 . 白璧德与人文主义 [M]. 吴宓，胡先骕，徐震堮，译 . 上海：新月书店，1929.

[2] 白璧德 . 文学与美国的大学 [M]. 张沛，张源，译 . 北京：北京大学出版社，2004.

[3] 陈平原 . 林语堂的审美观与东西文化 [J]. 文艺研究，1986（3）：113-122.

[4] 陈平原 . 林语堂东西综合的审美理想 [A]. 见子通 . 林语堂评说 70 年 [C]. 北京：中国华侨出版社，2003.

[5] 段怀清 . 白璧德与中国文化 [M]. 首都师范大学出版社，2006.

[6] 高利克 . 中国现代文学批评发生史 [M]. 陈圣生，华利荣，张林杰，丁信善，译 . 北京：社会科学文献出版社，1997.

[7] 顾国柱 . 林语堂的“综合观”与克罗齐的“表现说”[J]. 湖北民族学院学报，1989（2）：51-55.

[8] 黄淳 . 白璧德文学批评谈 [J]. 文化学刊，2016（1）：64-69.

[9] 梁实秋 . 白璧德及其人文主义 [J]. 现代，1934a，5（6）：904-911.

[10] 梁实秋 . 傅东华译近世文学批评 [J]. 图书评论，1934b，2（9）：62-70.

[11] 梁实秋 . 浪漫的与古典的 [M]. 上海：新月书店，1927.

[12] 梁实秋 . 梁实秋论文学 [M]. 台湾：台湾时报文学出版社，1978.

[13] 梁实秋 . 梁实秋文集 [M]. 厦门：鹭江出版社，2002.

[14] 梁实秋 . 文人有行 [J]. 新月，1928，1（2）：6-11.

[15] 梁实秋 . 文学批评辩 [J]. 晨报副刊，1926（61）：53-54.

[16] 梁实秋 . 文艺批评论 [M]. 上海：中华书局，1934c.

[17] 列维索恩 . 近世文学批评 [M]. 傅东华，译 . 上海：商务印书馆，1928.

[18] 林语堂 . 给玄同的书 [J]. 语丝，1925a（23）：1-3.

[19] 林语堂 . 急进派与守旧派 [J]. 语丝，1925b（48）：7.

[20] 林语堂 . 新的文评 [M]. 上海：北新书局，1930.

[21] 刘旭东 . 从浪漫到古典：论林语堂对中国式批评话语的建构 [J]. 宜春学院学报，2017，39（10）：87-91，96.

[22] 慎吾（梁实秋）. 我们需要批评家 [N]. 益世报，1933-10-7（10）.

[23] 韦勒克 . 近代文学批评史 [M]. 杨自伍，译 . 上海：上海译文出版社，2004.

[24] 赵慧 . 梁实秋与西方文学 [D]. 吉林大学，2015.

[25] 周可 . 表现主义与林语堂的文学观念 [J]. 中国现代文学研究丛刊，1996（2）：146-160.

[26] Aldridge, A.O. Irving Babbitt and the Standard of Aesthetics Judgment[J]. *Neohelicon* 1987, 14(2): 23-32.

[27] Babbitt, I. *On Being Creative and Other Essays*[M]. London: Constable, 1932.

[28] Babbitt, I. *The New Laokoon: An Essay on the Confusion of the Arts*[M]. Boston: Houghton Mifflin Company, 1910.

[29] Babbitt, I. What is Criticism: Reply to dr. Spingarn[J]. *Journal of Philosophy, Psychology and Scientific Methods* 1914, 11(12): 328-329.

[30] Croce, B. *Aesthetic as Science of Expression and General Linguistic*[M]. Translated by Ainslie, D. London: Macmillan and Co. Ltd., 1909.

[31] Foerster, N. *Toward Standards: the Present Critical Movement in American Letters*[M]. New York: Biblo-Moser, 1928.

[32] McCord, C. B. *The Neo-Humanistic Criticism Of Irving Babbitt*[D]. Fort Hays State University, 1945.

[33] Spingarn, J. E. *"The New Criticism", Criticism in America: Its Function and Status*[M]. New York: Harcourt, Brace and Co., 1924.

[34] Spingarn, J. E. *Creative Criticism*[M]. New York: H. Holt and Co., 1917.

[35] Spingarn, J. E. *The New Criticism*[M]. New York: Columbia University Press, 1911.

[36] Wellek, R. *A History of Modern Criticism:1750—1950*[M]. New Haven: Yale University Press, 1986.

[37] Wilde, O. *Intentions*[M]. Leipzig: Heinemann and Balestier, 1891.

## 作者简介

郭志恒，上海外国语大学高级翻译学院博士研究生。研究方向：近现代翻译史。

## 中译外研究

# 中国古典散文及其英译中的修辞应用研究
## ——以《项脊轩志》为例 *

# Research on the Application of Rhetoric in Chinese Classical Prose and Its English Translation: A Case Study on *Xiang Ji Xuan Zhi*

张冰
ZHANG Bing

**摘要：**

文章以《项脊轩志》及其三个英译文为研究对象，探究原文中的修辞特点及其在英译文中的再现效果。三个译本中，卜译（Pollard）采取了音译、加注、解释性翻译和删减非主要信息等策略，充分考虑了译本可读性与接受度，在传达原文内容及原文文化信息层面实现了翻译的目的；杨宪益和戴乃迭（Gladys）的译文非常流畅，文中归化气息较为明显，有着向母语为英文读者方向靠拢的倾向；刘译则较为符合母语为中文的译者的翻译习惯，在翻译过程中稍具异化倾向。

**关键词：**

《项脊轩志》；修辞；英译；古典散文

**Abstract:**

Taking *Xiang Ji Xuan Zhi* and its three English translations as the research object, this article explores the application and characteristics of rhetoric in the original and target texts. Although the rhetoric techniques used in the three translations failed to correspond to the source text, they could be adapted according to the needs of the translation when they moved toward the original text. With consideration of the readability and acceptance of the translated text, David Pollard's translation adopted translation skills like transliteration,

* 本文受广东省教育科学“十三五”规划研究项目“文化‘走出去’战略背景下岭南民俗文化英译研究”(2020GXJK440) 及广州市哲学社会科学发展“十四五”规划课题《跨文化交际视角下岭南民俗禁忌语翻译研究》（2022GZGJ243）资助。

annotation, explanation, and deletion of the unimportant information, his version achieved the target of translation at the level of conveying the original content and cultural information. While Yang's version is extremely fluent and has the obvious domestication trend that tends to move closer to the native English readers. Liu's version is in line with the translation habit of translators whose mother tongue is Chinese and has a slight tendency toward foreignization.

**Keywords:**

*Xiang Ji Xuan Zhi*; Rhetoric; English versions; Classical prose

## 1. 引言

所谓修辞，无外乎在运用语言时，依据特殊的目的而精心选择语言的过程，其主要目标是将语言及文章表达明了、生动乃至精彩，而这种有助于提高话语或文章语言表达效果的艺术及应用规律，往往在很大程度上影响甚至决定了话语或者文本的表达效果及目的。修辞原就是传情达意的手段，为了意和情，不断调整语辞从而达到达意传情之功效。实际生活中，无论是作文还是说话，讲究的都是“意与言会，言随意遣”，若想达到或靠近这种极致就需要运用语辞，亦即广义的修辞。据此而论，所谓修辞与其说是语辞的修饰，毋宁说是语辞的调整或适用，而不单单是文字的修饰。不同的地区、不同的民族语言的使用有着各自不同的准则及要求，东西方语言（我们在这里主要指中、英语）隶属于不同的语系，产生了不同的语言表达方式及准则。以中文为例，中国古典文学作品语言强调精炼为主，声音抑扬形成的平仄相对，双音节词可以形成鲜明的对比，单音节词可以形成押韵效果，甚至一些特殊的字词可以形成拆字或拆词等修辞方式，这些修辞的独特用法及其表达功能在异语语境下的如何转换也成为摆在译者面前的难题。

## 2. 研究背景

古典散文英译是中国文化典籍英译的重要组成部分。从史的视角来看，散文作为中国古典文学的主要文体之一，其经历了从先秦时期的历史、诸子散文，到两汉时期的政论和史传文及赋，再到魏晋南北朝时期的骈俪文体和唐宋时期的古文运动，以及明清时期的成熟阶段这一漫长历程。因此，古典散文作为中国古典文学的杰出成就之一是毋庸置疑的。从语言上看，古典散文有着用语简洁、用词考究的特点，富于表达与感染力；从形式上看，古典散文节奏性强，具有很高的可读性；从内容上看，古典散文题材丰富，涵盖散文、游记、笔记、书信等，无论是在写人、议事，还是抒情、状物方面都有着鲜明的艺术特点。除此之外，古典散文还大量使用不同形式的修辞手法来增强语言气势。关于修辞二字，早在《易经》上就有“修辞立其诚”之说，修辞格的运用是语言艺术的高度升华，是为了提高语言表达效果的最佳手段，无论是英语还是汉语都有着较为丰富的修辞格，其使用主要借助于语音、语义及句法等层面来实现。根据陈望道的观点，修辞手法有两大分野：积极修辞和消极修辞，前者要求“形象生动地表达事物，注意体验性和语辞魅力的发挥”，侧重于情境语境，常会利用“形、音、义”，或采用形象思维以情动人；后者则要求“明白、确切地表达概念，不含歧义”，侧重于以逻辑思维方式“平实地记述事物的条理”（袁晖、宗廷虎 1990：375）。换言之，或者从某种程度上说，消极修辞是积极修辞的基础。高辛勇（2008：69）也曾指出，积极和消极两种修辞虽都是为了“追求语言文学的通达，或是要进一步使它们具有美感作用，激发读者的共鸣等”。但相较之下，积极的修辞传情达意的效果更为显著，它的使用可以使接受者感受明显，促使读者或听众在经历了语言文字后产生某种感触，更可以在他们的心中唤起一定的具体的影像。因此之故，而我们研究的重点也侧重在积极修辞方面。探究古典散文及其英译文中的修辞格的处理方法与技巧对我们提高典籍英译的质量，进而实现中国文化走出国门的战略有着重要的参考意义。

## 3. 《项脊轩志》及其三个英译本

作为明代中后期“唐宋派”的代表人物，归有光的作品以散文为主，博采唐宋诸家之长，继承了唐宋古文运动的传统，但在此基础上又有所发展，同时还扩大了散文的体裁，将日常生活琐事引入古文当中，而这样的内容则无疑显得情真意切、平易近人且给人以清新之感。归有光反对拟古及当时文风，认为：“今世相尚，以琢句为工，自谓欲追秦汉，然不过剽窃齐梁之余，而海内宗之，翕然成风，可为悼叹耳”（袁晖、宗廷虎 1990：226）。明代王世贞在《归太仆赞序》中曾言“先生（归有光）于古文辞…不事雕饰自有风味，超然当名家矣”。《项脊轩志》为归有光代表作之一，以百年老屋“项脊轩”的兴废为线，穿插了对祖母、母亲、妻子的回忆，并抒发了物在人亡、世事沧桑的感触。所忆之人、事均属家庭琐事，但却很有人情味。归有光这篇作品，虽短短不足千字，却展现了三大特色：一是即景、即事抒情，真切感人。二是侧重细节描绘，刻画极为生动，发扬了唐宋文古文的优良传统。三是篇幅短小却言简意赅。就目前从不同渠道搜索来看，这篇散文较为优秀的译本有三个：一是杨宪益夫妇的合译文（以下简称杨译），二是南开大学刘士聪教授的译本（以下简称刘译），三是英国汉学家卜立德（David Pollard）（以下简称卜译）

的英译本。可能是由于篇幅短小之故，《项脊轩志》在英语世界的传播及影响不太深远，现有的几个译本也多由中国人完成，与之有关的英译研究也屈指可数。笔者以“《项脊轩志》英译”为主题词在中国知网（CNKI）进行检索仅得寥寥数篇文章，研究视角既有侧重于翻译过程中的译者主体发挥及原文韵味传递效果的研究，如孙晓晖（2012：114），也有从适应论视角展开的译者翻译策略探讨，如李蒙、王琳娜（2015：71）等。现有研究多侧重于杨译和刘译，且未有从修辞学视角对《项脊轩志》及其三个项译本展开讨论分析，而对《项脊轩志》英译进行研究除了充分肯定其中国古代经典散文地位外，亦有着将其译介并推广至国外的期冀。杨宪益夫妇为翻译界中西合璧的典范，刘士聪教授为中国译界翘楚，而卜立德则为英国汉学大师，对这三组语言文化背景相异的译者的译作进行研究，似乎更能展现母语与非母语译者在处理相同翻译问题时所采取的不同翻译策略之差异及带给我们启示。

## 4. 《项脊轩志》中的修辞应用及其英译分析

《项脊轩志》一文，语言朴素感人，悱恻动人，作者充分利用了对比、摹状、夸张、借代、用事等修辞手法，虽不用奇字险句，但力求朴而有致，淡而有味，处处流露出一种平淡、自然的气息，营造出一种清疏淡雅的感觉。正所谓“清水出芙蓉，天然去雕饰”，归有光的这篇散文语言本色自然，不事雕饰，而这也是文人雅士们努力追求的一种境界，虽平淡但却不平庸，写人、叙事发乎本心，谈景、抒情质朴自然，但艺术效果却较为强烈，为古典散文的发展开辟了一片新的疆界。下面我们将就《项脊轩志》中的修辞应用及其英译情况展开讨论。

### 4.1 对比

原文开宗明义，一开始便描述了一个名为“项脊轩”的百年老屋，仅容一人可居，且破旧、阴暗潮湿，晴日也不见阳光。作者如此描述是为了烘托出一种比较悲凉、凄切的氛围。然而，下文中作者却笔锋一转，呈现给读者一个修葺之后优雅可爱的“项脊轩”，“使不上漏……日影反照，室始洞然。又杂植兰桂竹木于庭，旧时栏楯，亦遂增胜”。作者这样书写的目的就是为了与上文破败景象形成一种对比，更能凸显作者的心境与修养——在这样一个环境中能保持怡然自得，甚至可以陶醉于“借书满架，偃仰啸歌”的读书生活，一苦一乐，两相对比，互为映衬，从而形成了鲜明的对比。从修辞视角来看，对比作为一种常见的文学创作表现手法，具有将明显差异、矛盾对立的双方结合在一起的特点，往往会形成一种对照，使表达效果更明显，形象更鲜明，感受更为强烈，从而可以突出被表现事物的本质特征，进而加强文章或作品的艺术效果及感染力。在三个译本中，杨译先是使用消极性意味的词语

“barely”“just”“old”等来描述“项脊轩”这个百年老屋的破败和狭窄，然后在下文中则用了“brighten”“showing off”“better advantage”等具有积极意味的词语来与前文形成对比，从而为之前破败的百年老屋勾勒出一个焕发出新生且充满希望的形象。刘译和杨译较为相似，亦在翻译过程中注意这些比较性词语的使用，同样出现了“only”“nearly”“old”等消极性词语和“brightened up”“brighter”等积极意味词语。卜译和杨译、刘译相差不远，在译文中亦是用了“old”“only”“just”等词来描述老屋破败之景，而在修葺后的描述中也有用到“bright”之类的词语。但卜译与杨译、刘译不同的是其除了在语言上展现对比色彩之外，更是将原文中的段落在译文中进行了调整，将修葺前后的“项脊轩”放在两个段落中描述，从而使对比的效果更为明显。不过，从三个译本所使用的词语来看，三位译者都注意到了原文中作者所使用的对比手法，都试图在译文中再现原作中的对比效果，基本上都实现翻译的目的。

## 4.2 夸张

夸张主要是指作者为了达到某种表达效果，在对事物的形象、特征、程度等方面夸大或缩小的修辞方式。原文中在形容“项脊轩”破败时使用了“雨泽下注”这样的表述，意指下雨时雨水从屋顶往下倾泻。在这里，作者使用了夸张手法，这样的写法的目的是突出百年老屋的破败感。在三个译文中杨译为“rain to drip through the ceiling”（杨宪益、戴乃迭 1986：37），刘译为“the roof let in rain”（刘士聪 2002：267），而卜译则为“the rain poured through”（卜立德 1999：91）。相较之下，杨译和刘译译得较为平淡也更为接近实际情况，但是夸张手法似乎不见了，而在卜拉德的译文中“poured through”将大雨倾盆而下的情景展现得较为形象，虽然与“项脊轩”的实际情况可能不符，但原文中的夸张效果却在译文中得到了较好的再现。此外，原文中提到老妪告诉作者“汝姊在吾怀，呱呱而泣”，“呱呱而泣”意指婴儿啼哭，“呱呱”则是模仿婴儿啼哭的声音，此类摹写声音之迭词大多是两个相同音节的重迭，亦即迭音，能以声表形，闻声见形，从听觉上给人以美感和想象，增强语言的表达效果，使读者产生身临其境之感（虽然“呱呱”是一种摹状修辞，但在此处却是一种夸张用法）。古典散文的韵味多在声响与节奏、意境与氛围、个性化表达方式等三个方面（汪榕培 2009：22），而在古典散文英译中，“最高的境界是再现原文的韵味”（李蒙 2015：75），刘士聪亦指出“文学作品的翻译应把传达原文的审美韵味作为至高的追求”（2002：4）。针对“呱呱”二字，杨译为“cried”（杨宪益、戴乃迭 1986：38），刘译则为“crying in my lap”（刘士聪 2002：269），而在卜立德的译本中被译为“crying at the top of her lungs”（卜立德 1999：92），夸张效果明显。相较之下杨译和刘译较为平淡，迭音的效果也未能展现出来，而卜译虽未能展现出迭音效果，但却以一种较为夸张手法，将原文中婴儿啼哭的形象展现出来，给读者一种听觉冲击，可以说是较好地再现了原文的韵味。

## 4.3 借代

关于借代，陈望道在《修辞学发凡》曾明确地将其定义为：“所说事物纵然同其他事物没有类似点，假使中间还有不可分离的关系时，作者也可借那关系事物的名称，来代替所说的事物。如此借代的，名叫借代辞”（2008：65）。而在原文中出现的“余自束发读书轩中”的“束发”一词就为借代这一修辞用法，隶属于以“事物和事物的特征或标记相代”（同上：65）。中国清代以前汉族男子 15 岁时束发为髻，意即“成童”，而到了明代中期，成年男子结辫现象逐渐消失，一般百姓则是将头发在脑后挽成三股或两股发髻，而读书人、秀才以及官宦之家则在头顶结发髻，因此束发有时亦代表着身份的高低。这样的修辞用语在中国古代较为常见，如男子二十时被称为“弱冠”，三十则为“而立之年”，四十为“不惑”等，这些词语都是一种较为文雅的修辞用法。三个译文中杨译为“I have bound up my hair and started studying in the chamber”（杨宪益、戴乃迭 1986：38），还在文中增加了一个脚注“When they reached the age to study the classics, boys bound up their hair”；刘译为“Since I was fifteen I had been reading in this study”（刘士聪 2002：269），而卜立德则译之为“From the age of fifteen I used this annex as my study”（卜立德 1999：92）。显而易见，刘译和卜译采取了相似的翻译手法，杨译则采取了直译加注的翻译策略。对于刘译和卜译来说，虽然将“束发”意译为“I was fifteen”和“From the age of fifteen”，使读者在阅读时不会产生阅读障碍，但是原文中的借代这一修辞用法却无法再现出来。而杨译从字面忠实于原作，将其直译为“I have bound up my hair”，同时也增加了注释，对束发这一现象进行了解释，一定程度上降低目标读者的阅读困惑。总的来说，三个译本各有千秋，效果都不太理想。王佐良曾指出，就翻译而言，最大的困难在于文化的差异，一种文化中一些不言而喻的东西在另一文化中则需要很大的功夫加以解释，对“本族语者不必解释的事，对外国读者得加以解释”（1997：34）。若就再现中国文化来讲，或许可以将两种译法相结合，同时在文中增加较为详细的注释，对原文中暗含的或为原文读者所熟知的内容进行解释性补充则显得更为妥当，也更容易为译文读者所理解与接受。

## 4.4 摹状

“摹状”是一种“摹写对于事物情状的感觉的辞格”，既有摹写视觉的辞格，如“光煜煜自东西流”，也有摹写声音的辞格（被称为摹声格），如《诗经·伐木》中的“伐木丁丁，鸟鸣嘤嘤”等，其目的是达到某种书写效果而采用的修辞方式。归有光文中亦多用摹状来增强语言效果，如“庭阶寂寂”“珊珊可爱”“呱呱而泣”“亭亭如盖”等。我们知道，摹声格对于增加表达的形象性和语言的音乐美功不可没，归有光选取这样的文字的目的就是为了达到这样的效果。从积极修辞方面着眼，我们要肯定作者这样的描写方式是一种更好的表现法，就如同杜甫的《兵车行》中开头提到的“车辚辚，马萧萧”一样，如果只是为了明白之故，那还不若说在是车行、马嘶，而车行和马嘶的“具体性、体验性”，却是不及“车辚辚，马萧萧”万一的（陈望道 2008：36）。在归有光的这篇散文中，珊珊、呱呱、亭亭、默默、往往等这样的“摹状”词语，即有摹写视觉又有摹写听觉，使得语境、情景互为照应，修辞效果极佳，读起来音节和谐，极富美感，正迎合了刘勰（1994：706-707）在其《文心雕龙·物色》中所述的那样“写气图貌，既随物以婉转；属采附声，亦与心而徘徊”。在这里，我们有必要提一下积极修辞中的辞趣问题，亦即对语言文字本身的情趣的使用，如何利用语言文字的音、意形上的特点，来增加话语文章的音韵效果的问题。若是要使语言不流于空洞玄虚且能表现出较为新颖或新鲜的意象，势必要诉诸视觉、触觉和运动感觉等方面，从而将空间的形象描写出来，描绘对象物的性状，表现对象物的活动（陈望道 2008：183）。摹状这一拟人化修辞表现手法的具体应用，使读者阅读此文时会产生身临其境，心境飘逸之感。而这也就是所谓“造型的表现所致的情趣”，这种情趣是由于形象之官感的描写而来，不是由于语言文字之历史或背景的利用而来的（同上：184）。同样是在刘勰（1994：706-707）的《文心雕龙·物色》中有提到自晋宋以来的对景物的描写特点，指出“文贵形似，窥情风景之上，钻貌草木之中。吟咏所发，志惟深远；体物为妙，功在密附。故巧言切状……不加雕饰，而曲写毫芥”，而在这样的书写手法之后，就能达到“瞻言而见貌”的表达功效了。不过因为汉英两种语言隶属于不同的语系，因此对于这些摹状功效的词语的翻译三个译者都没有译出原作所想要的表达效果，虽说是一种缺憾，但却也恰证明了翻译中有着某种不可译性（untranslatability）。

## 4.5 象征

所谓象征就是借助于事物之间的某种联系，或者某人物的具体形象来表现某种较为抽象的概念、思想或情感的一种较为复杂的修辞手法。当作者写到“庭有枇杷树，吾妻死之年所手植也，今已亭亭如盖矣”时，虽无嗟叹之辞，但是对于亡妻的思念、哀悼之情溢于言表。庭有枇杷树，让时间有了度量，让思念变得可数，对其妻的思念之情溢于言表。时光荏苒，逝者如斯，一切尽在不言中，归有光文中没有去说自己对妻子之爱和丧妻之痛，仅以平淡的语句写出。在这里，那棵他妻子去世之年所亲手栽植的枇杷树成为她的代名词，睹物思人，正是“此情可待成追忆，只是当时已惘然”，凄寒孤寂，痛苦惆怅，绵绵之恨似无绝期，言有终而意无穷。那棵枇杷树已成为亡妻的象征，触景生情，明明相思苦却不直说。前文中我们提到陈望道将修辞分为积极修辞和消极修辞两大分野，在这里，归有光充分利用了积极修辞手法，所述内容具有丰富性和具体性，从而使语辞呈现出一种较为动人的魅力，而这也迎合了积极修辞侧重情感且应合情境的特点。我们知道，对于修辞现象，需要从情境语境上去领略，用情感去体验，亦需从本意和上下文连贯关系去推究，不能单看字面之义，照辞直解。这也照应了陈望道所说的修辞需要以“适应题旨情境为第一义，不应是仅仅语辞的修饰，更不应是离开情意的修饰”（陈望道 2008：9）。我们来看三个译文是如何翻译“庭有枇杷树，吾妻死之年所手植也，今已亭亭如盖矣”：

杨译：The loquat tree which I planted in the courtyard the year that my wife died has grown up now to give shade.（杨宪益、戴乃迭 1986：39）

刘译：In the courtyard there was the loquat my wife planted the year she died. It stood there with graceful poise, its top spread out with exuberant foliage.（刘士聪 2002：271）

卜译：There is a loquat tree in the courtyard that my wife planted with her own hands the years she died. Now its leaves make a dense canopy.（卜立德 1999：93）

若仅从字面上看，这句话的三个译文都是采取了直译策略，杨译较为简单，我们在前文中提到“亭亭”是一种摹状修辞，其实放在这里似乎还隐约有着双关之意，毕竟这个词在词典中是指代女子或树木秀美颀长的样子。刘译将应该是注意到了“亭亭”的特殊用法，因此试图译出“亭亭”之意，但也仅限于语义层面。因此杨译和刘译都未能译出原文的隐含之义，难以在译文中实现交际效果。而卜译则将翻译的重心侧重在“手植”二字（也有学者认为是归有光自己在其妻子去世时亲手所植，但是相较之下，其妻手植似乎更能震撼读者内心，因此卜译视其为归有光妻子所手植），这样才更能触景生情，睹物思人，因此其在翻译时特将“手植”二字译了出来。此外，在卜译的前言中，卜氏特意提到了“亭有枇杷树”的隐含之意，并提到英国大诗人华兹华斯（Wordsworth）的作品中也有类似的表达手法，这样的翻译策略无疑可以提升读者产生与原作读者等值或相似的文学联想及情感共鸣，进而实现译文的交际效果。

## 4.6 “用事”或“用典”

陈安定（1996：2）指出，中国有着“丰富多彩的古语，和典故的方便，使汉语言简意赅，具有极强的表现力”。作为中国古代汉语中一种较为重要的修辞，“用事”或“用典”是“汉朝以后经典文学作品的一个标识，它表面上也是一种比较，但实际上也有模塑（提供认知框架）的功能”（高辛勇 2008：152），说话者或作者会根据自身的情况或当前的事件与引用的历史事件相联系、相比较，“历史题材或人物被频繁引用，使它们达到原型符号或文化偶像的程度”（同上：153）。勒菲弗尔（Lefevere 2010：56）曾指出，除了解释性说明，大多数的译者并不试图传达原文本中的文学典故，因为它不存在于句法转移或语义结构中，而是存在于文化自身的特殊印记中，它可以唤起一种情景，象征着一种情感或一种状态，而这恰是译者三言两语难以呈现出来的。在《项脊轩志》这篇散文中作者引用了三个典故：第一个是关于“蜀清守丹穴，利甲天下，其后秦皇帝筑女怀清台”，第二个是诸葛孔明起于陇中。前一个典故出自《史记・货殖列传》中：“巴寡妇清以丹穴致富，始皇曾为筑女怀清台”，后一个则出自陈寿的《三国志》。无论是巴蜀妇还是诸葛亮，都是发于微末，而后为天下所知。作者在这里引用“巴蜀妇”和“诸葛亮”的典故，意在回应前文中所提到的其祖母对他的殷切期望和鼓励，引用此典以表示其祖母对其人生经历的重大影响，寄托自己无限的哀思，表达自己对祖母的怀念和敬意，同时亦有表明虽身处陋室，但仍以读书为乐，虽不为世人所知，但日后定大有作为的信心。这两个典故中巴“蜀妇清”和“诸葛亮”都具有较为深刻的文化内涵，如何翻译较为考察译者的翻译水平。研究发现，三个译本中都采取了音译手法对这两个文化意象进行翻译，但是杨译在翻译诸葛亮时增加了一个“wise man”对其进行补充说明，降低了读者阅读负担。而卜译则是在译者前言中增加了一个较长的注释，一方面对“巴蜀妇”和“诸葛亮”的出处进行说明，另一方面则对自己选取这两个人物典故的原因进行了解释。仅采取音译可能会对中国文化知之不多的读者造成阅读障碍，无法使他们了解作者的意图，虽说译文加注处理是不得已之事，但有些意象只有在历史背景和典故的出处加以说明之后，意义才能充分表达出来，适当地增加注释则为读者更为深入全面地理解原文提供了有力的帮助。刘士聪（2005：54）曾评论过卜立德的译法，认为卜译“在翻译类似的文章时着意交代文章的写作背景、作者与被描写人物的关系和文章的内涵等，这是一种更加彻底的文化翻译的策略”，同时他亦指出卜立德在翻译和研究相互结合方面做得非常好。而第三个典故“坎井之蛙”则是中国人耳熟能详的“井底之蛙”的故事，这个故事出自《庄子 · 秋水》：“井蛙不可语于海者，拘于虚也”，往往用来比喻那些见识短浅，思路狭窄的人。三个译本将“坎井之蛙”翻译如下：

杨译：My...must remind those who know me of the proverbial frog in the well.（杨宪益、戴乃迭 1986：39）

刘译：People who get to know about it will think I am no more than a frog at the bottom of the well.（刘士聪 2002：271）

卜译：They would think me no different from the frog at the bottom of a shallow well who has never seen the mighty sea.（卜立德 1999：93）

三个译本大致采取了相似的翻译策略，其中杨译除了直译外增加了一个“proverbial”，向译者解释了这是一个典故，刘译则是以直译策略来应对，卜译和杨译类似，除了直译外亦有考虑读者接受问题，在译文中增加了“who has never seen the mighty sea”这样的解释，从而使原文的意象在译文中更为清晰，既增加了译文的可读性又提高了译文接受度。

## 5. 结语

在归有光的《项脊轩志》这篇经典散文中，作者用到对比、夸张、借代、摹状、用事等修辞手法，文章虽不足千字，但短小精悍，语言质朴又不失优美，修辞手法的应用可以是说信手拈来，更是蕴含丰富情感于其中。原文中的修辞手法并未在三个译本中得到一一验证，但几位译者也都在尽量忠实于原作的同时努力去再现原作的部分修辞效果。从翻译效果来看，两个中国籍译者的翻译策略及译本水平相差不多，其中中西合璧式译者杨宪益和戴乃迭的译文非常流畅，文中归化气息较为明显，有着向母语为英文读者方向靠拢的倾向，翻译过程中多用长句，全文仅 33 个句子，而刘译则较为符合母语为中文的译者的翻译习惯，在翻译过程中稍具异化倾向，且翻译过程中会多用短句，全文共有 61 个句子。三个译本中卜译最为亮眼，其作为母语为英文的译者，采取了音译、加注、解释性翻译和删减非主要信息等策略，充分考虑了译本可读性与接受度，无论是在传达原文内容方面还是在传递原文文化信息层面都实现了翻译的目的，因此译文字数在三个译文中最长。此外，在传达原文文化信息层面，卜译似乎做得比杨译和刘译都好，对原文隐含的文化信息尽量增补，而这样的做法对传播中华文化来说是较为有利的。

## 参考文献

[1] 陈安定 . 英汉修辞与翻译 [M]. 台北：书林出版社，1996.

[2] 陈望道 . 修辞学发凡 [M]. 上海：复旦大学出版社，2008.

[3] 高辛勇 . 修辞学与文学阅读 [M]. 香港：天地图书有限公司，2008.

[4] 李蒙，王琳娜 . 翻译适应选择论视角下的古典散文英译策略——以 David Pollard《项脊轩志》英译为例 [J]. 北京航空航天大学学报（社会科学版），2015（5）：71-76.

[5] 刘勰 . 文心雕龙 [M]. 李振兴，罗立干注译 . 台北：三民书局，1994.

[6] 刘士聪 . 汉英・英汉美文翻译与鉴赏 [M]. 南京：译林出版社，2002.

[7] 刘士聪 . 介绍一部中国散文经典译作——兼谈 David Pollard 的泽英翻译艺术 [J]. 中国翻译，2005（3）：51-56.

[8] 孙晓晖 . 发挥译者主体性作用在翻译中表达散文的韵味——以归有光《项脊轩志》英译为例 [J]. 名作欣赏，2012（1）:114-116.

[9] 袁晖，宗廷虎 . 汉语修辞学史 [M]. 合肥：安徽教育出版社，1990.

[10] 王佐良 . 翻译：思考与试笔 [M]. 北京：外语教学与研究出版社，1997.

[11] 汪榕培 . 中国典籍英译 [M]. 上海：上海外语教育出版社，2009.

[12] André Lefevere. *Translation, Rewriting and the Manipulation of Literary Fame* [M]. Shanghai: Shanghai Foreign Language Education Press, 2010.

[13] David E. Pollard. *The Chinese Essay* [M] . Hong Kong: The Chinese University of Hong Kong, 1999.

[14] Yang Xianyi & Gladys Yang (trans.). *Poetry and Prose of the Ming and Qing* [M]. Beijing: Chinese Literature Press, 1986.

## 作者简介

张冰，广州商学院国际学院讲师，台湾师范大学翻译研究所博士研究生。研究方向：翻译理论与实践、中国文学译介与传播、基于语料库的翻译研究。

# 壮族民间故事《百鸟衣》在日本的传播及翻译策略探赜*

# An Exploration of the Dissemination and Translation Strategy of the Zhuang Folk Story Hundred-bird Dress in Japan

刘岩　王芾垚
LIU Yan　WANG Fuyao

**摘要：**

中国西南少数民族民间文学作品《百鸟衣》从1957年传入日本至今已60年有余。本研究以初始小野田耕三郎版本《百鸟衣》与蓝本韦其麟1955年版本《百鸟衣》为参考文本，考察《百鸟衣》在中日两国的传播以及日版的译介。从称呼与地名、文化负载词、句法三个方面进行了系统的解构与考述。对小野田耕三郎译本《百鸟衣》的翻译策略考察，对我国少数民族典籍的日译提供了一定的参考，同类文学作品在海外传播具有积极的参考价值。

**关键词：**

民间故事；《百鸟衣》；日本；传播翻译策略

**Abstract:**

It has been more than 60 years since the folk literature work *Hundred-bird dress* of ethnic minorities in southwest China was introduced to Japan in 1957. This study takes the version of Kozaburo Konoda's *Hundred-bird dress* and the original version of Wei Qilin's *Hundred-bird dress* which published in 1955 as reference texts to investigate the dissemination of *Hundred-bird dress* in China and Japan and the translation and introduction of the Japanese version. This study systematically deconstructs and researches from three aspects: address and place name, culture- loaded words and syntactic structure. The study of the translation strategy of Kozaburo Konoda's version of *Hundred-bird dress* provides a certain reference

* 本文系贵州省哲学社会科学规划重点课题《“讲好中国故事”背景下贵州省优化少数民族文化对外传播策略研究》（20GZZD34）的阶段性成果。

for the Japanese translation of Chinese ethnic minority classics, and has a positive reference value for the overseas dissemination of similar literary works.

**Keywords:**

Folk stories; *Hundred-bird dress*; Japan; Dissemination and Translation Strategy

## 1. 引言

中华文化“走出去”战略是中国在21世纪初提出的文化建设方针。对于中国少数民族典籍的研究是为了服务于国家文化战略，繁荣中国少数民族文学、典籍、文献对外译介事业，积极促进中国少数民族文学、典籍、文献走向世界，增强中国少数民族文化的国际影响力的重要内容之一。近年来，中国典籍的翻译研究取得了巨大成就。纵览与民族典籍翻译，特别是外译的相关课题及研究，不难发现存在以下研究上的不足：首先对少数民族典籍翻译的关注度较低，且呈现不均趋势，主要集中在《蒙古秘史》《玛纳斯》、苗族史诗《亚鲁王》、纳西族《东巴经》、彝族史诗《支格阿鲁》《阿诗玛》等几部，对中华少数民族典籍外译的整体概况尚未把握；其次从外译的语言上看，主要集中在英语，对相关民族典籍日译本研究鲜有涉及，并且对于《百鸟衣》（韦其麟 1955）日译的翻译策略尚未提及。

1983年4月，西胁隆夫创办了日文期刊《中国少数民族文学》并亲自担任主编。这是日本国第一家专门介绍、研究中国少数民族文学的刊物。而近20年来，在三个云南起源说的背景之下，以云南为中心的西南地区逐渐成为日本学者的研究热点地区。《百鸟衣》作为壮族地区广泛流传的民间故事，自1957年便传入日本，虽然在日本多处存有馆藏，但是日本学者对于关注程度仍存有一定欠缺。

## 2. 壮族民间故事《百鸟衣》

本节以中国西南少数民族典籍《百鸟衣》为中心，考察其日译本以及在日本的译介与研究等状况，系统整理并呈现西南少数民族典籍在一衣带水的邻邦是以何种面貌呈现，在日本学界的研究貌相又有何特征。

### 2.1 《百鸟衣》采集

1955年，壮族著名作家韦其麟根据当地流传的“百鸟衣”故事创作了叙事长诗《百鸟衣》。这篇优秀叙事长诗的问世，使“百鸟衣”故事的传承进入空前的兴盛期。作品一面世，旋即受到中国文坛的关注。引起全国的读者对广西，对壮族文化，对壮族文学的重视。这一时期，广西各地出现了大量以“百鸟衣”为题材而创作编演邕剧、粤剧、壮剧、歌舞剧等热潮，同时《百鸟衣》也被整理创作为不同的剧本。

广西电影制片厂还根据“百鸟衣”传说故事拍摄了电影《百鸟衣》。并且，从1979年至今，有众多学者将眼光聚集在《百鸟衣》文本上，以民族艺术生态发展规律、动画创作的可行性等方面为方向，进行了诸多研究。

## 2.2 《百鸟衣》故事概要

“《百鸟衣》不是整理民间传说故事的产物，而是在原故事基础上进行再创作的现代民族叙事诗。”（魏蓓 2020：169-173）《百鸟衣》是流传于横县校椅一带的壮族民间传说故事，富有浓烈的神话色彩，流传久远，共分为四节：“绿绿山坡下”“美丽的公鸡”“溪水呀，流得不响了”和“两颗星星一起闪”。诗歌主要叙述了贫苦农民古卡及其妻子依娌的故事。古卡还未出生，父亲便因为土司做苦力而被累死，从此，古卡便与母亲相依为命。古卡长大后，身体健壮，弓术了得。一天傍晚，他在回家的路上捡到了一只公鸡，在屡次想要将公鸡归还主人无果后，古卡便让公鸡在家中住下。过了三个月零三天，公鸡幻化为一位美丽的姑娘即依娌站在院落中。当地的土司觊觎依娌的容貌，欲强抢依娌。在二人被迫分离之时，依娌嘱咐古卡制作弓箭，射下一百只鸟，用其羽毛制成衣服，以一百日为期，到土司的州府相会。古卡跋山涉水、历尽重重艰辛，制成百鸟衣后，按时来到州府，借献衣之机拿出匕首杀死土司，夺取骏马，带上依娌向着幸福与自由驰骋而去。故事深刻地反映了壮族人民反抗强暴，争取自由的坚强意志。

## 2.3 《百鸟衣》文本特征

韦其麟的民间叙事长诗《百鸟衣》，在韵律方面用字、句来构成反复重叠的诗组成诗句，强化了诗的韵律和节奏。而押韵作为诗文创作的修饰技巧，在原诗中也有大量使用。文本中押头韵、尾韵，且主要以押同字尾韵为主。

在形式方面全诗主要由四句构成一节，虽句式字数不一，但长短错落有致。作为叙事诗，作者在叙事中抒情，运用大量的叠字押韵、复沓、排比、对仗等艺术手法，刻画出主人公古卡的能干、英勇，依娌的美丽、善良，展现出壮族人民为了反抗当地土官的黑暗统治，奋起斗争的反压迫精神。

在意象方面，文本中的文化意象主要分为自然意象（动植物）、人文意象（衣、食、住、行）。其中，丰富的自然意象在展现壮族地区特有的自然风光的同时，也蕴含着古卡、依娌情感的转变，突出了情景交融。壮族是山地农耕民族，其语言中涉及许多农具、牲畜之类的日常生产生活物人文意象。交代了壮族人民的勤劳、善良、能歌善舞，同时，随着故事的推进，运用不同的人文意象来体现出古卡的成长。

## 3. 壮族民间故事《百鸟衣》在日本的传播

### 3.1 《百鸟衣》在日本的馆藏

在国立国会图书馆主页，以“百鸟衣”为关键词搜索，结果中表示，国立国会图书馆收录了 1956 年 4 月中国青年出版社出版、1959 年 4 月人民文学出版社出版、1983 年上海人民美术出版社出版的四种版本的《百鸟衣》（小野田耕三郎 1957）。并且，在 1957 年与 1961 年未来社发行的《阿詩瑪：民話述事詩》中，也包含了《百鸟衣》的文本。

而在日本各地，也收录了不同版本的《百鸟衣》。收录最多的《百鸟衣》为韦其麟所著 1978 年 9 月由人民文学出版社发行的版本，共被爱知大学丰桥图书馆、大阪大学附属图书馆外国学图书馆等 13 所图书馆收录其中。其次，由韦其麟所著，夏同光插图，1956 年 4 月经中国青年出版社发行的版本位于第二，共被九州大学中央图书馆、京都女子大学图书馆等 7 所图书馆收录。再次，位列第三的版本是韦其麟所著，1959 年 9 月由人民文学出版社发行的版本，被日本爱知县立大学长久手校区图书馆、爱知大学名古屋图书馆等 5 所图书馆收录。最后收录由韦其麟所著，小辰改编，何纬仁绘画，1980 年 5 月经广西人民出版社发行与韦其麟所著版本由东京都立大学图书馆、东京都立中央图书馆（多摩）收录，而 1959 年 4 月由人民文学出版社发行的版本由东京都立大学图书馆所收录。

从分布来看，收录《百鸟衣》的图书馆大多位于关东地区的东京都、千叶县，中部地区的爱知县以及关西地区的大阪府、京都府、兵库县。而九州地区与北海道分别仅有一所图书馆对《百鸟衣》文本进行了收录。并且，《百鸟衣》文本多为日本大学图书馆收录。从高校性质方面看共计有 9 所公立大学以及 7 所私立大学收录《百鸟衣》。综上所述，位于本州岛且多为公立大学图书馆对《百鸟衣》进行了收录，使得其文本在日本辐射范围十分有限。

### 3.2 《百鸟衣》在日本的翻译

小野田耕三郎，生于 1929 年，1947 年毕业于明治学院（现明治大学）华文科。是第二次世界大战后矢志日中友好事业从事鲁迅与中国现代文学史和木刻史研究的学者。1953 年著《阿 Q 的蜕变》，1956 年著《睿智与复兴》，1964 年译介埃德加 · 斯诺《中共杂记》，1975 年全译张望《鲁迅论美术》，译介并主持邹雅和李平凡编的《中国解放区木刻》，1981 年编《鲁迅藏中国木刻集》，并参与完成三省堂鲁迅百年诞辰展览会，1984 年主办《纪念中华人民共和国升五周年——中国现代木刻展》，以及出版古元、四川青年版画家的画册，1987 年著《中国水印版画的发展与变迁》。

虽然主要的译作都与中国的木刻相关，但是小野田耕三郎对于我国少数民族民间典籍的翻译也有极其重要的贡献。在1955年，小野田耕三郎在《人民文学》上初次接触到《百鸟衣》。一开始，《百鸟衣》这一部叙事长诗在日本需要作为单独的作品来翻译，但是最终日本的学者以及编辑认为它实在是不能够在日本的文学界中掀起波澜。而在1957年由未来社发行的《阿诗玛》的附录中两位译者（宇田礼、小野田耕三郎）提到："最近，在中国的文学作品中，有翻译需求的作品数不胜数，这（《阿诗玛》）仅仅是其中的一部作品。"（小野田耕三郎 1957）于是在"想要正式介绍中国少数民族的民间叙事诗"（小野田耕三郎 1957）的背景以及松枝茂夫的建议之下，他们决定将《阿诗玛》译出并添加到《中国的民间故事集》中。不过，在宇田礼翻译《阿诗玛》的过程中，他被告知除了《阿诗玛》之外，还需要翻译一部作品。就这样，在众多候补中，他选择了《百鸟衣》，将其交给小野田耕三郎翻译。

# 4. 壮族民间故事《百鸟衣》日译本翻译策略探赜

## 4.1 称谓

《百鸟衣》是壮族的长篇叙事诗，在诗中，不乏专有名词的出现。专有名词指代特定的或独一无二的人或物，常见为人名、地名。它对传达文本意思有着十分重要的作用。而《百鸟衣》中，这类专有名词又带有时代性与民族性。小野田耕三郎十分忠实于原文，本文从称呼、地名两个方面来探讨小野田耕三郎对于专有名词的翻译策略。

### 4.1.1 人名

中日两国历史源远流长，在文化与字词方面，两国的理解颇有相似之处。杨瑞芳提出："人名作为一种文化载体，具有丰富的文化内涵。"（杨瑞芳 2017: 90）作者韦其麟在诗歌开篇便交代了大多数主人公的姓名，如：古卡、土司。在诗歌的第二节则运用古卡拾到大公鸡的故事，引出女主人公依娌。由于壮语分为北部以及南部方言，共计12个土语区，对于译者而言要追溯其壮语读音无疑是一件十分困难之事。小野田耕三郎对于人名的处理方式是以三个人名的汉语拼音"guka""tusi""yili"为基础，采用日语汉字加上片假名注音，即音译法的方式呈现给读者。虽然汉语被译成日语后文化的载体与读者环境都发生了改变，但是通过这种简单且明确的手段将人名进行诠释，在忠实于原文的前提之下，还保留了中文的音韵之美。

（1）

美丽的鹧鸪住在山坡上
好心的古卡家住在山坡下
爱唱的小鸟儿住在榕树上
好心的古卡家住在榕树下
（韦其麟 1955：47）

美しい鷓鴣は嶺に
善良な古卡（ヌガ）の家はその下に
歌の好きな小鳥は榕樹に
善良な古卡の家はその下に
（小野田耕三郎 1957：143）

（2）

爹死在哪儿
爹死在衙门里
爹为什么死
爹给土司作苦工累死
（韦其麟 1955：48）

父親はどこで死んだ
父親は役所で
なぜ死んだ
土司（トス）にこき使われて
（小野田耕三郎 1957：145）

（3）

姑娘穿的衣服呀
像天上的虹一样
姑娘的容貌呀
像天上的仙女一样
姑娘的名字叫依娌
姑娘做了古卡的妻
（韦其麟 1955：53）

娘の着物は
天上の虹
顔だちは
天上の仙女
名を依娌（イリ）といい
古卡の妻になった
（小野田耕三郎 1957：168）

#### 4.1.2 称呼

在原文（4）土司让人强抢依娌之处出现“狗腿”一词。在中国“狗腿”一词相传是从前有个富人的腿断了，一个奴才为讨好主人欢心，主动要求截下自己的腿为主人接上。主人问：“你自己的腿怎么办呢？”奴才说：“我可以接上一条狗腿。”主人又问：“那狗的腿又怎么办呢？”奴才回答道：“给狗用泥巴捏上一条。”所以，狗在小便时，总要把后边一条腿翘起来，怕那条用泥巴捏的腿让尿给冲掉了。因此在汉语中“狗腿”比喻替坏主子做帮凶爪牙的人，也称“狗爪子”。在日本同样有关于“狗腿”的神话。传说乌鸦与狗原来都是三条腿，但是狗觉得行动不便，于是就向熊野的神仙祷告，祈求再赐给它一条腿。神仙出于同情，便从乌鸦身上摘下一条腿给予了狗，所以认为狗小便时抬起后腿是怕弄脏了神仙赐给的那条腿。由此可见，“狗腿”一词中日两国由于文化层面的不同，导致其在汉语中蕴含着贬义，而在日语中却带有一定程度上神圣的意味。因此，在此背景下，小野田耕三郎将其译为“手下”。而日本词典中对于“手下”的解释《新世纪日汉双解大辞典》中为“ある人のもとで、その人の言うとおりに動く人（在某人身边，按照那个人的指示行动的人）；配下”。（松村明，佐和隆光，养老孟司，邵延丰 2009）《大辞林》中为“ある人のもとで命令・指図されて、その通りに動く人（在某人的手下接受命令、指示，并按照指示行动的人）；配下”。（松村明 2006）可以发现日语中对于“手下”一词的理解多为“遵循某人指示行动的人”且近义词为“配下（はいか）”。在中文里“手下”一词出自《三国志・吴书・甘宁传》中“权特赐米酒众肴，宁乃料赐手下百余人食。”（陈寿 2020）意思则是“领导下；管辖下”，可以进一步理解为“领导所属管辖范围之内的全体成员”，描述的是一种客观的上下级关系，不存在褒贬之意。此处韦其麟运用“狗腿”而不使用“手下”也是为了迎合与前句中的“狗笼蜂”的凶恶形象相呼应。小野田耕三郎在译文中选择了“手下”一词进行处理。虽然为日本的读者传达了该词所指代的人物，但是却过滤掉了原文中对反派角色的描写，因此需要加以注释以区分。

（4）

狗笼蜂从粪巢里飞出
是要把人伤
土司的狗腿出衙门口
是要把依娌抢
（韦其麟 1955：55）

狗龍蜂は糞の巣から飛び出し
人を傷つけようとする
土司の手下は役所を出て
依娌を掠めようとする
（小野田耕三郎 1957：175）

《百鸟衣》是壮族地区的叙事长诗，作者韦其麟也为壮族人，原文中难免会出现带有民族语言特色的称呼，例如在原文（5），依娌被困衙门时，辱骂土司时的用词中出现了“马骝”一词。“马骝”并不是一个马的品种，这个词指代“猴子”，“马骝”即为“猱”的反切音，反切的基本规则是用两个汉字相拼给一个字注音，切上字取声母，切下字取韵母和声调。古典籍中的“猴”字并不常见，于《诗经 · 小雅 · 角弓》第六章中有这样一句诗：“毋教猱升木，如涂涂附。君子有徽猷，小人与属。”（赵征 2013）据陆玑《毛诗草木鸟兽虫鱼疏》的注解：“猱，猕猴也，楚人谓之沐猴，老者为玃，长臂者为猿，猿之白者为獑胡，獑胡猿骏捷于猕猴，其鸣噭噭而悲。”（郑子宁 2016）可见“猱”意指猴子，但是由于时间的推移，其原字“猱”已消失，取而代之留下了反切字“马骝”。韦其麟在原诗中也给出注解：“老马骝——老猴子，骂人语”。译者则着手于这一注释进行日译。日语中“老いぼれ猿”原本是上年纪的人在贬低自己或在辱骂别人时所用的话语，意思接近于中文里面的“老朽”，但是在对他人使用时就带有强烈的轻蔑感与侮辱性，类似于“老东西、老糊涂”。译者用这一日本俗语诠释中文的方言，既惟妙惟肖地体现出了依娌对土司的怨恨，又将原文的意思活灵活现地传递给读者，甚至在已展现出贬义的情况下，对其加以注释，强调这一词的侮辱性，虽说会打断读者阅读诗歌的节奏，但是客观而又巧妙地传达了原文文意。

（5）

老马骝你不识羞
老马骝你面皮厚

你逼死我娘身带孝
一年里你近我不是死来就是走
（韦其麟 1955：58）

この老ぼれ猿恥ずかしらず
　　この厚い面の皮で
母さんは殺された
この一年私に近づくなら
死んでしまうか逃げてしまう
（小野田耕三郎 1957：187）

在原文（6）土司为搏依娌一笑，而放出悬赏，请人前来搏依娌一笑之处的“那么佬”一词，“佬”在方言中是对成年男子的称呼，偶含不敬之意。韦其麟在原诗中的注释中写道“道士”。在日语中，“道士（どうし）”有四层含义：“道教的道士、僧人和尚、仙人、有道义的人”。（日本大辞典刊行会 2005）此处不局限于“那么佬”的字面意思，并且直接运用韦其麟给出的注解加以翻译，虽然并未通过注释的方式将该词进一步说明，但是读者仍然能够通过下文中出现的“烧香”“点烛”两词，判断出这一词汇指代的是道教的神职人员。

而在原义（7）处的“卖膏药的”并非指贩卖膏药的商人，在中文里是比喻“说得很动听，实际上在骗人，旧指江湖郎中推销名不副实的膏药。”后比喻“说得好听，实际上是吹牛。”为了让中国读者更好理解，韦其麟在此处的批注为“江湖佬”，但是这个注解所包含的范围太广阔，无法真正理解其含义，译者的角度便转向原文。“卖膏药”一词的前身是“卖狗皮膏药”，《〈半农杂文〉自序》：“再往下说，那就是信口开河，不如到庙会上卖狗皮膏药去！”（刘半农 2018）译者将此词与原诗下文“好笑的故事，讲了一百个”相结合，并把其加工为“法螺吹き爺”译为中文则是“吹牛的爷爷”，在俗语的基础上，将其译为日语，且未脱离原文本意，将词汇意思客观地传达给读者。

（6）

那么佬来了
烧香又点烛
喃喃又跳跳
依娌没有笑
（韦其麟 1955：60）

道士がきて
香を焚き燭を灯し
べらべら喋り跳ねた
依娌は笑わない
（小野田耕三郎 1957：195）

（7）

卖膏药的来了
好笑的故事
讲了一百个
依娌仍不笑
（韦其麟 1955：60）

法螺吹き爺がきて
笑い話を
百個も語った
依娌は笑わない
（小野田耕三郎 1957：195-196）

### 4.1.3 地名

《百鸟衣》一开始是流传在我国壮族地区的民间故事，最初的文本也是在 1955 年由韦其麟整理并创作。其中包含着许多具有时代性的词汇。在《百鸟衣》的第三节中，害死古卡父亲的土司终于登场。同样地，在土司准备让人强抢依娌之时，出现了带有中国时代性的名词。在中国，旧时称官署为“衙门”，即政权机构的办事场所。随着时代的发展，这一说法渐渐被人们所抛弃，取而代之的称呼是“某政府机关，某政府部门”。在日语中官署的名称则一直是“役所”，并未发生改变。在原文（8）处，译者将“衙门”译为“役所”，虽然在不脱离文意的基础上让日本的读者更加容易地理解“衙门”的含义，但是并没有体现出“衙门”该词所具有的时代性。

（8）

依娌的能干
远近都传遍
依娌的美丽
土司在衙门里听见了
（韦其麟 1955：55）

依娌の素晴らしさは
ここかしこに伝わり
依娌の美しさを
土司は役所で聞いた
（小野田耕三郎 1957：174）

又如在文末，古卡介绍百鸟衣的语句中出现了“九州”一词。汉族先民自古就将汉族原居地划分为九个区域分别是冀州、兖州、青州、徐州、扬州、荆州、豫州、梁州、雍州，即所谓的“九州”。这一词汇最早出现于先秦时期的典籍《尚书·禹贡》中，是中国汉族先民以来的民族区域概念。自战国以来，“九州”即成为古代中国的代称。而在日本，狭义上的“九州”是指属于日本地域中九州地方的九州岛。古时候有筑前、筑后、丰前、丰后、肥前、肥后、日向、萨摩、大隅，共九国，遂称九州。广义上的九州则指九州地方，包括九州本岛上的福冈县、大分县、宫崎县、佐贺县、长崎县（含五岛列岛和对马岛）、熊本县、鹿儿岛县、冲绳县（含大隅诸岛和奄美群岛）。小野田耕三郎为了让日本的读者更好区分两者，将其译为“九つの州”，并且在文后加上了“支那全土のこと”的注释与译文前后呼应，不仅保留了对原文意思的尊重，还避免读者产生不必要的混淆。

“四海”在汉语里则指渤海、黄海、东海、南海。古时候泛指全中国，同样有“全世界”的意思。日语中的“四海（しかい）”同样是指“全国，世界”。小野田耕三郎将“四海”一词译为“世界中（せかいじゅう）”在保证诗歌形式统一的前提下，又将原文文意有效地传达给了读者。

（9）

你看它亮闪闪
百鸟衣是件神衣
九州里头找不着
寻遍四海难得到
（韦其麟 1955：62）

見よこのきらめく
百鳥衣は神の衣だ
九つの州のどこにもない
世界中をさがしても難しい
（小野田耕三郎 1957：203）

## 4.2 文化负载词

中国的少数民族典籍中，文化负载词极具民族性和地域性。当时，小野田耕三郎能够查阅到的资料微乎其微。在信息不发达的时代，翻译大量富有民族特色的文化负载词，是一件极为困难的事情。因此，本文从物质文化负载词这一角度来探讨小野田耕三郎对于文化负载词的翻译策略。

物质文化是以物质为载体的文化，具体表现为与人们生产生化息息相关的衣、食、住、行等物质方面（刘岩，陈胜能 2020：51-59）。而在《百鸟衣》中则分为器具、饮食、行为三方面来体现。器具的文化负载词方面，母亲为古卡上山砍柴准备工具处，即原文（10）中，出现了"草鞋"。而古代中国对于"鞋"，有着浓烈的阶级特征。明代的服制中，对鞋式的规定很严格，无论官职大小，都必须遵守服制。清朝鞋制沿明代制式，文武各官及士庶可着靴，平民、伶人、仆从则有草鞋、棕鞋、芦花鞋等。日本作为中国的邻邦，受到中国文化的影响，同样有着鞋的历史。不同的是日本对于鞋则无上下等级之分。在江户时代，武士和平民都穿着草鞋防止脚被带刺植物划伤。"脚绑"则类似于"绑腿"，自古代兵战就有。绑腿行军的话，一个是有利于裤管的收拢，提高行军速度，再一个不易产生衣袂当风的效果绊倒同伴。对于贫困的山区人民，上山砍柴之前打上"脚绑"可以防止血脉下积而引起的涨疼，再一个可以防止蚊虫蛇蚁的滋扰。对于这类中日两国共通的器具，译者无需花费过多篇幅来解释其作用，读者也能够客观理解其用途。

"柴刀"即伐木打柴用的刀。译者在此处把"柴刀"译为"柴刈り鎌"即"砍柴用镰刀"而非"鉈"，在忠实于原文意思的基础，保证传达内容的客观性之上，还做到了与前句保持相同字符数量，增加了译作段落中的整洁感。

（10）

娘给穿上了<u>草鞋</u>
娘给打上了<u>脚绑</u>
拿起了<u>柴刀</u>
扛起了<u>扁担</u>
古卡打柴去了
（韦其麟 1955：50）

母親が<u>草鞋</u>をはかせ
<u>脚絆</u>をまいてやり
<u>柴刈り鎌</u>をもたせ
<u>天秤棒</u>をかつがせると

古卡は柴刈りにでかける
（小野田耕三郎 1957：154）

饮食的文化负载词方面，例如原文（11）中的“包宴”是指广西西南部，过去人们出门干活的时候，为了节省时间，把料理用荷叶包好带出去的习惯，并且特指中午饭。由于风俗习惯的差异性，在日语中“包宴”属于“词汇空缺”。高英祺提出：“针对跨文化翻译中出现的词汇空缺现象，译者必须正确理解词汇所包含的文化语义，有机地结合各类翻译方法，尽可来弥补词汇空缺的矛盾，力求保持原文的语言特点及其真实性和准确性。”（高英祺 2012：263）译者在此处充分发挥自己的主观能动性创造力，采用加译的方式将“包宴”翻译为“昼飯を蓮の葉に包み”，并且在文后用注释的形式加以说明。虽然增加了篇幅，但是却将壮族人民的饮食习惯很好地传达了出去。

（11）

娘包好了宴
放在古卡袋子里
古卡上山了
娘在门口眼泪流
（韦其麟 1955：50）

母親は昼飯を蓮の葉に包み
古卡腰袋に入れて
山へ送り出すと
門口で涙にむせんだ
（小野田耕三郎 1957：154）

原文（12）比喻古卡、依娌二人比翼双飞的语句中的金银花是一种中药名，为忍冬科忍冬属植物忍冬的干燥花蕾或带初开的花。具有清热解毒之功效。主治外感风热或温病发热，中暑，热毒血痢，痈肿疔疮，喉痹，多种感染性疾病。金银花在中国各省以及朝鲜和日本也有分布。韦其麟在中文文本中注解道：“同一条藤开黄白两色花，做药材”。但是在日语中，“金银花”较常见的写法应为“スイカズラ”“ニンドウ”或“キンギンカ”，译者在此处运用汉字的“金银花”而非片假名，在让日本人理解的同时又十分忠实于原文。

（12）

金银花开黄金金
金银花开白灿灿

金银花生在一条根
古卡依娌两人一条心
（韦其麟 1955：54）

金銀花は金色の花が咲き
金銀花は銀色の花が咲いた
古卡と依娌の心は
一本の木に作金の花銀の花のように
（小野田耕三郎 1957：169）

而在（13）形容依娌歌声优美之处，出现了“八角”这一中国人较为熟悉的香辛料的名字。侯红锋提出：“词汇空缺现象造成了跨文化交际中的障碍是翻译的一大难点。”（侯红锋 2013：132-133）“八角”是八角茴香科、八角属的一种植物。八角果为著名的调味香料，分布于东南亚和北美洲。其中亚洲占 80%。在东南亚产区，主要以中国为主。日语中的“八角”的意思则为“八个角”，对于这种香料的说法则是“ウイキョウ”。若是直译为“八角”则会给读者造成一定的误解。因此，小野田耕三郎采用注释的方法为读者解释：“ウイキョウ、せり科の多年生草木、全体に芳香があり、果実は円柱状で香いが強い。”让读者更好地理解八角的含义。

（13）

八角算最香
菠萝算最甜
听着依娌的歌呀
比吃八角还香
比吃菠萝还甜
（韦其麟 1955：54-55）

八角はよく香り
菠蘿はとても甘い
依娌の歌声は
八角より香り
菠蘿より甘い
（小野田耕三郎 1957：172-173）

行为方面的文化负载词，例如在原文（14）处的翻译，译者对于“爬过”以及“穿过”使用了两个日语中的复合动词加以诠释。“這う”在日语中形容人的动作时的

意思为“両手両膝を地面などにつけて進む（两膝、双手紧贴地面前行）”，而“突く”在表示人的动作时有着“先の鋭いもので刺す（用尖锐之物刺）”的意思。用“這う”修饰“登る”，借“突く”修饰“抜く”，以组合两个方式动词的结构，在原文“爬过”“穿过”的基础上体现出古卡在打鸟制作百鸟衣的路途上历经了千难万险，将意思进一步升华。

原文（15）处的“喃喃”在中文里作拟声词，一指低声说话的声音，二指读书声，三指鸟啼声。最早出自明末清初文学家张岱创作的散文《湖心亭看雪》中：“及下船，舟子喃喃曰：‘莫说相公痴，更有痴似相公者。’”（张岱著，王淑杰编 2019）而在日语中“ぺらぺら”的意思是“軽薄によくしゃべるさま（喋喋不休的模样）”虽然同为拟声词，但是“ぺらぺら” 在语义上为“滔滔不绝”，并无“低声说话”的体现出现了一定程度的偏差，容易给读者带来混淆。

在原文（16），形容依娌焦急等待古卡的救助时的神情处，为了体现依娌对古卡的到来苦苦、期盼等待的神情，韦其麟运用了“眼望穿”这一词。中文里面“眼望穿”即“望眼欲穿”，这一成语最早出自唐代诗人白居易的五言排律《江楼夜吟元九律诗成三十韵》中：“白头吟处变，青眼望中穿。”（白居易著，谢思炜校注 2006）指“眼睛都要望穿了”，形容殷切期盼。而译者采取的方法是将这一动作译为“穴のあくほど見た”，在日语中，这一短语意为“じっとものを見つめること（目不转睛地看事物）”，形容的是注意力集中，并无“殷切期盼”或“焦急等待”的意思，导致译文的语义出现了偏差。同时，译者并未使用注解为读者进一步诠释这一短语在此处的隐含依娌望穿秋水苦苦等待古卡前来救她脱离苦海的意思，导致在一定程度上读者无法正确梳理上下文，产生理解上的偏差。

（14）

爬过了三个山顶
穿过了三个山麓
古卡站在荒山顶
像没有巢的鹰
（韦其麟 1955：57）

三つの山頂を這い登り
三つの山嶺を突き抜け
古卡は荒んだ山の頂に
巣のない鷹のように佇んだ
（小野田耕三郎 1957：183）

（15）

那么佬来了
烧香又点烛
喃喃又跳跳
依娌没有笑
（韦其麟 1955：60）

道士がきて
香を焚き燭を灯し
べらべら喋り跳ねた
依娌は笑わない
（小野田耕三郎 1957：195）

（16）

逗笑的来了九十九个
打屁股的也有九十九个
依娌眼望穿
古卡影不见
（韦其麟 1955：60）

笑わせようときた者が九十九人
臀をたたかれたのが九十九人
依娌が穴のあくほど見たが
古卡の姿は見当たらない
（小野田耕三郎 1957：196）

又如原文（17）处，土司的狗腿出题故意对古卡发难时的话语中出现了“少半个”一词。在中文体系中，“半个”的意思虽然是“整个的二分之一”但是在此处较为特殊，单指“最后一个物品的二分之一”。日语中“半分”的意思为“二つに等分したものの一つ（一分为二的东西的其中一个）”与中文“半个”的意思大同小异。但是译者并未把握住“半个”在此处的特殊含义，直接将其译为“半分”在指代的数量上便出现了语义上的偏差，容易导致混淆。而在这句诗中后半部分的“难活得了”在中文里面指“不得好死”，同时包含着“情况很严重”的意思，夹杂着说话人的个人情感，体现了土司狗腿的蛮横、不讲道理。而在日语里面“できない”的指代“难以实施或不可能实现的事情”，表示根据个人情况与社会环境而对客观事实的一种描述，并无“情况严峻”的语气在里面。译者在此处的加工，并不能体现出土司狗腿的刁蛮，没有很好地向读者们传达文意。

（17）

狗腿没奈何
白天说梦话
一百个公鸡蛋今天要
少半个你也难活得了
（韦其麟 1955：56）

手下たちは手を拱き
真昼間 夢のようなことをいう
今日中に雄鶏の卵が百個いる
その半分もできまい
（小野田耕三郎 1957：178）

原文（18）处狗腿夸下海口想让依娌放下戒心老实待在衙门时，依娌反驳的话语。“活不了”在中文里是指“无法继续活命”带有强烈的主观能动性，同时隐含着依娌对土司及其狗腿烧毁自己的房屋，气死自己的婆婆，害得她与古卡被迫分开的怨恨之情。反观“暮らす（くらす）”这一词汇，在日语中是“生活，度日”“度过一天”或者“一直做某事”的意思，强调的是衣食住行的客观情况。译者的这种处理方式更多的是在阐述“如果进了衙门依娌就无法开心生活”或者是“生活得不习惯”这一事实，并没有体现出依娌话语中带有的强烈不满，在译作过程中，对于传递原文信息出现了偏差。

（18）

这是野兽的巢
住的是豺狼一窝
好人不进去
进去活不了
（韦其麟 1955：58）

ここは野獣の巣だ
悪人の一味が住んでいて
善良な人は入らない
入っても暮らしていけない
（小野田耕三郎 1957：185）

## 4.3 句法结构

“译文形式是否与原文形式对等是诗歌体裁翻译的重要标准之一。”（刘岩，陈胜能 2020：111-123）整体而言，小野田耕三郎日译本《百鸟衣》在行数上与原文本保持相同的行数，因此日译本《百鸟衣》在行数对应上也呈现了主要以四句为一节的形式特征，同时一些地方也做到了与韵律特征的和谐统一。

首先是日译本节内字符数的一致性。韦诗诗提出：“分行是诗歌在外形上最显著的文体特点，具有一定的视觉效果。相比于中国传统诗歌整齐的句式，现代诗歌的分行则自由得多，一句可以是一行，也可以分成几行，但分行主要是根据词语排列组合所传达的意蕴来进行的，是有意味的形式。”（韦诗诗 2020：99-100）虽然中日两国语言句法结构等问题，日译文难以做到原文的“短小精炼”的形式结构，但做到了在日译本节内字符保持一致。

汉语与日语中都存在主语省略现象。如（19）所示，为了诗句更加精炼，韦其麟在文章的前三句中都省略了主语“公鸡”，将其放于最后一句诗中。而日译本中则将最后一句中的“公鸡”省略掉，在与原文字节数并未出现太大的差异性的同时，也做到了日译本节内字符数的统一。同时，由于日语中的句法结构为“主宾谓”，而为了保持与原诗的一致性，小野田耕三郎以三个动词“食べる、飲む、住む”的中顿与原诗中的“吃、饮、住”相对应。将原文文义精确地再现于译文中。

（19）

吃的是白米饭
饮的是清溪水
住的是青竹笼
公鸡住在古卡家了
（韦其麟 1955：53）

白米の飯を食べ
谷川の水を飲み
青竹の籠に住み
古卡の家にいついた
（小野田耕三郎 1957：167）

其次，押韵是构成诗歌韵律美的基本要素之一。原诗中的押韵手法，在日译本中（20）也得以体现。原文在描写古卡于依娌耕地的场面时，运用了四个相同的句式，采用同字“犁”“耙”构成一、三行押 /i/ 韵，二、四行押 /a/ 韵，描写细腻，形象生动。在日译过程中，行数与原文的四句相对应，通过“から”“ならし”的尾韵 /a/ 与 /i/，做到了音节的配对。无论是在形式上还是韵律上都体现出译者的创造性，做到了“音美”与“形美”的统一。

（20）

古卡在前面犁
依娌在后面耙
依娌在前边犁
古卡在后边耙
（韦其麟 1955：54）

古卡が耕後ろから
依娌がならし
依娌が耕後ろから
古卡がならし
（小野田耕三郎 1957：170）

在（21）狗腿刁难古卡处，原文首先用三个双重否定句加强了语气，且押两个否定助词“不”的韵母 /u/ 韵的现实生活案例“树不开花不结子，藤不开花不成瓜，火不烧木不成炭”与第四句“世上哪有公鸡会生蛋”构成递进关系。译文则运用日语中的双重否定句“ない…ならない”，同样做到了句内押 /i/ 韵，不仅重现了原文的意思，还做到了结构统一，语气一贯，朗朗上口。

（21）

树不开花不结子
藤不开花不成瓜
火不烧木不成炭
世上哪有公鸡会生蛋
（韦其麟 1955：56）

花が咲かない樹には実が結ばない
花が咲かない藤には瓜がならない
火で樹を焼かないと炭にならない
なんで雄鶏に卵が生めよう
（小野田耕三郎 1957：178）

## 5. 结语

少数民族叙事诗是少数民族民间文学性与诗歌结合的统一体，极具民族风格与地域特色。在经济全球化、文化多元化的背景下，我们既需要促进与传播中国少数民族文化在海外的影响力，同时也要把握他者视阈下对我国少数民族文化的研究与接受。

《百鸟衣》这一壮族长诗蕴含着文学性、叙述性的特点。本文主要论述了《百鸟衣》文本在中国国内的发展，以及韦其麟版本《百鸟衣》的文本特征，并且列举了典型性、集中性的问题进行分析与论述，但对于标题、拟声拟态词等方面尚未一一展开。通过对人名、称呼与地名翻译、文化负载词翻译、句法结构三个方面考述日本学者小野田耕三郎日译本《百鸟衣》的翻译策略，一定程度上弥补了对《百鸟衣》日译策略关注的不足。

## 参考文献


[1] 韦其麟 . 百鸟衣 [M]. 武汉：长江文艺出版社，1955.

[2] 魏蓓 . 作为民族的经典与传统——重读韦其麟的《百鸟衣》[J]. 广西社会科学，2020（10）：169-173.

[3] 小野田耕三郎 . 百鳥衣 [M]. 東京：未来社，1957.

[4] 杨瑞芳 . 文学作品中人名翻译问题浅析 [J]. 青年文学家，2017（8）：90.

[5] 松村明，佐和隆光，养老孟司，邵延丰 . 新世纪日汉双解大辞典 [M]. 北京：外语教学与研究出版社，2009.

[6] 松村明 . 大辞林 [M]. 东京：三省堂，2006.

[7] 陈寿 . 三国志 [M]. 北京：中国文联出版社，2020.

[8] 赵征编 . 诗经 [M]. 北京：线装书局，2013.

[9] 郑子宁 . 猴子为什么也叫做“马骝”［EB/OL］.（2016-02-10）[2021-06-17]. https://www.thepaper.cn/newsDetail_forward_1429748.

[10] 日本大辞典刊行会 . 日本国語大辞典 [M]. 东京：小学馆，2005.

[11] 刘半农 . 刘半农精品文集 [M]. 北京：团结出版社，2018.

[12] 刘岩，陈胜能 .《阿诗玛》宇田礼日译本的翻译策略查考 [J]. 民族翻译，2020（1）：51-59.

[13] 高英祺 . 跨文化翻译中的词汇空缺现象及其翻译方法分析 [J]. 科教纵横，2012（5）：263.

[14] 侯红锋 . 英汉语言中词汇空缺及其翻译 [J]. 湖北函授大学学报，2013（11）：132-133.

[15] 张岱著，王淑杰编 . 湖心亭看雪 [M]. 河北：河北少年儿童出版社，2019.

[16] 白居易著，谢思炜校注 . 白居易诗集校注 [M]. 北京：中华书局，2006.

[17] 刘岩，陈胜能 . 音韵·形式·意象:《阿诗玛》日译本的翻译风格探究 [J]. 翻译与传播，2020（2）：111-123.

[18] 韦诗诗 . 韦其麟诗歌《百鸟衣》的生态审美意蕴 [J]. 美与时代，2020（9）：99-100.

## 作者简介

刘岩，贵州大学外国语学院副教授，贵州大学日本研究所所长。研究方向：典籍翻译与传播及海外中国学、近代中日交流史。

王芾垚，贵州大学外国语学院日语笔译研究生。研究方向：民族典籍翻译与传播。

# 王安忆小说英译本比较研究
## ——以《小城之恋》和《长恨歌》为例 *

# A Comparative Study of English Versions of Wang Anyi's Novels: Taking *Love in a Small Town* and *The Song of Everlasting Sorrow* as Examples

王圆圆　黄华
WANG Yuanyuan　HUANG Hua

**摘要:**

王安忆的小说自 20 世纪 80 年代被译介到西方，在英语世界受到持续关注，这不仅与作品内容有关，而且与翻译密不可分，其中译者的翻译方法起到重要的作用。本文选取孔慧怡翻译的《小城之恋》和白睿文、陈毓贤合译的《长恨歌》进行对比分析，在二十年的时间跨度里比较两部小说在语言类本源概念、物质类本源概念、人称和句式等方面的翻译及其变化，并考查不同翻译方法背后的原因，以期为中国现当代文学作品的外译提供有益的经验和借鉴。

**关键词:**

王安忆；小说英译；《小城之恋》；《长恨歌》

**Abstract:**

Since Wang Anyi's novels were translated to the West in the 1980s, they have attracted continuous attention in the English-speaking world, which were not only related to the content of the works, but also closely related to the translation, in which the translator's translation strategy plays an important role. The paper selects the *Love in a Small Town* which was translated by Eva Hung in 1988 and *The Song of Everlasting Sorrow* which was translated by Michael Berry and Susan Chan Egan in 2008. In order to provide useful experience and reference for the spread of modern and contemporary Chinese literary works, the paper compares the translation and the changes of two novels in language class origin concept,

* 本文系北京市教委面上项目（SM201710028002）、北京市社会科学基金一般项目（19WXB005）的阶段性成果。

material source translation, person and sentence patterns in a span of 20 years, and examines the reasons behind the different translation methods.

**Keywords:**
Wang Anyi; Novel translation; *Love in a Small Town*; *The Song of Everlasting Sorrow*

## 1. 引言

由于东西方在阅读习惯、思维方式、审美品位、文化背景、意识形态等方面存在差异，中国现当代文学进入目标语世界并实现文化交流有着重重阻碍。中国文学海外推广网站纸托邦（Paper Republic）创始人，多年从事中国文学翻译的美国人艾瑞克·阿布汉森（Eric Abrahamsen）在2016年北京国际图书博览会上提到：中国文学从业者非常急迫地向外推广本土作品，但有意思的是，海外读者心中却完全没有“中国文学”这一概念，海外读者能看过一两本中国文学作品就已经很不错了……在这种情况下，王安忆作品获得英语世界的关注实属不易。王安忆大部分小说在英语世界的接受主要以学术研究为主，没有真正走入大众读者的视野，与预期的传播效果相差很远。从亚马逊网与好读网（Goodreads）上的读者评论来看，王安忆的作品中关于《长恨歌》的评论最多，其他作品的评论寥寥无几。（杜君艳 2018：5-6）《长恨歌》的英译本一经推介，便获得美国现代语言协会“洛伊斯·罗斯翻译奖”（Lois Roth Award for a Translation of a Literary Work）的提名，这是美国翻译领域的最高荣誉之一，也是对译者所秉承的翻译理念的赞许与肯定。（吴赟 2012：98-102）《长恨歌》的翻译为中国文化如何进入世界文化生产场提供了良好的示范作用，相比之下，王安忆早期的代表作《小城之恋》同样是以男女主人公的爱情故事为线索，虽在国内引起较大轰动，但在海外的传播效果却如深海微澜，其中的原因发人深思。

《小城之恋》的英译者是香港翻译界的领军人物孔慧怡（Eva Hung），译本于1988年由香港中文大学出版社推出。《长恨歌》的英译由汉学家白睿文（Michael Berry）和华裔学者陈毓贤（Susan Chan Egan）合译完成，并于2008年由哥伦比亚大学出版社推出，虽然小说由两位译者合译，但最后由白睿文统一润饰和修改，因而在涉及《长恨歌》的翻译时，本文将白睿文的翻译方法作为探讨重点。两个译本相距二十年，因为译者的态度、采用的翻译方法不同，所以存在不小的差异，下面将从语言类本源概念、物质类本源概念以及人称和句式三方面展开探讨并分析翻译方法变化的深层原因，以期把握不同翻译方法对译本与作品传播带来的影响，从而对中国现当代文学作品的外译和传播提供有益的借鉴。

## 2. 语言类本源概念的翻译：失落与保留

本源概念是指某一民族在其历史、社会、文化和思维方式发展过程中形成的特有概念（何元建 2010：211-217），主要包括语言类本源概念、物质类本源概念、社会类本源概念和政治类本源概念等四类。其中语言类本源概念是一种流传于民间的表达形式，包括成语、俗语、典故、谚语等，这里将主要探究《小城之恋》和《长恨歌》两部小说译本中对于语言类本源概念所采取的两种不同翻译方法。面对语言类本源概念，译者可以有两种选择：一种是通过直译，保留源语的语言形式和文化意象，以保留源语的民族色彩；另一种是通过意译，用目标语中相关的语言表达来解释源语，在翻译过程中虽然可以基本传达原文语义，但是造成了源语民族色彩的失落。（耿小超 2008：98-101）

通过对比可以发现，《小城之恋》在翻译中多采用意译的翻译方法，放弃或忽略了源语的语言特色表达，如以下几处：

（1）

（她）犹如练脚力的解去了沙袋，身轻似燕，如履平地。（王安忆 1988：110）

She felt so light and sure-footed, as if she had been doing weight-training and had just discard the sandbags tied to her feet. (Hung 1988：1)

“身轻似（如）燕”来源于中国历史名人“赵飞燕”，赵飞燕身材极瘦，体态翩翩，轻盈如燕子一般，因而有了“身轻如燕”的说法。此处为了形容《小城之恋》中女主人公舞态轻盈而运用这一表达。对比译文可以发现，译者在此处仅强调了“She felt so light and sure-footed”，即“她觉得自己是那么轻盈和稳健”，没有保留“身轻似燕”这一比喻手法，造成了意象的失落和审美韵味的贬损。

（2）

影院里，唯有一块屏幕光明着，活动着人影儿，人影儿演着悲欢离合的故事。（王安忆 1988：110）

In the cinema, only a screen is lit up, and human images move on it, enacting the joy and sorrow of life. (Hung 1988：6)

“悲欢离合”出自北宋苏轼的《水调歌头》，属于语言类本源概念，蕴含了生活中普遍存在的“悲、欢、离、合”四种常态。对比译文可以发现，“悲欢”（joy and sorrow）得到了翻译，而“离合”却被失落了，这一处理方式虽不会对阅读产生大的影响，但却弱化了汉语中原有的两相对照的表达特色。

在莫言的小说《生死疲劳》中，原文同样用到了“悲欢离合”一词：“天下万物，各有所司，生老病死，悲欢离合，都是规律使然，不可逆转。”（莫言 2006：306），译者葛浩文（Howard Goldblatt）却处理为“joys and sorrows, partings and reunions”（Goldblatt 2008：590），意义为“欢乐与悲伤，分离与团聚”，即将源语中成语的四重含义全部展现出来，更能凸显出汉语的特色。

（3）

> 伸手不见五指，如同堕入了深渊。（王安忆 1988：131）
>
> It's pitch black, like the bottom of an abyss. (Hung 1988：35)

“伸手不见五指”是汉语中形容环境黑暗的常用表达，属于语言类本源概念。译者在此处运用了意译的翻译方法处理为“pitch black”（漆黑一片），虽然意思无甚差别，但造成了“五指”这一意象的失落。在莫言的《红高粱家族》中，也运用了这一表达：“那天夜里黑得伸手不见五指”（莫言 2012：345），葛浩文却直接翻译为“It was so dark that father couldn’t see his hand in front of his face”（Goldblatt 1993：617），即“连面前伸出的手都看不见”，使用了夸张的修辞。葛浩文通过直译的方式保留了源语的意象，使得译文更能展现出原著的中国文化特色，而《小城之恋》的翻译中却轻视了对语言类本源概念中意象的翻译，殊不知“五指 / 手”的意象是这一俗语的灵魂。

（4）

> 那一夜的情景在心里已经温习了成千上万遍，温故而知新，这情景忽然间有了极多的涵义。（王安忆 1988：132）
>
> In his mind he has relived the experiences of that night thousands of times, and they have become so familiar to him that he begins to read endless meanings into them. (Hung 1988：37)

“温故而知新”是出自《论语》的典故，译者面对这一具有中国文化特色的语言类本源概念时，采用了意译的翻译方法，将其处理为“become so familiar to him”（他是如此熟悉），虽然意义上与原文近似，但是“温故而知新”包含两层意思，第一层是“温故”（consider the past）；第二层才是“知新”（know the new）。而孔慧怡的翻译不仅造成对这一典故的简化和曲解，而且无形中也减弱了对中国文化特色的传达。

相比之下，在《长恨歌》的翻译中，面对作品中具有异域风格的语言类本源概念时，白睿文基本采用了直译的方法保留了源语言中的意象。如：

（5）

程先生欲罢不能，拍了又拍，王琦瑶也有如鱼得水之感。（王安忆 2013：35）

Mr. Cheng could not help himself. He took shot after shot, and Wang Qiyao in turn took to the attention like a fish to water.（Berry 2008：41）

"如鱼得水"比喻遇到与自己十分投缘的人或非常适合自己的环境。译者将成语直译为"like a fish to water"（像鱼进入水中），通过运用与原文中相同的意象，来保留源语的话语信息、生动形象性以及美学价值，从而呈现出了地域差异性和文化独特性（许晓萍 2019：122-123），生动还原了小说原文的表达，让英语读者在理解故事情节的同时，加深对汉语特定表达的了解。

像这种语言类本源概念，《长恨歌》中还有很多，译者基本保留了源语中的固有意象，进行了直译。如将"排山倒海"直译为"toppling mountains and overturning the sea"（推翻山脉，颠倒水流），将"中流砥柱"直译为"stand fast amid the rushing currents"（在湍急的水流中稳稳地站立），将"封酒瓶子的嘴"形象地直译为"lips are sealed"等。这些直译的运用，既能够使读者准确理解原文内涵，又向英语世界展示了汉语的丰富表达形式。

对于语言类本源概念，白睿文在《长恨歌》中采用直译，能保留原文的文化意象和表达特点，因而具有一定的文化干预功能，能突出语言与文化差异，有利于发展多元文化，从而抵制欧美霸权文化，保护本土文化生态（杨柳 2003：10-12）。相较之下，孔慧怡在《小城之恋》采用的意译翻译，造成原文语言中民族色彩的失落，不能不说是一种遗憾。翻译实践可以充分体现出译者的立场和态度，通过对翻译方法的选择实现话语权力的建构与争夺，进而获得较多的资源或资本，最终取得文化的支配权力。

## 3. 物质类本源概念的传递：隐化与显化

在本源概念中，物质类本源概念指生活中的各种实物产品，如服饰、食物、建筑物等（武宇涵、刘兵 2021：86-88）。《小城之恋》和《长恨歌》的英译者对物质类本源概念采取了两种不同的翻译方法：隐化与显化。

在基于语料库的翻译研究中，本源概念的翻译有"隐化"和"显化"两种主要方法（王克非、黄立波 2007：101-105）。其中“隐化翻译”是指将源语中的信息变成目标语中依靠语境来传达的隐含信息（Vinay et al. 1995），这一方法具体表现为对源语文本的概括、忽略源语的部分成分等；“显化翻译”则与之相反，是指通过添加或直接明示，使源语中的隐含语言成分外露，亦称外显化、明晰化。

通过对比阅读，发现《小城之恋》中对物质类本源的英译多运用隐化的翻译方法，如：

（6）

她正一手抱一个孩子，站在门口，看街上孩子玩方宝。（王安忆 1988：190）

She is holding a child in each arm, watching the children on the street playing the five stones. (Hung 1988：102)

“玩方宝”，亦称打纸板，是一种中国传统的儿童游戏。因为纸板一般是用比较硬的纸壳相互交叉叠成方方正正的形状，而叫方宝，属于物质类本源概念。对比译文，可以看出，译者将其处理为“five stones”（五块石头），这显然是由于译者不了解中国传统文化而导致的误译，隐化了源语中具有中国特色含义的表达，未能向英语读者传递这一具有中国特色的民间游戏，或许将“方宝”翻译为“square cardboard”（方形纸板）更为妥帖，这样可以准确点明这一玩具的材料和形状。

相比而言，《长恨歌》的译者中在面对物质类本源的表达时，往往不惜笔墨，采用显化翻译的方法，试图让译本与原作具有同样丰富的内涵。如以下几例：

（7）

最先跳出来的是老式弄堂房顶的老虎天窗。（王安忆 2013：3）

First to appear are the dormer windows protruding from the rooftop tingzijian of those traditional longtang buildings. (Berry 2008：68)

图 1

老虎天窗，是指开在屋顶上的天窗。一般指在斜屋面上凸起的窗，方便房屋的采光和通风（杨晓 2015：27-29），属于物质类本源概念。老虎窗实际上是音译而来，源于英语“roof”的沪语谐音。上海开埠后，大量英国人的涌入使上海出现了很多英式建筑。因为英国天气严寒，为了降低建筑物上的雪负荷，建筑屋顶大多设计成尖顶或者斜坡形式。20 世纪 20 年代后，随着上海住房困难加剧，当地人就充分发挥石库门住宅二楼空间较高和有斜屋顶的优势，在二层和屋顶之间增建阁楼，为了提升阁楼的采光和通风，也在屋顶上开窗，这种窗便被称为“老虎窗”。因此，“老虎窗”一般特指上海石库门住宅里的屋顶窗（杨晓 2015：27-29）。

译者将“老虎天窗”译为“dormer windows”（老虎窗，屋顶采光窗）是一种直译；同时按照上述解释，老虎天窗是在斜屋顶上凸出的窗，因而译者在翻译时特意补充翻译出了“protruding”一词，即“突出的，伸出的”。通过显化翻译，译者将“老虎天窗”的特征描写得更为形象。

（8）

> 所谓“老克腊”指的是某一类风流人物，尤于五六十年代盛行。在那全新的社会风貌中，他们保持着上海的旧时尚，以固守为激进。“克腊”这词其实来自英语“colour”，表示着那个殖民地文化的时代特征。（王安忆 2013：306）
>
> “Lao ke-la” refers to a specific breed of debonair figures active during the fifties and sixties. These were the keepers of old-style Shanghai fashion in the new society, at a time when holding on to the past was considered radical. The term probably originated with the English word “old colour” or perhaps “old classic”, a remnant of the colonial culture of Shanghai in the day of the treaty ports.（Berry 2008：361）

“老克腊”特指盛行于老上海五六十年代的一类人物，因而可看作物质类本源概念。老克腊是指那些面对解放后的时代变幻，他们却依然保持解放前上海的生活习惯，如喜欢喝咖啡，钟爱爵士乐，平时使用手帕，多穿格子衬衫，裤子熨得平整，皮鞋擦得锃亮，头发油光水滑。即使再穷，也要维持绅士的生活状态（凌惠芬 2006：73），《长恨歌》原文中提到老克腊源于英语单词“color”的谐音，甚至搜狗百科词条里对老克腊的解释就直接引用了王安忆在这部小说中的表达。但词条中还有另一种解释是小说《长恨歌》原著中没有提到的，即“克腊”源于英文单词“Classic”，即“传统的，古典的，品位高的”（百科词条），基于此，“老克腊”代表着老上海人的一种格调——精致和考究，这种精致贯穿于上海文化。对比译文，可以发现此处连原著中都没有提及的第二种解释，译文却囊括了这两种可能性，与其说这是译者对上海文化的通晓，不如理解为是其在翻译工作中所下的大量功夫和用心。

不仅如此，《长恨歌》的原文中只提到了“克腊这词表示着那个殖民地文化的时代特征”，但译者却将“表示”调整翻译为“a remnant”（一种残余、一种剩余），强调这类人是老上海的一类遗留人物，而且下文中的确提到“像老克腊这种人，到80年代，几乎绝迹”，因而译者翻译此处时补充出“残余”之意可谓是锦上添花，这一显化方法的运用有利于帮助读者对后文内容的理解。

此外，《长恨歌》中出现了很多具有上海地方特色的建筑、家具以及美食，译者也大多采用显化的翻译方法。如将“弄堂”音译为“longtang”，“亭子间”音译为“tingzijian”，“核桃心木橱”直译为“walnut chest of drawers”等；在作品的第二部分中王琦瑶、严家师母、康明逊、萨沙围炉夜话的生活中，提到很多食物，译者基本都采用了直译，如“炸春卷”译为“deep-fried spring rolls”，“松子糖”译为“pine nut candies”，“红枣莲心粥”译为“lotus plumule and jujube stew”，“八珍鸭”译为“eight-treasure duck”，“蛏子炒蛋”译为“scrambled egg with shellfish”等。由此不难看出，对于物质类本源概念，白睿文采用显化的方法，向西方读者介绍了上海地方建筑名称、家具材质以及上海地方特色美食的食材。这一翻译方法致力于保留源语的信息，虽然会增加读者的阅读难度，但也加深了读者对作品异域风格的认知。

通过上述二者的对比不难看出，《小城之恋》英译本中较多隐性翻译方法的运用，保障了作品的流畅度，但减弱本土风情的传递和逻辑的表达；而《长恨歌》英译本中所采用的显性翻译的方法，虽然大多数情况下会使译文的表达偏于繁琐，但是能够把异域的文化特色最大化传递出来，能够把原文的意图思想准确地表达出来，从而使目标语读者能够从译文中获取更丰富的内涵。

## 4. 人称和句式的处理：侵入与重现

在面临源语文化和目标语文化之间的碰撞和冲突时，译者可以发挥主体能动性，对原文进行“侵入”，即基于对原文本的认识与理解，对原文进行解码重构，侵入原文世界探取信息（Steiner & George 2001）；也可以选择做一个透明译者，尊重原文，严格重现原有的表达。

在《小城之恋》的翻译中，孔慧怡倾向于发挥译者主体性，采用了“侵入”的翻译方法。如：

（9）

她对照着前后左右的镜子，心想以为她丑陋是绝不公平的，以为她粗笨也是绝不公平的。（王安忆 1988：111）

She looks into the mirrors around her, and thinks to herself: it’s unfair to say I'm ugly, and it's unfair to say I'm clumsy. (Hung 1988：7)

译者将原文中第三人称“她”替换成第一人称的“我”，让主人公直接发声，有力地表达了主人公因练坏体型而长期饱受嘲讽的怨愤。这一侵入的翻译凸显了译者强烈的性别意识，表现出译者对主人公的认同与同情。与此相类似的还有当别人嘲笑她是憨丫头时，她反驳道“其实我一点也不憨”，译者却将这一陈述句变成了疑问句“who says I am silly?”语气更加强烈。“侵入”的方法，提升了原作与译作之间的张力，使译作在传播过程中更凸显女性意识。

陈慧娴（Sylvia Chan）在谈到《小城之恋》时说，“对女性‘性’的肯定最终是对女性创造力的肯定。这个故事所传达的女权主义信息，以及它与女性作家的特殊关联是显而易见的。考虑到女权主义在中国仍然被嘲笑和蔑视的情况，这对于一个女作家来说是一个不小的成就。”（Sylvia Chan 1991：26）由于孔慧怡自觉或不自觉地将女性主义身份和立场带入翻译，西方读者眼中的《小城之恋》带有了女权主义色彩，但这与作者的本意相悖。王安忆多次否认自己是女性主义者，如在 1988 年接受美国密歇根大学教授王政访谈时，王安忆充分阐述了自己对女性主义的理解，否认自己是女性主义者，只不过在作品中重视对女性角色的刻画。“我确实很少单单从女性的角度去考虑东西，并不是想在作品中解决一个女性的问题，我没有这样想。”（吴义勤 2006：80）显然，由于译者的“侵入”，产生了文化信息的不对等移植。

相比而言，《长恨歌》的译者更尊重原文，忠实表达原文的意思。如以下几处：

（10）

（她）心里却说，你不知吃了人家多少放冲的牌，倒不说。（王安忆 2013：86）

Inwardly, she was fuming, Sasha, you have no idea how many times you won at the expense of others.（Berry 2008：186）

此处在《长恨歌》中，同样是写女主人公的心理语言，译者保留源语的第二人称表达。只不过在《长恨歌》中有很多人物的心理语言，译者都是运用斜体加以突出，在重现原文的基础上，方便了英语读者阅读。

（11）

夜里边，万家万户灭了灯，有一扇门缝里露出的一线光，那就是流言；床前月亮地里的一双绣花拖鞋，也是流言；老妈子托着梳头匣子，说是梳头去，其实是传播流言去。（王安忆 2013：10）

> Deep in the night, after everyone has turned out their lights, there is a narrow patch of light peeking out through the crack under someone's door-that is gossip. The pair of embroidered shoes in the moonlight beside the bed-that too is gossip. When the old amah, carrying her box of toiletries, says she is going out to comb her hair, she is actually off to spread gossip.（Berry 2008：12）

《长恨歌》的第一部分中王安忆运用大量笔墨来描写弄堂、鸽子、流言、闺阁等，特别是描写“流言”时，语句回环往复，一唱三叹，多运用排比的修辞，形成了《长恨歌》铺张绵密的主要语言风格特点。面对这些排比，译者没有偷工减料，取其大意，而是不厌其烦地重现原文的句式。如此处，原文连用三个“那就是流言”“也是流言”“传播流言去”来形容流言的“漫生漫长”，译文则用“that is gossip”“that too is gossip”“spread gossip”与原文一一对应，而且前两处中破折号的加入，使译文更加贴近原文解释说明的句式。译者对排比修辞的再现，可以让英语读者明确体会到王安忆细致绵密的语言风格。

对于这些异域风格的表达，英语读者评价如何呢？弗朗辛·普罗斯（Francine Prose）认为：弄堂及生活于此的人为小说诗意的描写提供了场景，这些散文化的片段在小说中不胜枚举，它们代表了一种真实而细致的上海生活。这些元素承当了故事的背景和外延，形成了上海独特的风貌，也是故事真正的韵味所在。宏大的叙事居于幕后，历史的变迁折射于琐碎的日常生活，故事在寻常巷陌中展开（曹文刚 2015：145-147）。江宝钗（Baochai Chiang）和罗林斯（J. B. Rollins）认为对弄堂微妙转变的捕捉，对日常生活细节的沉思——不仅是为了生存，而是为了活得更好（Baochai & Rollins 2009：65）。

由于《长恨歌》中存在大量具有上海和中国文化特色的词语和表达，加之作者开篇长段的弄堂描写，迈克尔·霍克斯（Michael Hockx）认为这部小说对于西方读者来说，有足够多的因素不利于“可读性”，甚至是“反可读性”的，比如对名字、地点和重大事件的引用。因而这本小说是“实验性的”，使阅读更加艰难，译者所面对的来自出版商的压力就是提高这本小说的“可读性”。但他个人很喜欢《长恨歌》，而且认为这些问题对译者和翻译提出挑战（Michael 2009：10）。可见，这些看似琐碎的语言被英语读者所认可，即译者重现原文的翻译方法促进了作品的传播。

通过上述三方面的分析可以看出，《小城之恋》在翻译过程中，由于译者采用了较多的意译、隐化和侵入等翻译方法，减弱了源语文化的传递和逻辑的表达，造成了文化信息的不对等移植，进而影响了作品在目标语世界的传播；而《长恨歌》在英译过程中，译者所采取的直译、显化和重现等翻译方法充分还原了原文的表达，有利于读者感知原作的写作风格，从而使目标语读者能够从译文中尽可能获得与本国读者同样的共鸣和美感（毛璇、毛海莹 2014：146-148），有利于促进译本在英语世界的传播。

## 5. 不同翻译方法归因探析

面对同一作家的作品，两位译者的翻译方法却大相径庭，究其原因，可以归纳为以下三个方面，即中国文化软实力的提升、中华民族文化意识的自觉凸显以及译者自身的翻译态度。

### 5.1 中国文化软实力的提升

《小城之恋》翻译于 20 世纪 80 年代末，当时中国的改革开放实施不久，经济、文化等各方面亟待发展，中外文化交流以文化输入为主，在这种情况下，译者外译时需要侧重于英语世界读者的接受情况。正因如此，译者无法不对其时代和背景妥协，因而主体性的发挥是建立在译者的知识结构以及历史背景构成的一种“成见”的基础上（贺晓旭、李艳 2013：20-21）。在“偏见”的制约和影响下，译者的理解具有历史性，即在当时的历史条件下，译者采用意译、隐化、侵入等翻译方法，旨在提高译本的可读性，从而打开英语世界的阅读市场。

《长恨歌》出版于 2008 年，新世纪以来，中国的综合国力不断增强，文化软实力相应提升，同时伴随着政府一系列文化发展策略的措施，实现了从弱文化到强文化的转变，更多中国现当代文学作品迈向世界，中国也在中外文化交流中由文化输入国逐步转变为文化输入和输出并举，中国文化有了更多的话语权，因而译者采用直译、显化和重现等方法，可以传递原汁原味的中国文化，更加符合西方读者的阅读期待。

翻译方法的变化不是古今一辙的，它具有复杂性，翻译方法的选择体现了两种语言背后隐形的文化实力对比。

### 5.2 全球化时代民族文化自觉意识的凸显

20 世纪八九十年代，美国文化处于强势地位，中国处于弱势地位，急需向世界展示中国文学，如“熊猫丛书”的推出，其实暗含着民族主义意味，承载着文化复兴的压力。因而译者在翻译时更加注重语言的简洁、流畅，更注重满足英语读者的期待视野以提高译者销售量。

迈入新世纪后，在全球化浪潮和民族主义势力的博弈下，文化呈现多样性，不断挑战和冲击着欧美的主流文化。在这种形势下，我们要保持自身的文化认同，还是向西方文化看齐？汤一介、乐黛云等学者多次提到“和而不同”的文化意识（汤一介 1997：32-33）。为了促成全球意识下文化多元发展的新形势，“和而不同”原则可以提供正面的价值资源。“和而不同”表现为各种文化“并育而不相害”“并行而不相悖”（乐黛云 1996：22-28）。费孝通在“和而不同”的基础上，进一步提出“文化自觉”意识。人类的文化处于世界文化统一体形成的前夜，是一个“要成而未成”的阶段，因而具有“战国”特点，其中多元一体的全球文化形式的出现值得重视。我们要努力朝着这一方向迈进，并为它准备条件，这就是要努力形成民族文化“自觉”意识（费孝通 2000：5-14）。这种主体意识就是要在全球化的格局中，提升对自身文化的认同，同时加强与异域文化的沟通；体现在翻译中，就是强调保留本国语言文化特色，充分发挥自身语言的优势，才能实现“各美其美、美美与共”的跨文化交流体系。

译者所采用的翻译方法与历史语境分不开，当混杂性成为全球化时代的特征，文化的频繁接触已经逐渐将他者的“他性” 磨去其使人焦虑的锋芒（耿强 2009：13）。在这种文化环境下，直译、显化、重现等方法有利于抵抗欧美的强势文化，传递本土文化体验，逐步形成新的审美体验，有利于中华文化“走出去”。

## 5.3 译者翻译观的不同

文学作品是传递文化的重要途径，翻译作为文化传递的第一步，译者承担了最重要的角色，译者的翻译观直接到影响翻译的效果。

《小城之恋》的译者孔慧怡，出生于香港，后在伦敦大学就读，毕业后任职于香港中文大学。从 1987 到 2007 年，她将人生中宝贵的二十年投入了香港《译丛》编译活动中。被她选入《译丛》的内容体裁广泛，海峡两岸暨香港的作品均有涉猎，且重点推出女性文学。她的翻译实践注重海外读者的接受，侧重于向海外读者展示中国传统，海外传播效果优良，为中国文化走出去作出了不可磨灭的贡献（葛文峰 2016：98-102+123）。

她认为：小说译者肩负着两种相异文化中介人的职责，翻译承担着教化民众的任务。因而译者在翻译时，可以量体裁衣、去补增删，甚至把自己的主观意志融入到译本中（孔慧怡 1999：50）。由此可见，孔慧怡强调发挥译者的主体性，让翻译实现再创作，拓宽原作的表达空间。特别是译者在面临源语文化和目标语文化之间的碰撞和冲突时，她倾向于选择意译、隐化、侵入等翻译方法。这导致其翻译忽略了王安忆作品中最有特色的部分——蕴含在文字中的中国地域文化传达。

白睿文在接受采访时坦言，希望自己是一个透明人。通过自己，原作可以在英语环境中开口说话，来传达原作的精神世界。如果译本中带有译者个人风格，那便不是一个成功的译者（吴赟 2014：48-53）。由此可见，在展示华语世界的过程中，白睿文在翻译中尽可能地追求对原文的尊重。

白睿文认为翻译，必须尊重原著精神，他绝不会为了受众而改变原著核心精神。在白睿文看来，受众的考虑只在选材上表现得更为明显。选材一旦确定，就要直接与文学对话，如他在翻译叶兆言的《一九三七年的爱情》时曾言：尊重原文其实是译者和作者之间一张“无字无形”的契约（花萌、白睿文 2017：79-84）。

在《长恨歌》的翻译中，白睿文为了让原作中上海风格最大化地呈现在读者面前，他不仅利用大半年时间与王安忆进行沟通，而且在翻译前亲赴上海，亲身体验小说中提到的街角和巷陌，用心感受东方都市的气息与神韵，从而能够在作品中更好地体现原著中的上海风情。此外，白睿文甚至还仔细比对了《长恨歌》原著的艺术衍生本，包括电影、电视剧、舞台剧等。他认为，这些影视改编的缺陷在于，为制造戏剧效果，不断地对人物进行发挥和创造（吴赟 2012：98-102）。这些努力都体现出白睿文从多角度把握王安忆作品风格和特色的用心，也可以看出白睿文坚持尊重原文的态度，反对对原著的创造性改写。

## 6. 结语

作为茅盾文学奖与法兰西文学艺术骑士勋章等国内外诸多文学奖项的获得者，王安忆在当代中国文坛上具有举足轻重的地位，研究其作品在海外的译介情况具有深远意义，但目前的译介工作仍远远不够，主要体现在以下两个方面。

一是王安忆许多优秀作品还没有得到翻译。如《发廊情话》获第三届鲁迅文学奖，《天香》获第四届“红楼梦奖”首奖，《启蒙时代》获第六届华语文学传媒大奖（刘苑 2018: 7）。然而这些作品中，只有小说《富萍》由葛浩文（Howard Goldblatt）翻译，并于 2019 年由哥伦比亚大学出版社出版，其他作品尚无英译本出版，这不能不说是一种遗憾。因此，我们应该提高民族文化自信，特别是对于作家而言，可以主动接洽有经验的汉学家，将更多的优秀文学作品介绍到海外，提高中国现当代文学作品的曝光度。

二是部分译作的翻译质量不够理想，缺乏更多译本。如《小城之恋》中由于采用较多的意译、隐化和侵入等翻译方法，弱化了本土风情和逻辑的表达，对作品传播产生了不利影响。我们期待更多译本的出现，为英语读者提供更多的选择，从而让中国故事和汉文化元素更好地展现在外国读者面前，将中国文化的魅力向世界传播。

20 世纪 90 年代以来，以《译丛》为代表的期刊发表了王安忆的《荒山之恋》《叔叔的故事（节选）》《名旦之口》《街灯底下》等小说。由于 90 年代后，翻译出版界逐步过渡到市场化，形成了独立的非官方文化立场，坚持中外文化交流中的“调和持中”精神（葛文峰、李延林 2014：88-92），因此在《小城之恋》等作品的翻译中，译者具有较大的翻译自主权。新世纪以来，以哥伦比亚大学出版社为代表的西方出版社推介的王安忆的作品还有 *Sisters*（《妹头》）、*Years of Sadness: Autobiographical Writings of Wang Anyi*（《忧伤的年代：王安忆自传作品选集》）等（郝莉 2013：58-62），秉承尊重原著的翻译态度，较多地展现了原作的写作风格和异域风采，从而实现了更好的传播效果。因而在当今多元一体的文化格局中，我们应该增强对自身文化的认同，勇于展现本土文化特色，才能在激烈的文化竞争提升中华文化的影响力。

## 参考文献

[1] 曹文刚 . 王安忆作品在海外的译介、传播与接受 [J]. 哈尔滨师范大学社会科学学报，2015，6(02)：145-147.

[2] 杜君艳 . 传播学视域下王安忆小说在美译介与接受研究 [D]. 重庆：四川外国语大学硕士学位论文，2018：5-6.

[3] 费孝通 . 文化自觉和而不同——在“二十一世纪人类的生存与发展国际人类学学术研讨会”上的演讲 [J]. 民俗研究，2000，(03)：5-14.

[4] 葛文峰 . 孔慧怡与香港《译丛》：文学编译及海外传播 [J]. 广东外语外贸大学学报，2016，27(03)：98-102+123.

[5] 葛文峰，李延林 . 香港《译丛》杂志与中国文化翻译出版——文化“走出去”的成功案例 [J]. 出版科学，2014，22(06)：88-92.

[6] 耿强 . 全球化与翻译策略：异化・归化・航入 [A]. 广西外国文学学会 . 东方丛刊，2009：13.

[7] 耿小超 . 翻译中的直译与意译 [J]. 中北大学学报（社会科学版），2008(S1)：98-101.

[8] 郝莉 . 浅论王安忆英译作品的出版与传播 [J]. 中国出版，2013(06)：58-62.

[9] 何元建 . 论本源概念的翻译模式 [J]. 外语教学与研究，2010(03)：211-217.

[10] 贺晓旭，李艳 . 从乔治 • 斯坦纳的翻译四步骤理论看译者主体性——以辜鸿铭《论语》译本为例 [J]. 英语广场，2013(02)：20-21.

[11] 花萌，白睿文 . 多方努力，共促中国当代文学的世界性阅读——翻译家白睿文访谈录 [J]. 中国翻译，2017，38(01)：79-84.

[12] 孔慧怡 . 翻译・文学・文化 [M]. 北京：北京大学出版社，1999.

[13] 老克腊 [EB/OL].[2022-01-15]. http://blog.sina.com.cn/s/blog5d0c397b0100ee8n.html.

[14] 乐黛云 . 文化相对主义与“和而不同”原则 [J]. 中国比较文学，1996(01)：22-28.

[15] 凌惠芬 . 时髦外婆 [J]. 上海采风，2006(10)：73.

[16] 刘苑 . 新世纪王安忆小说的隐喻叙事研究 [D]. 江苏: 江南大学硕士学位论文, 2018: 7.

[17] 毛璇，毛海莹 . 汉英古诗词翻译过程中的认知补充——以温家宝总理记者招待会为例 [J]. 现代语文 ( 语言研究版 )，2014(11)：146-148.

[18] 莫言 . 生死疲劳 [M]. 北京：作家出版社，2006：306.

[19] 莫言 . 红高粱家族 [M]. 北京：作家出版社，2012：345

[20] 汤一介 . “和而不同”原则的价值资源 [J]. 学术月刊，1997(10)：32-33+20.

[21] 王安忆 . 小城之恋 [M]. 中国作家协会创作研究室，小城之恋：新时期争鸣文学丛书 . 吉林：时代文艺出版社，1988.

[22] 王安忆 . 长恨歌 [M]. 北京：人民文学出版社，2013.

[23] 王克非，黄立波 . 语料库翻译学的几个术语 [J]. 四川外语学院学报，2007(06)：101-105.

[24] 吴义勤 . 王安忆研究资料 [M]. 济南：山东文艺出版社，2006：80.

[25] 吴赟 . 中国当代文学译介伦理探讨——以白睿文、陈毓贤英译《长恨歌》为例 [J]. 中国翻译，2012，33(03)：98-102.

[26] 吴赟 . 中国当代文学的翻译、传播与接受——白睿文访谈录 [J]. 南方文坛，2014(06)：48-53.

[27] 武宇涵，刘兵 . 基于汉英双语平行语料库的本源概念翻译研究——以莫言小说《红高粱》及其英译本为例 [J]. 山西能源学院学报，2021，34(02)：86-88.

[28] 许晓萍 . 基于英语词汇学的隐喻成语翻译方法研究 [J]. 江西电力职业技术学院学报，2019，32(12)：122-123.

[29] 杨柳 . 文化资本与翻译的话语权力 [J]. 中国翻译，2003(02)：10-12.

[30] 杨晓 . 浅谈建筑中的老虎窗 [J]. 建材技术与应用，2015，(04)：27-29.

[31] Baochai Chiang & J. B. Rollins. Review: The Song of Everlasting Sorrow; A Novel of Shanghai [J]. *World Literature Today,* 2009: 65.

[32] Goldblatt, H. *Red Sorghum: A Novel of China* [M]. New York: Viking Penguin, 1993: 617.

[33] Goldblatt, H. *Life and Death are Wearing Me out* [M]. New York: Arcade Publishing, 2008: 590.

[34] Michael Berry & Susan Chan Egan. *The Song of Everlasting Sorrow: A Novel of Shanghai* [M]. New York: Columbia University Press, 2008.

[35] Michael Hockx. *Song of Everlasting Sorrow: A Novel of Shanghai* [M]. MCLC Resource Center Publication, 2009： 10.

[36] Steiner, George. *After Babel: Aspects of Language and Translation* [M]. Shanghai: Shanghai Foreign Language Education Press, 2001.

[37] Sylvia Chan. Book Review: Love in a Small Town [J]. *The Australian Journal of Chinese Affairs,* 1991： 26.

[38] Vinay, Jean Paul and Jean Darbelnet. *Comparative Stylistics of French and English: A Methodology for Translation* [M]. Amsterdam/Philadelphia: John Benjamins Publishing Company, 1958/1995.

[39] Wang Anyi. Love in a small town [J]. *Hong Kong: Renditions Paperbacks,* 1988.

## 作者简介

王圆圆，硕士，北京十二中教师。研究方向：中国现当代文学、翻译研究。

黄华，博士，首都师范大学副教授，匹兹堡大学访问学者。研究方向：中国现当代文学、海外汉学。

# 外译中研究

# “五四”诗歌翻译与创作之考辩

## ——一个互文性视角研究*

# The May 4th Poetry Translation and Chinese New Poetry: An Intertextual Perspective

冯正斌　汪学冰
FENG Zhengbin　WANG Xuebing

**摘要：**

五四新文化运动期间，在西方文学思潮涌动的时代语境中，国内知识分子的思想解放意识空前觉醒，打破传统文学束缚、提倡新文学形式的呼声日益高涨。作为传统文学之正宗，诗歌被视为文学变革的首要对象，文化先锋纷纷投身外国诗歌汉译实践，借此突破传统诗歌陈规，重构中国诗歌创作规范。中国新诗发展与五四诗歌翻译之间有着千丝万缕的联系，外国译诗的到来不仅为中国新诗提供了文化滋养，亦加速了中国新诗现代化的征程。本文基于互文性理论，以郭沫若、徐志摩、胡适等代表人物的译诗与新诗作品为典型案例，探讨五四诗歌翻译与中国新诗创作在文学思想、创作主题以及诗歌形式上的互文联系，明晰五四译诗对中国新诗发展的促进作用。

**关键词：**

五四诗歌翻译；中国新诗；互文性

**Abstract:**

During the New Cultural Movement, Chinese intellectuals devoted themselves to the translation of foreign poetry under the influence of ideological trends in western literature. They strived to break through the stereotypes of traditional Chinese poetry and construct a different norm for new poetry creation. The development of Chinese new poetry was inextricably linked with the May 4th poetry translation, for the translated poetry not only provided cultural nourishment for it; but also accelerates its journey of modernization. Based

* 基金项目：本文为国家社会科学基金西部项目“贾平凹小说英译中的中国形象建构研究”（20XYY004）的阶段性成果。

on the intertextuality theory, this paper takes Guo Moruo, Xu Zhimo, and Hu Shi's translated and new poetry as typical cases to explore the intertextual relationship between the May 4th poetry translation and Chinese new poetry creation, aiming to discuss how translated poetry promote the development of Chinese new poetry.

**Key words:**

May 4th Poetry Translation; Chinese New Poetry; Intertextuality

## 1. 引言

中国传统诗歌追求格律工整，关注人生现实，在内容上多寄情于景抒发个人情思，或感时伤逝言咏家国情怀，于千百年文学历史中形成了“文以载道、歌以咏志、诗以言情”的诗学理念。唐朝时期，中国传统诗歌发展至鼎盛时期，其创作成果之丰、形式之多、风格之繁无不令人称奇。宋元期间，传统诗歌一再转型，“由诗而词，由词而曲，苦苦挣扎了 400 年”（张国伟 2015：316），却难以赓续“诗必唐，唐必盛”的辉煌成就。至明清时期，在文学教条约束与政治思想钳制的双重压力之下，传统诗歌创作被套上了沉重的枷锁，逐渐走向衰落。五四文学运动前后，西方文学思潮涌入，中国文学处于急速转型之中，人们迫切地要求与传统文学彻底决裂。在向域外世界求索的过程中，外国诗歌翻译成为了这一时期中国诗歌发展的合理选择，胡适、鲁迅、徐志摩、郭沫若、闻一多等文化先锋在吸收传统审美观念的同时，率先将各种形式、风格和流派的外国诗歌译介至中国，他们将诗歌翻译与诗歌创作相结合，颠覆了中国传统诗歌观念，引发诗坛剧变，催生中国新诗。

“中国新诗诞生于一场试图以文学作为启蒙手段进行思想革命的白话文运动”（陈琳 2019：30），见证了社会变迁之际民众革新意识的觉醒与社会启蒙思想的萌发。中国新诗融合五四译诗的异质元素，不断汲取外国诗歌的文化滋养：其一，“译诗不仅使新诗形式得以创新，而且使新诗形式得以增多，丰富了中国新诗的形式观念”（熊辉 2008：32）；其二，“译诗成了中国新诗自身传统的有机组成部分并给中国新诗带来了有别于传统诗歌的创作资源和创作经验”（同上），为身处变局的中国诗坛注入新鲜血液，不仅促进了中国新诗的蓬勃生发，亦推动了五四时期知识分子尝试建构现代化诗歌体系的步伐。鉴于五四诗歌翻译与中国新诗创作之间的复杂关系，本文拟从互文性视角切入，探讨两种活动在文学思想、创作主题以及诗歌形式上的内在关联，阐述五四译诗对中国新诗发展的积极影响。

## 2. 互文性理论概述

互文性理论生发于结构主义和后结构主义的理论思潮中，其本质上是一种文本理论。20世纪60年代末期，法国符号学家茱莉亚·克利斯蒂娃（Julia Christeva）在俄国学者巴赫金（Mikhail Bakhtin）“复调小说”“对话理论”“文学的狂欢节化”等概念的启发下，于《符号学》一书中首次提出“互文性”（intertextualité）这一术语，用以指涉不同文本间的相互联系。她认为“任何作品的文本都是像许多行文的镶嵌品那样构成的，任何文本都是其他文本的吸收和转化”（转引自黄念然1999：15），即任何文本都并非孤立存在，而是处于和其他文本不断互动、相互关联的动态网络之中，“复制、剪裁、模仿甚至体裁、母题等都可以成为一种互文的手段”（罗选民2021：111）。互文性理论所涉思想体系十分庞杂，涵盖结构主义、后结构主义、符号学等西方主要文化理论，覆盖了西方文学艺术中一系列重大问题，内容相对晦涩难懂，因此在发展初期并未引发广泛关注，整体影响力有限。至1970年，法国结构主义学者罗兰·巴尔特（Roland Barthes）在其出版的《S/Z》一书中对互文性展开积极探讨，并在《从作品到文本》《文本的快乐》《文本理论》等文章中多次宣传并阐释互文性，方才使得互文性理论从克利斯蒂娃艰涩的著述中脱颖而出（秦海鹰2004：21），并在不断丰富与发展之后衍生出狭义与广义两大分支。狭义互文性以法国批评家热奈特（Gérard Genette）和里法泰尔（Michael Riffaterre）为代表，认为文本的互文性是指“一个具体文本与其他具体文本之间的关系，尤其是一些有本可依的引用、套用、影射、抄袭、重写等关系”（同上：26），强调文本以及存在于文本内部的其他文本之间的联系。广义互文性以克里斯蒂娃和巴尔特为核心代表，所阐释的互文性是指“文学作品和社会历史（文本）的互动作用（文学文本是对社会文本的阅读和重写）”（同上），此时的“文本”不仅包含狭义概念上意指的文学文本，也涵盖社会历史语境等非文学文本，互文性因此成为“抽象文本与具体文本以不同排列组合所发生的互动关系”（乔洁2021：32），使其应用范围更为广泛。

本文采用广义互文性概念阐释五四诗歌翻译活动与中国新诗创作间的动态关系。五四诗歌翻译活动依赖于特定社会历史语境进行，在“提倡新文学、反对旧文学”以及追求思想解放的时代背景下，译者通过译介外国诗歌打破中国传统诗歌理念，并在翻译过程中汲取译诗之“新”，重构中国诗歌创作规范。在这一过程中，非文学文本（社会历史语境）与文学文本（外国诗歌、中国新诗）不断交织互动，构成五四诗歌翻译与中国新诗创作在文学思想、创作主题以及诗歌形式上的多重互文关系。五四诗歌翻译期间，郭沫若、徐志摩以及胡适积极倡导诗歌翻译活动，在《新青年》《创造季刊》《新月》等重要刊物上发表大量译诗，并积极投身新诗创作，对中国诗歌的发生发展产生了深远影响。因此，下文拟择选郭沫若、徐志摩和胡适的译诗与新诗为观测点，以典型作品为例管窥五四诗歌翻译与中国新诗创作的互文联系。

## 3. 五四诗歌翻译与中国新诗创作的互文性诠释

### 3.1 文学思想之互文

“文学文本是思想的载体，外国诗歌的翻译必然会为中国社会引入新思想和关于社会、人生的新理念”（熊辉 2007: 5），从而为新诗歌的诞生与发展提供思想养分。五四诗歌翻译活动适逢社会动荡、时代变迁之际，人们从思想上、政治上和文化上都强烈呼吁一种新鲜力量，先进知识分子东奔西走，积极探索文化上的救亡之道。在此背景下，诗歌作为传统文学之正宗，成为文学变革的重要对象，文人志士纷纷将目光投射至外国诗歌作品，希冀通过翻译活动传递其中蕴含的民主思想，以此鼓舞国内争取思想解放、追求民主自由的文化运动。外国译诗的到来动摇了旧体诗歌的文学根基，深刻影响了中国新诗的创作思维，建构起译诗与新诗在文学思想上的互文联系，典型案例如郭沫若译诗《坦道行》和新诗《天狗》的创作。

徒步开怀，我走上这坦坦大道，
健全的世界，自由的世界，在我面前，
棕色的长路在我面前，引导着我，任我要到何方去。
从今后我不希求好运——我自己便是好运底化身；
从今后我在不欷嘘，在不踌躇，无所需要，
雄赳地，满足地，我走着这坦坦大道。
—— 郭沫若译《坦道行》节选

我是一条天狗呀！
我把月来吞了，
我把日来吞了，
我把一切的星球来吞了，
我把全宇宙来吞了。
我便是我了！
—— 郭沫若《天狗》节选

郭沫若在日本留学期间结识了日本近代作家有岛武郎，作为惠特曼诗歌的狂热爱好者，有岛武郎在与惠特曼进行思想对话的漫长过程中创作了一批闪烁着自由与解放之光辉的文学作品。在有岛武郎的影响下，郭沫若逐渐吸收了惠特曼诗歌中个性解放、自由平等的文学思想，在新诗创作中一反“天人合一”的传统观念，创作了《晨安》《天狗》《凤凰涅槃》等一系列灵活洒脱且激昂奔放的诗歌。惠特曼是美国诗歌史上一位里程碑式的人物，他在美国精神的鼓舞下锐意创新诗歌形式，“铸就美国诗歌独特风貌，开辟新诗新纪元，引领 20 世纪现代诗歌发展方向”（谢志超、贾佳 2019：81），其灵秀飘逸的诗风和民主进步的思想在 *Song of Open Road* 一诗中尤为明显。诗中惠特曼以“我”指代世间每一个独立的个人，歌颂人类的自我价值，宣扬自由与平等的精神。郭沫若在 1920 年与宗白华的书信中将该诗译为《坦道行》，并表示“我想永远在这健康的道路上，自由自在地走着，走到我死日为止”（宗白华 2006：92），充分体现出郭沫若对惠特曼诗歌文学思想的精神共鸣。译诗中“我自己便是好运底化身”“在不欷嘘”“在不踌躇”等词再现了原诗中对个人、对自我的赞扬，诗歌语言热情奔放，极具打破传统、挣脱束缚的爆发力。郭沫若的新诗创作深受惠特曼诗歌影响，其中不乏对民主进步思想的体现。在《天狗》一诗中，郭沫若以大胆奇特的想象和鲜明生动的比喻赞颂了进步青年对于旧社会、旧传统的“叛逆精神”，在前两个诗节中诗人以“天狗”的形象自居，勾勒出一幅“天狗”冲破禁锢吞噬日月、星球、宇宙的宏伟画面，正如“五四”时代进步青年挣脱封建秩序的枷锁一般势不可挡。第三个诗节将全诗推向高潮，描写吸收了日月精华、积蓄宇宙能量的“我”在天地间“如烈火一样地燃烧，如大海一样地狂叫，如电气一样地飞跑”，塑造出一位个性张扬、激情活力、思想开放的主人公形象，与惠特曼诗歌中“个性解放、肯定自我、追求自由”之文学思想形成互文关系。

惠特曼的诗歌创作拥有冲破传统诗歌形式的魄力，语言节奏鲜活明快，字里行间洋溢着自由、进步、解放之思想，受到郭沫若、胡适、闻一多等人青睐。一方面，译诗中的文学思想恰与彼时国内的社会语境相契合，成为先进知识分子打破旧思想束缚的利器；另一方面，郭沫若等人在阅读、翻译惠特曼诗歌的过程中，受到其中民主思想的熏陶，逐渐形成热烈恣意的创作风格，最终外显于新诗创作中，建构起社会语境、外国译诗与中国新诗在文学思想上的互文网络。在这一过程中，外国诗歌的文学思想经译诗推介后唤醒译者精神共鸣，不断激活译者的创作灵感，不仅为中国新诗创作提供了宝贵的艺术资源，亦助力现代诗人形塑起焕然一新的创作风格，推动中国新诗现代化体系的构建。

## 3.2 创作主题之互文

中国旧体诗歌在数千年的发展与嬗变中衍生出多元化创作主题，包括山水风景、田园生活、边塞战争、官场沉浮、咏史怀古、羁旅漂泊、闺怨思妇、友人惜别、悼亡追思、道德说教等等。大量传统诗歌作品中不乏对古代生活的刻画描摹、个人情怀的慨叹抒发以及精神理念的阐释叙述，但在古代儒家文化价值观念与封建思想体系的影响之下，古代诗歌扎根人生现实，很少关注“人性的孤寂”，并且“忌死讳欲”（汤富华 2011：19），整体上呈现出含蓄、内敛的创作特征。然而，外国诗歌在启蒙思想的浸润下，极尽宣扬人的主体意识，将情欲与生死都视为人之本性，并乐于以情爱与死亡叙事为视点积极探索人性本质，与中国旧体诗歌创作理念形成鲜明对比。五四诗歌翻译活动将外国现代诗歌的创作精神传递至国内，为新诗诗人提供了全新素材，他们将“死亡”以及“情爱”等内容应用在其新诗创作中，建构起五四译诗与中国新诗在创作主题上的互文联系，例如徐志摩译诗《死尸》与新诗《残春》。

我爱，记得那一天好天气
你我在路旁见着那东西；
横躺在乱石和蔓草里，
一具溃烂的尸体。
它直开着腿，荡妇似的放肆，
泄漏着秽气，沾恶腥的粘味，
它那痈溃的胸膛也无有遮盖，
没忌惮的淫秽。
火热的阳光照临着这腐溃，
化验似的蒸发，煎煮，消毁，
解化着原来组成整体的成分，
重向自然返归。
——徐志摩译《死尸》节选

昨天我瓶子里斜插着的桃花，
是朵朵媚笑在美人的腮边挂；
今儿它们全低了头，全变了相：
红的白的尸体倒悬在青条上。
窗外的风雨报告残春的运命，
丧钟似的音响在黑夜里叮咛：

"你那生命的瓶子里的鲜花也
变了样；艳丽的尸体，谁给收殓？"
——徐志摩《残春》

徐志摩是现代新月派的核心人物，极力主张白话入诗，在西诗汉译的实践中不断汲取外国译诗的现代化特征，并将其融汇于新诗创作中，形成"译""作"相长的互动关系。1924 年 12 月，徐志摩于《语丝》周刊第 3 期发表了法国"恶魔"诗人波德莱尔（Charles Pierre Baudelaire）的诗歌译文《死尸》，并在文中对该诗及波德莱尔赞叹不已。译诗《死尸》中大胆描写了一具腐烂的尸体，"秽气""恶腥的粘味""痈溃的胸膛"以及"蝇蚋在烂肉间喧哄"等细节刻画为读者带来强烈的冲击感。然而，诗人波德莱尔面对一具溃烂的尸体却没有在诗歌中抒发悲惨、伤感之情，反而对其欣赏不已，甚至将死尸设想为一位"肉身虽腐、灵魂不灭"的美人，在诗中写道"你，我愿望的明星！照我的光明！""我的心永远葆着你的妙影，即使你的肉化群蛆"，体现出对死亡无惧无畏的精神，这在徐志摩的新诗创作中亦有所体现。徐志摩的新诗《残春》写于 1927 年 4 月，刊载于 1928 年 5 月 10 日《新月》第 1 卷第 3 号，全诗描绘了一幅风雨过后桃花落败的景象，与译诗中的死亡主题相互呼应。徐志摩并不避讳以"死亡"入诗，将风雨摧残后凋谢的桃花写作是"红的白的尸体倒悬在青条上"，暗合译诗中"死尸"的意象。中国传统观念认为"死者为大"以及"入土为安"，因此即使部分旧体诗中提及悼亡追思和生离死别的内容，也多是"通过对物死人亡的描写间接地抒发离别之苦、丧国之辱、功名无着、人生苦短、富贵无常等悲苦情怀"（同上：18），类似译诗和新诗中对尸体的直接描写几乎很少出现，这也体现出徐志摩在诗歌创作中寻求"新"与"变"的大胆尝试。此外，诗中虽然写到了死亡与尸体，但却使用了"红的白的""艳丽的"等形容词，并未传递出悲苦之感，与译诗中不惧死亡、不畏死亡、不避死亡的创作理念形成互文联系。

中国传统诗歌注重描摹生活现实与人生境遇，"情爱"与"死亡"等叙事主题在传统思想体系中被视为是不雅、不正的代名词，背离了传统诗歌的风雅之名，因而对此避之不及。然而，外国诗歌在追求自由与人性解放的时代语境中却对"情"与"死"等人之本性津津乐道，并诉之于诗文，折射出中外国诗歌与中国传统诗歌在创作主题上的激烈冲突。伴随五四时期译诗热的不断升温，徐志摩等人在西方文学思潮的影响下逐渐摆脱了旧体诗歌的传统理念，积极引用外国诗歌中对人性本质的探索与思考，重塑中国诗歌的创作主题。徐志摩在其译诗中保留了大量死亡叙事，积极采撷并应用于新诗创作，颠覆了中国旧体诗歌创作理念，促成五四翻译诗歌与新诗作品在创作主题上的互文关系。

### 3.3 诗歌形式之互文

中国旧体诗歌讲究多种对称形式，诗体上多齐言体，经分行后呈现出整齐划一、对仗工整的视觉效果，如五言诗、七言诗等。在叙事方式上，中国旧体诗歌多无主语，讲求以虚带实，即以语境来确定主位人称，即使出现叙事人称，也多半是单一固定的第一、第二人称，例如“我”“吾”“余”“卿”“汝”等等，而第三人称“他”则很少出现（汤富华 2013：35）。在音韵节奏上，古典诗歌用韵规整，“主要依靠‘顿’来组织诗歌中的音节”（高健 2020：57），从而形成诗歌的节奏感，多为固定化的“2-3/2-3”或“2-2-3/2-2-3”。例如：

> 红豆 / 生南国，春来 / 发几枝？（王维《相思》）
> 好雨 / 知时节，当春 / 乃发生。（杜甫《春夜喜雨》）
> 锦瑟 / 无端 / 五十弦，一弦 / 一柱 / 思华年。（李商隐《锦瑟》）
> 人间 / 四月 / 芳菲尽，山寺 / 桃花 / 始盛开。（白居易《大林寺桃花》）

然而外国诗歌多直接使用人称代词，多人称叙事的方式不仅赋予诗歌语言以丰富饱满之感，也“为描述个人经验、抒发个人感情提供更加方便和直接的表现手法”（汤富华 2013：36），使得诗歌叙事更加真实自然。音韵方面，外国诗歌经历了早期“以头韵为主，兼有尾韵”、中期“以尾韵为主，兼有头韵”以及早期现代诗歌“注重诗的抑扬顿挫、基本不带韵”的阶段性变化（陈国华 2021：25），整体注重将诗意与音韵紧密结合，音节划分方式更加自然流畅，韵律使用更加自由生动。五四诗歌翻译期间，胡适等人在译介大量外国诗歌的过程中逐渐看到中外诗歌在多人称叙事以及音韵使用上的差别，并从外国诗歌中受到启迪，在新诗创作中革故鼎新，为中国新诗突破旧诗体之藩篱提供了有益参考，形成五四译诗与中国新诗在诗歌形式上的互文联系，例如胡适译诗《关不住了》和新诗《应该》。

> 我说 /：“我把心 / 收起，
> 像人家 / 把门 / 关了，
> 叫爱情 / 生生的 / 饿死，
> 也许 / 不再和我 / 为难了。”
> 但是 / 五月的 / 湿风，
> 时时 / 从屋顶上 / 吹来；
> 还有 / 那街心的 / 琴调

一阵阵的 / 飞来。
一屋里 / 都是 / 太阳光，
这时候 / 爱情 / 有点 / 醉了，
他说，/“我是 / 关不住的，
我要把 / 你的心 / 打碎了！”
—— 胡适译《关不住了》节选

他也许 / 爱我，
也许 / 还爱我，
但他 / 总劝我 / 莫再爱他。
他常常 / 怪我：
这一天 / 他眼泪汪汪的 / 望着我，
说道 /：“你如何 / 还想着我”？
你想着我 /，又如何能 / 对他？
你要是 / 当真 / 爱我，
你应该 / 把爱我的心 / 爱他，
你应该 / 把带我的情 / 待他。”
—— 胡适《应该》节选

胡适是五四译诗活动的先行者，1917 年 1 月，胡适于《新青年》杂志第 2 卷 5 期发表《文学改良刍议》一文，力倡破除旧文学之陈规，宣扬以白话文为主的新文学。该文一经发表便引发了社会各界热议，其中虽不乏质疑讥讽之音，但该文对于促进中国新诗发生发展的重要作用却是无可否认的。1919 年 3 月，胡适于《新青年》杂志发表白话自由体译诗《关不住了》，该诗来自美国诗人莎拉 · 蒂斯黛尔（Sara Teasdale）的 *Over the Roofs*，胡适在译诗中保留原诗的自由体特征，实现了对外国诗歌形式的吸收与转化，成为其“新诗的纪元”。首先，从诗形上来看，胡译诗突破了传统诗歌齐言体的形式，诗句长短不一、错落有致，但又并非“乱”的毫无规律：每一行诗句几乎都可分为三个音节，营造出“乱中有序”的平衡感。其次，译诗中以第一人称“我”的视角自叙，同时保留了第二人称“你”和第三人称“他”，将主人公的心理活动与所见所感娓娓道来，直白朴实的话语间情感自然流露，显得更为真实动人。此外，旧体诗歌的音节停顿虽然在节奏上达到了整齐划一的效果，但难免有些机械、僵化，在听觉效果上也有乏味、枯燥之弊。其实，胡适早期的白话诗创作未能突破旧体诗歌的限制，仍然保留了单一化的音节形式，在构建新体诗歌形式的不断摸索中，胡适从外国诗歌中看到多元变化的音节形式所带来的自然之感，逐渐意识到传统音节对诗歌创作的限制力，他指出“第一，整齐划一的音节没有变化，实在无味；第二，没有自然的音节，不能跟着诗料随时变化”（胡适 2003：30），于是在译诗和新诗创作中不断进行“诗体大解放”的尝试。译诗中的音节划分随诗意而变，符合白话文表达的自然停顿，听觉效果上的起伏变化有所增强，使诗歌语言更加鲜活灵动。从韵律来看，《关不住了》原诗是偶数行押韵，译诗首先保留了原诗的用韵方式，使用了宽韵，但又别出心裁地使用了同一尾字，“关了”“难了”“吹来”“飞来”“醉了”“碎了”，形成同音同韵的效果，极大地超越了中国旧体诗的创作体式。

胡适的新诗《应该》同样创作于 1919 年 3 月，二者在诗形、叙事方式以及音韵上体现出极大的相似性，即互文联系。新诗采用了同样的布局方式，长短诗句交替带来视觉上的新鲜感，除第一、二、四行外，每行诗句按照三音节排列又满足了诗行间的对称性，凸显出中国新诗的现代化特征，与译诗如出一辙。从叙事方式来看，新诗采用了译诗的多人称叙事特点，同样以第一人称“我”的视角展开叙述，同时引入了旧体诗中少见的第二、第三人称“你”和“他”，将主人公身处三角恋情中的纠结与犹豫之感和盘托出，是对译诗叙事方式的“引用”或“套用”。就音节划分而言，全诗的音节组合为“3-2/2-3/2-3-4/3-2/3-6-3/2-3-4/4-4-2/3-2-2/3-5-2/3-5-2”，巧妙吸纳了译诗融诗意于音节的特点，颠覆了旧体诗歌的形式。在韵律形式上，新诗结合了随韵和抱韵的形式，整体上呈现出“aaba aaba bb”的特点，诗中尾字的重复照应了译诗同字同韵的用韵方式，即“爱我”“怪我”“望着我”“想着我”“爱他”“对他”“待他”，再次与译诗形成互文性。

传统诗歌拘泥于文言文叙事对字句对仗和用韵典雅的要求，呈现出“重形轻义”的倾向，不仅掩盖了诗歌核心要义的表述与阐发，“更严重束缚人们的思想表达和情感抒发”（鲁雪莉、王嘉良 2021：126），逐步演变为一种“文字优先的诗歌游戏技术表演”（王泽龙 2021：79），最终导致传统诗歌走向僵化与衰落的结局。五四译诗的白话叙事、自然音节以及自由诗体让译者看到现代诗歌的自由向度与情感张力，赋予中国诗歌改头换面的力量与决心，为中国新诗创作提供了创作形式的蓝本，被众多新诗诗人模仿借用，助力新诗破除传统诗歌的形式束缚。胡适的新诗借鉴了外国诗歌句长不一的形势特点，并打破了旧体诗歌单一人称的叙事传统，在音韵节奏的排列方式上吐故纳新，推动国内新诗创作实践向好发展，构成五四译诗与中国新诗在诗歌形式上的互文联系。

## 4. 结语

五四文学运动时期，自由、进步、科学的民主思潮涌动，国内追求文学思想解放的呼声日益高涨，传统诗歌体系在求“新”求“变”的社会语境中濒临瓦解，工整严谨的格律音韵以及雕琢虚饰的文言辞藻影响了真情实感的自然抒发，与崇尚解放的新文学理念严重不符，重构诗学传统已然是大势所趋。然而，传统诗歌体系发展极为成熟，其核心理念在古代文学肌理中盘根交错，改造固有范式之路步履维艰，新诗创作应当何去何从成为一大难题，进退两难之际，新诗先锋在域外文明中上下求索，最终在外国诗歌中找到了参照答案。“诗歌翻译关乎语言艺术，关乎文化指涉，关乎文学再创作，关乎情感再体验”（孙太、文旭 2022：87），五四诗歌翻译不仅为中国新诗创作提供了可资借鉴的形式范本与丰富多元的素材，亦从精神思想上给养彼时尚显孱弱的新诗萌芽，“推动着现代新诗在艺术的轨道上不断探索和进步”（熊辉 2020：145），助力现代化新诗体系的形塑与建构。本文从广义互文性视角出发，以郭沫若、徐志摩和胡适三位新诗代表人物的典型译诗与新诗作品为例，详细探讨了五四译诗与中国新诗在文学思想、创作主题以及诗歌形式上的互文关联，阐述五四翻译活动对中国新诗发展的积极作用。值得注意的是，本文在探析二者互文关系之余，并不否认传统诗歌文化对中国新诗的孕育作用，中国传统诗歌在千百年历史中积淀的深厚底蕴无疑是新诗在中国诗坛生长、蓬发的温床。

## 参考文献

[1] 陈国华 . 诗歌翻译的五个公设、三个标准和一个原则——以《再别康桥》的英译为例 [J]. 亚太跨学科翻译研究，2020 (2)：11-35.

[2] 陈琳 . 空间重构与五四新诗的发生 [J] . 现代中文学刊，2019 (3)：30-36.

[3] 高健 . 破“旧”立“新”：论胡适的新诗对称形式实验 [J]. 东岳论丛，2020 (9)：56-67.

[4] 胡适 .《尝试集》自序 . 尝试集 . 胡适全集：第 10 卷 [M]. 安徽教育出版社，2003.

[5] 黄念然 . 当代西方文论中的互文性理论 [J]. 外国文学研究，1999 (1)：15-21.

[6] 鲁雪莉，王嘉良 . 越文化视域下的诗歌新变与中国文学现代转型 [J]. 浙江社会科学，2021 (2)：125-132+159.

[7] 罗选民 .《红楼梦》译名之考：互文性的视角 [J]. 中国翻译，2021 (6)：111-117.

[8] 乔洁 . 互文性视域下的文学对外译介与国家形象建构——以 1978—1989 年间的 *Chi-*

*nese Literature* 为中心 [J]. 山西大学学报（哲学社会科学版），2021 (5)：31-38.

[9] 秦海鹰 . 互文性理论的缘起与流变 [J]. 外国文学评论，2004 (3)：19-30.

[10] 孙太，文旭 . 论译诗难与译者的双语言问题——从拜伦《哀希腊》汉译本说起 [J]. 外语教学，2022 (1)：83-88.

[11] 汤富华 . 论“五四”诗歌翻译对中国新诗内容的影响 [J]. 中国翻译，2011 (3)：16-19+96.

[12] 汤富华 . 消解与重构——论“五四”诗歌翻译对中国新诗表现技艺的影响 [J]. 中国翻译，2013 (5)：35-39.

[13] 王泽龙 . 新诗语言诗学传统及其当代启示 [J]. 中国文学批评，2021 (4)：73-80+157.

[14] 谢志超，贾佳 . 影响与创造：新文化运动以来惠特曼《草叶集》在中国的译介 [J]. 西安外国语大学学报，2019 (4)：81-85.

[15] 熊辉 . 五四译诗与早期中国新诗 [D]. 四川大学，2007.

[16] 熊辉 . 五四译诗与中国新诗形式观念的确立 [J]. 西南大学学报（社会科学版），2008 (3)：30-34.

[17] 熊辉 . 论诗歌翻译与中国新诗创作的三重关系 [J]. 广东社会科学，2020 (2)：142-149+255-256.

[18] 张国伟 . 中国诗歌发展史（下）[M]. 河北教育出版社，2015.

[19] 宗白华等 . 三叶集 [M]. 安徽教育出版社，2006.

## 作者简介

冯正斌，博士，长安大学外国语学院教授，硕士生导师。研究方向：中国文学外译、外宣翻译。

汪学冰，硕士。研究方向：中国文学外译。

# 《黑玫瑰》李尧汉译本注释中的文化形象建构

# Cultural Image Construction in Li Yao's Annotations of *The Rose Crossing*

**梁林歆　贺荣**

**LIANG Linxin　HE Rong**

**摘要:**

文章在形象学理论的指导下考察研究《黑玫瑰》李尧汉译本注释中对原著文化形象的改变，并就译注的文化功能进行相关解读。通过注释形象分析，文章发现译者强化了“被推上断头台的国王”及“丑陋的上流社会人士”两类异域他者形象；重塑出符合目标语文化期待的自我形象，展现出译者“去异域化的文化回归”与“去小说化的史学自觉”；注释所建构的双重文化形象具有文化解释、文化传播、文化拓展三方面功能。文章通过研究译本注释的表现及功能，拓宽了翻译与文化形象的跨界研究，以此进一步反向探索文化形象建构对于中国文学“走出去”的意义。

**关键词:**

《黑玫瑰》；译注；形象学

**Abstract:**

Under the guidance of the theory of imagology, this paper studies the cultural image changes and interprets the cultural function of Li Yao' s annotations of *The Rose Crossing*. Through the analysis of the annotated images, this paper finds that the translator has strengthened two images of the Other, namely "the King Guillotined" and "the ugly upper class". The annotations also have reshaped the self-image in line with the cultural expectation of the target language context, and demonstrated the translator' s "cultural return of de-foreignization" and "historical consciousness of de-fiction". The dual cultural images constructed by the annotation have three functions: cultural explanation, cultural dissemination, and cultural expansion. By studying the expression and function of the translation annotation, this paper expands the trans-boundary study of translation and cultural image, so as to further reversely explore the significance of the construction of cultural image for the Chinese literature "going globally".

**Keywords:**

*The Rose Crossing*; Annotation; Imagological approach

## 1. 引言

尼古拉斯·周思（Nicholas Jose）是澳大利亚著名文学家，其作品大多涉及中澳文化的交流。其所著小说《黑玫瑰》（*The Rose Crossing*，1994）融历史、想象和爱情故事于一体，表现了不同文化的冲突与融合。本文拟运用形象学理论（Imagologie/Imagology），研究《黑玫瑰》李尧汉译本注释中的文化形象。形象指“群体象征系统”或“群体标记”，它既可能指政治形态上的国家或民族形象，亦可以指一些较小的次属文化群体形象（狄泽林克、方维规 2007：153）。《黑玫瑰》中同时展现了以庞普尔、罗斯为代表的西方形象，以及以卢陆、太昭为代表的东方形象。于作者周思而言，前者是“自我形象”的书写，后者是“他者形象”的建构。而翻译打破了这一关系。乔普·莱斯恩（Joep Leerssen）多次强调“观察者的位置”在自我与他者形象研究中的重要性（Leerssen 2007），就翻译而言，这位“观察者”首先是译者。译者李尧以“他者”的身份重新审视西方文化，在“自我”的注视下实现东方文化的现实回归。翻译中的注释是副文本的重要组成部分（Genette 1997）。副文本，顾名思义，并非存在于正文内容，而是扮演着一种辅助作用，在翻译的过程中外显译者身份从而推动文化形象的构建。通过把形象学与翻译研究相结合，我们的意图并非挖掘异域形象的现实性或生命度，而是探讨译者如何自我理解和重塑这些异域文化形象，是“自我”与“他者”的互动。

译者李尧结合目标语语境的期待视野和阅读习惯，对原文添加了 45 处原创性注释[1]。主要包括西方宗教神话的阐释，政治、历史、天文学等领域专业名词的解释，自然景观及地名的补充介绍，拉丁语引文的翻译，文学作品及其作者的背景介绍，以及中国相关形象的补充说明。这些注释拥有丰富的文化解释、传播及拓展功能。因此，本文将从形象学的研究视角和方法，分析李尧原创性注释中的文化形象建构方式及其功能。通过对译注文本的剖析，本文拟从“异域他者形象的显现”和“自我形象的现实回归”两类文化形象着手，以具体事例加以说明并分析其文化功能。

## 2. 异域他者形象的显现

“他者形象”指在“文学化”与“社会化”的运行中“对他者看法的总和”（巴柔 2001a：120）。异域他者形象的显现指译注者对原著中西方形象内涵的提升与强化，使原来的文化形象由模糊变得清晰。莱斯恩指出，形象就是指文学作品或非文学作品中注视者“脑海中建构的一个人、一个团体、一个民族或一个国家的形象并以话语的形式表现出来”（Leerssen 2007）。李尧出于解释尼古拉斯·周思原作中隐含的异域文化因素，在译注中对相关词汇做了显化处理，从而使其文化形象得以显现。

## 2.1 被推上断头台的国王

在序幕一节中，《黑玫瑰》率先告知了本文故事产生的英格兰历史背景。通过文中“Monarchy is dead. Long live the republic! ”[2]等词句，我们可以自然联想到英国历史上唯一被公开处死的国王——查理一世（Charles I）。此时正值英格兰上下风雨飘摇之际，封建王权与民主政治争执不休。译者对序幕中英格兰内战时期的情形做了显化处理与深入挖掘，通过“反抗”与“拥护”的对立强化了原文中隐略的被推上断头台的国王形象。

（1）

原文：Delia cherished Lord Brougham' s words after he passed from their midst. In the summer of 1651 he set off with doubtful heart to command a parliamentary force and only his corpse returned, in state.（Jose 1994：8）

译文：布鲁姆勋爵去世之后，迪莉娅一直十分珍视这番忠告。1651年夏天，勋爵疑虑重重地去指挥一支国会军的部队，结果马革裹尸，堂而皇之地回到府邸。（李尧 1997：8）

（2）

原文：To expel Popple and his brood would defile Lord Brougham's memory and she had no intention of that. She wished only to know how they proposed to honour the charity Lord Brougham had boundlessly bestowed. Lady Brougham fancied that the boy Henry might join the army, not perhaps the wrongfooting parliamentarians, but the old royalist remnant.（Jose 1994：9）

译文：驱逐庞普尔和他的妻子儿女自然会玷污已故勋爵的名声，所以她并不打算这样做。她只想知道他们打算如何报道恩重如山的布鲁姆勋爵。布鲁姆夫人认为，男孩子亨利可以参军。不是已经方寸大乱的国会军的部队，而是保王党的残余部队。（李尧 1997：8）

在句（1）中，译者对“国会军”的注释为“17 世纪英国内战时期反抗查理一世的议会党人的部队”。译者对句（2）中的“保王党”一词做出如下注释：“此处指拥护英王查理一世的保王党成员。”名称与称谓一直被认为是最简单直接的人物刻画手段之一（Chatman 1980；Rimmon-Kenan 2002）。在原文中，作者仅仅以国王被推上断头台的情节为引子，自始至终不曾点出查理一世的姓名，仅以 the king（国王）相称。而李尧在译注中不仅直接点明其身份，同时为读者勾勒出了英国内战时期国会军与保王党对立双方的大致轮廓。这样不仅能够使对这段历史不甚了解的中国读者更加理解故事发生的背景，同样强化了被推上断头台的国王的形象，进一步说明英国此时处于风云变革之局，增强了文章的历史感与文化张力，为后文庞普尔、罗斯等人的海外之旅提供了更为浓厚的社会背景。

## 2.2 丑陋的上流社会人士

《黑玫瑰》部分内容反映了西方近代社会的精神苦闷、道德沦丧以及面临的精神危机，揭露了贵族上流阶层的堕落与丑恶。庞普尔的妻子迪莉娅，由于生活所迫，不得不抛头露面独自寻找皇家学会主席阿斯利·内维尔。为了使自己的丈夫能在“雪松号”上谋得一席之地，她不惜出卖自己的身体，从而利用这一份薪水保全自己的社会地位。而文中提到过的两个时间点，译者在做注释时，均挖掘并强调了其“忏悔”内涵，流露出批判西方近代上流社会的灵魂空虚与道德沦丧之意。

（3）

原文：Your husband shall be our ambassador on the voyage of the Cedar—to sail from Hull, I believe. He shall have the post of ship’s doctor. You, madam, shall be salaried on his behalf. She sails before Lent. (Jose 1994：29)

译文：你的丈夫将成为“雪松号”的全权代表。我想，是从哈尔港出发。他的职位是船上的医生。你嘛，夫人，可以来领他的薪水。“雪松号”在大斋节前启航。（李尧 1997：28）

（4）

原文：He led Rosamund and her horse towards the house that with sunset panes was settling into darkness. Come Ash Wednesday he would be alone, aboard the ship, committed to his work. He would be upright and noble, sorrowing, steadfast. (Jose 1994：32)

译文：他领着罗莎蒙德和她的马向那幢房子走去，玻璃窗映射着落日的余晖，霞光正融入暮色。四旬节的第一天，他便独自在船上干活了。他将显得那么正直、高尚、坚定，当然心中会充满凄苦。（李尧 1997：31）

莱斯恩明确指出，特定形象固定特征的形成是他性和自我身份相互作用的结果，因为他者形象和自我形象之间的关系是相对的，自我形象总是以观察者所处的位置为参照点（Leerssen 2007：29）。句（3）中，内维尔在面对迪莉娅诱惑的回应中提到了“大斋节”。译者在解释“大斋节”时说道：“指复活节前为期四十天的斋戒及忏悔，以纪念耶稣在荒野禁食”。此外，译者对句（4）中“四旬节的第一天”注释为“罗马天主教在这一天向忏悔者头上撒灰”。Lent 与 Ash Wednesday 均为基督教用语，在原文中或仅起着在特定历史时期标记时间的功能。而译者在注释中还原了其“忏悔”之意，暗示读者基督教对西方人扭曲心灵的理疗功能。这不仅能帮助读者了解基督教文化的相关信息，了解异域宗教思想与现实语境的对话关系，更与文中皇家学会主席内维尔等人的所作所为形成了鲜明对比，突出了基督教之“忏悔”对西方精神境界应有的提升作用，为陷入各种欲望困惑中的西方人指点迷津，从而获得精神世界的救赎。

## 3. 自我形象的现实回归

形象并非客观固有的，而是根据“注视者文化中的模式、程序而重组、重写的”（巴柔 2001b：157）。自我形象的现实回归指译注者对原著中国形象本质的挖掘与求索，使异域化与小说化的文化形象重新搭建起其中国现实语境下的程式。文中所设中国时代背景为明末清初之际，并展现了该时期的特定文化形象。译者不仅对上文中的异域文化形象做了详细的注释，同时也对这些囊括于目标语群体文化视野的内容给予了充分的关注。

### 3.1 去异域化的文化回归

（5）

原文：The port of Zayton was sluggish, its greatness silted up by centuries. Fishing boats, coastal transports, traders to Manila and Formosa, occasional privateers were its regulars, and the craft of the unofficial navy of Koxinga, moving in glimpses up and down the coast. Long oceangoing voyages to east and south had ceased by imperial command, and the mighty vessels were no longer built in the shipyards.(Jose 1994:60)

译文：泉州港一片萧条，悠长的岁月阻塞了它的繁华。平常，海港里只有几条渔船，沿海岸航行的帆船，到马尼拉和福摩萨的商船，偶尔也有几条私掠船。远处，非官方的海军船舰在海面游弋。帝国政府明令禁止向东方和南方远航。船厂里再没有正在建造的大型船只。（李尧 1997：58）

（6）

原文：After sunrise the abbot, in a robe of brocade, came on board with a train of young monks and quivering girl dancers to drive ghosts and demons from the craft. Banners and poles topped by carved wooden hands and wooden orbs were paraded round the desk to prepare the way for Matzu the seafaring god and the lesser gods of the Farseeing Eye and the All-hearing Ear who keep voyagers in mind of home.(Jose 1994：83-84)

译文：太阳升起之后，一位方丈身披锦缎袈裟，登上甲板，身后跟着一群年轻的和尚和啰哩啰唆的女孩儿。他们准备跳舞，从船上驱除妖魔鬼怪。仪仗队高举着顶端镶着木头雕刻的手掌和眼珠的旗帜和竹竿在甲板上转了一圈儿，为妈祖和保佑航海者不忘故土的“顺风耳”“千里眼”开路。（李尧 1997：78）

如句（5）所示，译者在译文中将 Formosa 直接音译为“福摩萨”。“福摩萨”乃葡萄牙殖民者于 16 世纪对中国台湾省的命名，若译者保持音译没有对此进行注释，中国读者便会将此中国固有领土与上文中的菲律宾城市马尼拉（Manila）等量齐观，从而产生文化误读、身份误读等问题。而台湾是中国国土不可或缺的重要组成部分，译者有责任和使命在该问题上表明态度及立场，避免歧义。因此译者在保持原文语境风格的同时，又通过注释的手段满足了政治使命上的文化回归，实现了“双赢”。同样，在句（6）中，原作者虽对“妈祖”这一形象做了适当补偿，称其为 the seafaring god，但根据柯林斯词典，Seafaring means working as a sailor or travelling regularly on the sea.（seafaring 一词指作为水手工作或定期在海上出行。）这与中国文化中的妈祖形象有所出入。故译者在注释中补充说道：“妈祖：我国台湾和福建沿海渔民供奉的神，每逢出海远航即拜祭妈祖，祈求平安。”

在此过程中，我们不难发现，周思在进行文学创作时将中国形象进行异化或简略，以适应西方文化群体的认知范畴。对于这些异域化的中国形象，李尧保持充分的译者自觉意识，在忠实于原文的同时，对这些形象进行注释性的补偿。无论是李尧揭开殖民主义时期“福摩萨”的惨痛历史，坚定认为台湾是中国固有之领土，还是其充分肯定以中国东南沿海为中心的海神信仰，对“妈祖”的重新“归化”（Domestication），都表现出李尧对中国形象强烈的文化回归意识。

## 3.2 去小说化的史学自觉

*The Rose Crossing* 作为一部小说而非史书，虽基于真实的历史背景展开叙事，但必然含有作者的二次主观创造，将历史事件“小说化”。而《黑玫瑰》在部分译文中，刻意贴近了原本的历史形象与框架，暗含了“去小说化”的翻译倾向，显示出了回归史学正统的译者自觉。

（7）

原文：As news followed of old emperor Wan Li’s ranking grandsons, collaterals of Chongzhen, claiming the mandate to rule, with support of valiant generals and loyal scholars, enthroned one by one and exterminated one after another by the invaders, Lou Lu grieved. The Prince of Fu was executed, the Prince of Gui sent on the road. Yet Lou Lu kept his counsel. He hid and protected the orphan prince, concealing his ambitions for the youth.(Jose 1994：67)

译文：之后，老皇帝万历的嫡孙——崇祯皇帝的旁系亲属——在忠于大明朝的文臣武将的支持下一个一个地登基加冕，称帝为王，又一个一个地被清朝统治者消灭。听到这些消息，卢陆黯然神伤。福王被杀，桂王逃亡，只有卢陆维持着这个风雨飘摇的“小朝廷”。他隐藏并且保护失去双亲的太昭，为这个少年人包裹着宏大的志愿。（李尧 1997：64）

在世界诸民族中，中华民族可能是最具历史感的民族（刘成纪 2010：48）。《黑玫瑰》的叙事模式为历史架空叙事。所谓历史架空叙事，是指“对历史撰述加以虚拟改变”，使情节在作者的指引下“戏剧性地虚拟演进”（许道军、张永禄 2011：77）。原文中“福王”与“桂王”是创设于已有的历史记载之上，但此时的“福王”与“桂王”仅仅只是大明王朝拥有皇位继承权两个代名词，并不指涉史书中真实存在的历史人物，并不以复刻真实发生的历史事件为目的。对于原文读者而言，“福王”与“桂王”的存在并没有历史价值。

而李尧并不仅仅将福王与桂王视作小说人物，而是保持中国自古以来的史学自觉。在句（7）中，李尧为“福王”注释道：“明神宗万历的嫡孙朱由崧，崇祯十七年（1644 年）五月即帝位，是崇祯政权覆灭后，明皇室在南方建立的第一个南明政权。1645 年 5 月，清兵破南京，福王被俘，后被杀于北京。”同时译者对句中“桂王”做出如下注释：“明神宗万历嫡孙朱由榔，1646 年 10 月监国于肇庆，未几称帝，1662 年被吴三桂绞杀于昆明。”李尧适当补充说明了福王与桂王在史书上的政治及生平经历，不仅增加了《黑玫瑰》一文的历史厚度，更重要的是，充分反映出其文化身份所融会的历史惯性与史学自觉。

这种“去小说化的史学自觉”能够帮助抽象的文化形象重新找到根植于现实的真实性。《具身心智》（*The Embodied Mind*）一书中提到，“认知依赖于身体所具有的诸感知运动能力以及随之而来的种种经验”（Varela, Rosch & Thompson 1991：172）。这种具身认知（embodied cognition）能带给目标语读者沉浸式的体验，增强读者对小说本身的认同感，削弱其对于跨文化书写的距离感与陌生感。同时这样的翻译操作也能够在跨文化传播中推进译文与读者的关系，从而更好地实现原作的译介。

## 4. 译注在文化形象建构中的功能

无论是对于目标语语境而言较为陌生的异域他者形象，还是根植于本民族文化的自我形象，《黑玫瑰》中的原创性译注对这些多维文化形象均做出了解释补充，展现出了译注的多重文化功能。

### 4.1 译注的文化解释功能

李尧非常注重读者意识，始终以目标语语境的文化接受能力与心理预期为落脚点，估量其可能欠缺的知识背景与文化视野，强化其语境的张力。除却上文的例句，《黑玫瑰》中能够体现文化解释功能的译注如下：

（8）

原文："What do you want for it?" asked Edward.

"On this day? A half-sovereign to see me through."(Jose 1994：3)

译文："你要多少钱？"爱德华·庞普尔问。

"今儿个？半金镑就打发我了。"（李尧 1997：3）

金镑（sovereign）：英国口语中的说法，等于 20 先令。

（9）

原文：The match was arranged by Delia's brother when Popple was a youth of promise at the Inns of Court, and Edward, at any rate, considered himself lucky to have a pretty, smiling bride whose fair complexion complemented her well-informed mind.(Jose 1994：7)

译文：这桩婚事是迪莉娅的哥哥一手安排的。那时候，爱德华是法律协会一位前程远大的青年。而爱德华不管怎么样，都觉得能娶这样一个美丽的、面带微笑的姑娘为妻是一桩幸事。她天生丽质，博闻强记，无可挑剔。（李尧 1997：7）

法律协会（the Inns of Court）：英国伦敦具有授予律师资格权的四个学术团体，即 Inner Temple，Middle Temple，Lincoln' Inn 和 Cray' s Inn。

（10）

原文：The study limbs—part leg, part fin—bigger than a dunce's cap, were brewed with plates from the underbelly of the carapace to make a rich soup that Lou Lu drank with relish, its surface floating with the leaves, like miniature waterlilies, and orange trumpet flowers of nasturtium.(Jose 1994：247)

译文：短粗的四肢——半腿半鳍——比"笨蛋高帽"大一点儿，和下腹部、甲壳一起熬成十分鲜美的汤，卢陆喝得津津有味。汤上漂着很小的睡莲的叶子，旱金莲桔黄色的喇叭花。（李尧 1997：229）

笨蛋高帽（dunce cap）：旧时学校作为惩罚，给成绩差的学生戴的一种圆锥形纸帽。

译者的注释需要译者对原文中隐含的文化背景具有敏锐的识别和挖掘能力，特别是针对中国读者在西方文化上的薄弱环节加以必要的补充。句（8）中的“金镑”，句（9）中的“法律协会”，句（10）中的“笨蛋高帽”对于大多数普通中国读者而言无疑是陌生的。这些陌生化的异域形象若直接照搬至汉语译文，则会影响文本的可接受性，而在正文对这些概念作出补偿又会损害行文的通畅简练。通过适当添加注释，可以更为有效地解释原文中的文化形象，避免对原文的曲解，增强译本的可理解性，保留异域的文化信息，发挥其在翻译文化中不可或缺的解释效力。

## 4.2 译注的文化传播功能

形象学强调形象作为一个“社会文化构念”（a cultural construct）的本质特征，形象不是本质主义下的固定民族、群体特征，而是在社会选择和传播过程中逐渐形成的特性和身份（Leerssen 2007: 24）。李尧并未不假思索地全盘接受西方的文化形象，全盘认同西方对中国文化形象的异化，而是在保持原文忠实度的基础上，通过注释对异质文化形象进行适度的筛选、调整与批判。译注对异域他者形象的显现，以及对自我形象的现实回归增强了《黑玫瑰》汉译本的接受度，扩大了其读者群，从而进一步推动了尼古拉斯 · 周思作品在中国的接受与传播。具体例子如下：

（11）

原文：They were on Drake' route to the Hesperian Isles, he boasted. (Jose 1994：51)

译文：他夸口说，他们走的是德雷克开辟的航线，通往西方极乐群岛。（李尧 1997：49）

西方极乐群岛（Hesperian Isles）：希腊神话中金苹果园所在地，亦作 Isles of the Blest。

（12）

原文：Lou Lu was the navigator. He squinted into the astrolabe. The sun and the stars were in different places. (Jose 1994：95)

译文：卢陆成了领航员。他闭着一只眼睛看星盘，太阳和星星都变换了位置。（李尧 1997：87）

星盘（astrolabe）：旧时天文学者用以测定天体位置的仪器。

（13）

原文："I directed the rudder as I threw the divining sticks," commented the eunuch drily. (Jose 1994：141)

译文："我是靠占卜杖确定航向的，"老太监冷冷地说。（李尧 1997：130）

占卜杖（divining stick）：古代以迷信的方法探矿的一种木叉，据说寻得矿脉、水源等，木叉即自动弯曲。

在句（11）中，若没有对"西方极乐群岛"的注释，中国读者可能会将其理解为佛教中的"极乐世界"，从而对希腊神话形象产生偏离与误解。句（12）中"星盘"的注释有助于在目标语语境传播西方天文学知识。句（13）中的注释有利于读者理解所谓的"占卜杖"与"确定航向"之间究竟有何联系，传播阐释语境的文化常识。翻译在当今中国文化发展过程中所扮演的角色已经发生了巨大的变化，我们已经"从传统的引进外来文化和文学为主变为向世界介绍中国文化和文学为主"（Sun & Wang 2008：83）。译注的此番文化传播功能能够为中国文学走向世界提供助力。

### 4.3 译注的文化拓展功能

莱斯恩在《形象学：历史和方法》一文中指出形象研究重视的是"跨越国家和民族的各种关系"，而并非关注"单纯的民族身份问题"（Leerssen 2007：29）。李尧对西方文学及其形象具有强烈的开放包容意识，十分重视其中的文化精华。译本对原文中出现的西方文学巨匠均以注释评之。如下：

（14）

原文：…withdraws means the tide going down; the mind is less now, but will return, and it is now that one can see the rock-pools.

William Empson

Some Versions of Pastoral (1953)

(Jose 1994：126)

译文：思想的流动犹如潮水涨落，只有落潮之时才看得见潮水潭的礁石。

威廉・燕卜荪

《田园牧歌》（1935）

（李尧 1997：117）

（15）

原文：…the wise Chinese in the fertile wombe
Of Earth doth a more precious clay entombe…
Andrew Marvel,
An Elegy upon the Death of
My Lord Francis Villiers
(1648)
(Jose 1994：144)

译文：……在大地母亲的怀抱，
聪明的中国人
用肥沃的泥土
营造更加辉煌的坟墓……
安德鲁·马韦尔
《献给弗朗西斯·维利尔斯的哀歌》
（1648）
（李尧 1997：133）

（16）

原文：The laws of the vegetable kingdom are themselves governed by other laws increasingly exalted.
Marcel Proust,
Sodom and Gomorrah Ⅰ (1921)
(Jose 1994：163)

译文：植物王国的法则是它们被别的、不断完善自己的法规所制约。
普鲁斯特
《所多玛和蛾摩拉》
（李尧 1997：152）

在原文第三部分“无名之地”（Place uncertain）6、7、8 小节开头，作者分别引用了燕卜荪、马韦尔、普鲁斯特作品中的内容为自己本节故事的展开奠定感情基调并暗示情节走向。作者引用这些文学作品的目的仅仅是辅助其自身的小说创造，而译者并不局限于此。注释补充了所引西方文学名匠的生平、流派、风格等内容，拓宽了中国读者对西方文学的认识，从而使《黑玫瑰》的内涵得以超出 *The Rose*

*Crossing* 一书本身的文化价值，再生出属于译者自己的文化拓展功能。

在例（14）中，译者为“燕卜荪”注释道：“燕卜荪（William Empson，1904—1984）：英国诗人和文学评论家，曾任教于北京大学（1937，1947—1952）和昆明西南联大（1939），当过英国广播公司中文部编辑，诗作有《诗歌》，论著有《晦涩的七种类型》等”。译者突出燕卜荪与中国、中文的联系对文章本身的理解并无过多贡献，但却强化了《黑玫瑰》一文跨越东西方文化的厚重感与精神价值，并且能为中文读者拓展“燕卜荪”的文化身份。

在例（15）中，译者为“安德鲁·马韦尔”注释道：“安德鲁·马韦尔（Andrew Marvell，1621—1678）：英国玄学派诗人，议员（1659—1678），著名诗篇有《致羞涩的情人》《花园》和长篇讽刺诗《对画家的最后指示》等”。译者将安德鲁的政治与文学两重身份一并提出，暗示其作品对现实的批评讽刺功能，不仅助推读者更好地理解原文作者引述安德鲁文学作品的原因，同时进一步凸显了安德鲁自身的身份价值。

在例（16）中，译者为“普鲁斯特”注释道：“普鲁斯特（Marcel Proust，1871—1922）：法国小说家，其创作强调生活的真实和人物的内心世界，以长篇小说《追忆似水年华》（7 卷）而闻名世界”。不同于例（14）与（15），李尧在说明作者相关背景后还对所引内容《所多玛和蛾摩拉》一文进行了说明：“《所多玛和蛾摩拉》（Sodom and Gomorrah）：普鲁斯特所著长篇小说《追忆似水年华》之一卷。所多玛和蛾摩拉均为因居民罪恶深重而被神毁灭的古城，见《圣经·旧约》的《创世记》”。李尧所言，不仅勾连起“植物王国”与“生活的真实”“人物的内心世界”的联系，通过强化“所多玛”与“蛾摩拉”在《圣经》中的精神痛点，译者所搭建的是由古至今、借物喻人的心理世界，从而拓宽出依附于译文的独特空间。

李尧以批判性眼光审视译注所建构的文化形象，强调其复杂性与多元性，既有对上流社会人士的批判，也有对出海冒险航向的肯定。译注不仅使译者承担起传播西方文学和文化形象的责任，而且塑造了译者“创造者”的形象。译本注释中文化形象的建构过程同样也是新时代文学翻译“创造者”形象的建构过程。形象学关注“他者形象在不同文化相互接触时所发挥的功能和做出的贡献”（巴柔 2001a：140-148），而翻译研究同样重视“功能导向”（Toury 1995：13）。

《黑玫瑰》中既有译者直接对译文进行改写的选择[3]，也包含本文所述的为原文增添注释的操作，这两者均是译者“创造者”形象的体现。相较于前者对文章主体内容的悄然删改，后者无疑是一种更为显著与外化的策略，能够使读者直接感受到译者的存在。通过对原文形象的注释，译者得以在保留源语境内容、风格、色彩等参数的同时，提出自己的见解，丰富文章的内涵，从而达到作者与译者、原文与译文共舞的愿景。通过外显译者的存在，译文所建构的文化形象得以突破原文的限制，将译者自身的形象一并糅合进去，建构出更为复杂的形象群。

## 5. 总结

*The Rose Crossing* 一文涉及不同文化间的冲突与交融，展现了东西方文化形象的碰撞与糅合。《黑玫瑰》李尧汉译本注释中既有对西方文化形象的“他者”再造，强化了“被推上断头台的国王”及“丑陋的上流社会人士”两类异域他者形象；也有对中国文化形象的“自我”重构，呈现出译者“去异域化的文化回归”与“去小说化的史学自觉”。译注不仅仅是依附于原文内容的寄生物，更有其自身的文化解释、文化传播、文化拓展功能。相较于对原文内容的直接改写，注释所发挥的功用远不止迎合目标语语境的心理预期与文化认知。更重要的是，注释能够直接展示译者的主体性角色，向读者传递出积极信号，实现跨时空的文化互动。当下中国文学正面临走向世界的机遇与挑战，如何充分发挥注释对中国文化形象的建构功能无疑值得我们思考。

## 注释

[1] 《黑玫瑰》一书所使用的注释形式均为脚注。

[2] 译文为：暴君已被处死。共和国万岁！（李尧 1997：3）

[3] 见《“自我形象”的强化与弱化——〈黑玫瑰〉李尧汉译本解读》（贺荣，梁林歆 2021）。

## 参考文献

[1] 巴柔 . 从文化形象到集体想象物 [C] // 孟华 . 比较文学形象学 . 北京: 北京大学出版社，2001a：118-152.

[2] 巴柔 . 形象 [C] // 孟华 . 比较文学形象学 . 北京：北京大学出版社，2001b：153-184.

[3] 狄泽林克，方维规 . 比较文学形象学 [J]. 中国比较文学，2007（3）：152-167.

[4] 贺荣，梁林歆 . “自我形象”的强化与弱化——《黑玫瑰》李尧汉译本解读 [J]. 外国语言与文化，2021，5（2）：114-123.

[5] 刘成纪 . 文化遗产之争与中国史学的观念变革 [J]. 探索与争鸣，2010（9）：48-53.

[6] 尼古拉斯・周思．黑玫瑰 [M]. 李尧，译．北京：中国文学出版社，1997.

[7] 许道军，张永禄．论网络历史小说的架空叙事 [J]. 当代文坛，2011（1）：77-80.

[8] Beller, M. & Leerssen, J. Imagology — *The Cultural Construction and Literary Representation of National Character* [M]. Amsterdam & New York: Rodopi, 2007.

[9] Chatman, S. *Story and Discourse: Narrative Structure in Fiction and Film* [M]. New York: Cornell University Press, 1980.

[10] Genette, G. *Paratexts: Thresholds of Interpretation* [M]. Cambridge: Cambridge University Press, 1997.

[11] Jose, N. *The Rose Crossing* [M]. Penguin Books, 1994.

[12] Leerssen, J. Imagology: History and method[C] // Beller, M. & Leerseen, J. *Imagology — The Cultural Construction and Literary Representation of National Character.* Amsterdam & New York: Rodopi, 2007: 17-32.

[13] Rimmon-Kenan, S. *Narrative Fiction* [M]. London: Routledge, 2002.

[14] Sun, Yifeng & Wang Ning. *Translation, Globalization and Localization — A Chinese Perspective* [M]. Clevedon, Buffalo & Toronto: Multilingual Matters Ltd., 2008.

[15] Toury, G. *Descriptive Translation Studies and Beyond* [M]. Amsterdam & Philadelphia: John Benjamins, 1995.

[16] Varela, F. J., Rosch, E. & Thompson, E. *The Embodied Mind* [M]. Cambridge: MIT Press, 1991: 172-173.

## 作者简介

梁林歆，华中科技大学外国语学院副研究员，博士，博士生导师。研究方向：翻译学。

贺荣，清华大学外文系硕士研究生。研究方向：文学翻译、现代汉语语法。

# 儿童文学翻译研究

# 论童诗翻译的风格等效*

## On Style Recreation of the Translation of Children's Poetry

徐德荣　赵一凡
XU Derong ZHAO Yifan

**摘要：**

童诗翻译承担着启迪创作、丰富儿童阅读、促进儿童心智发展的重要历史使命，而童诗翻译质量堪忧，风格再造的不足甚至不当是童诗翻译最为突出的问题。本文以罗伯特·斯蒂文森（Robert Stevenson）《一个孩子的诗园》（*A Child's Garden of Verses*）的汉译本为例，提出童诗翻译的风格等效再造原则，并从思想、情感和审美三方面提出实现路径：忠实再造原作蕴含的儿童观与儿童文化内涵以实现思想特质再造，把握反映原作情感倾向的关键性文体特征以再造具有相同或相应效果的阅读情感体验，运用艺术的"浅语"再造原作的语相美、语音美和意象美等审美特质，以最大程度地实现童诗翻译风格等效再造的旨归。

**关键词：**

童诗；童诗翻译；风格

**Abstract:**

Children poetry's translation is carried with the mission of inspiring Chinese children's poetry writing, enriching children's reading and boosting their emotional and intellectual development. However, its quality is far from satisfactory, for inappropriate even wrong reproduction of style in translation remains the most serious issue. Comparing the three Chinese versions of Robert Stevenson's *A Child's Garden of Verses*, this paper proposes a principle of equivalent style recreation, which requires translators to recreate the ideological, affective and aesthetic features of the original works, including faithfully reconstructing the view of children and children's culture reflected in the original works, grasping the key

* 基金项目：教育部重大课题攻关项目"中国儿童文学跨学科拓展研究"（19JZD036）；教育部人文社科项目"外国儿童文学汉译史重大问题研究"（17YJC740031）。

affective stylistic features to resonate with the original readers, and using easy-to-read yet literary language to reproduce graphological, phonetic and ideological features.

**Keywords:**
Children's poetry; Translation of children's poetry; Style

## 1. 引言

在童诗创作先天不足、后天乏力的今日中国，童诗翻译有着重要的时代意义。童诗简洁明快、朗朗上口、意蕴丰富，对儿童的文学启蒙、情感滋养及审美能力培养具有不可替代的作用。朱自强（2009：184）指出，童诗是“观照儿童精神世界、帮助儿童心灵成长的文学”，“必然要参与少年儿童精神世界的建构”。然而，中国童诗在功利主义教育的挤压之下，其创作颇为虚弱、乏力。相较而言，英文童诗自浪漫主义思潮以来，从教训主义的阴影走出，经由童心主义逐渐迈向“儿童本位”，优秀作品频出，是宝贵的儿童阅读资源。因此，童诗英译自然肩负起了促进中国童诗阅读乃至创作、滋润儿童心灵的重要历史使命。

然而当下的童诗翻译存在诸多问题，其中最突出的便是风格再造的偏颇。童诗翻译不仅是语言问题，更关系到对童诗风格特质的深刻理解。童诗翻译的风格再造问题实际反映出译者对原作思想、情感和审美等风格特质的理解不足。本文以英国作家、诗人罗伯特·斯蒂文森（Robert Stevenson）童诗集《一个孩子的诗园》（*A Child's Garden of Verses*）为例，对比赵景深及屠岸等学者、翻译名家的译本，探讨童诗翻译的风格再造之道。

## 2. 童诗的风格

关于风格，诸多文学研究、语言学研究、翻译研究乃至哲学研究都有讨论。如 Leech & Short（2007：11）将风格理解为“特定文本的语言特征”；申丹（Shen 1995：14、17）认为“风格即作者的习惯性特征”，“即出自美学和主题考虑的语言形式选择”；在 Wales 的《文体学词典》中，风格被界定为“可感知的区别性表达方式”（转引自 Boase-Beier 2014：4）。此外，国际著名儿童文学学者诺德曼指出：“风格不是一项独立的属性，而是作品各个方面整体考虑的效果之和，是一幅画或一个文本与其他作品相区别的方式。风格产生于艺术家对主题及呈现方式所做的各种选择”（诺德曼、雷默 2008：464）。这些定义有的只关注了风格的实现手段，并未揭示风格的本质，有的揭示出作者风格的统一性和风格产生的动因，但对风格本质属性的界定仍有模糊之嫌。诺德曼的定义虽揭示了文体的构成手段与其区别性特质，接近了风格的本质，但不是严谨的定义（徐德荣、姜泽珣 2018：97）。为了在前人的基础上，更进一步地将风格明晰化、具体化，我们继续将风格界定为“以语言选择为手段，体现作者思想、情感和审美倾向的区别性特质”（徐德荣、江建利 2017：109）。

童诗的风格，也正是童诗所运用的语言文字中体现的思想、情感、审美三方面特质的集合。童诗风格的思想特质反映了诗人或诗中人物具有一贯性的思维风格（mind style），往往体现在原作蕴含的儿童观及其刻画的儿童文化内涵中；情感风格特质则寓于反映原作情感倾向的关键性文体特征中；而审美特质则在诗的语言美中得以折射，如其独特的语相安排、语音设置和意象选择等。这三方面的欣赏视角，为我们把握童诗风格提供了相对有效的抓手。

需要说明的是，我们所阐述的原作风格，更多的是以“人”为主体的整体概念，即原作者在文本中体现的创作风格。在整体之中，通过具有区别性的思想特质、情感特质、审美特质三个维度来具体审视。相较于幻想小说、童话等情节和人物塑造丰富的儿童文学体裁，童诗篇幅短小、内容精练，情节设置、人物塑造等方面的比重较少，但也恰恰如此，诗人本人的创作风格更加直观可见。尤其是本文重点分析的诗人斯蒂文森，在他生活的维多利亚时代更是有着独特的创作理念和行文风格。对于风格的朴素感知是读者亲近文学的直接体验。在童诗翻译中，译者如果误读原作风格中的思想特质、情感特质、审美特质，必将减损翻译的文学效果、传播效果、接受效果等。下文将就如何具体把握这三种风格特质的再造分别展开论述。

## 3. 童诗翻译的风格再造

在童诗翻译中，我们认为译者在进行风格再造时，应基于等效翻译原则，即在译文中充分再造原作风格中的思想特质、情感特质、审美特质，使其产生与原文同等效果的风格特质。这种源自奈达翻译思想的等效翻译原则，是在尊重原作风格的基础上，充分考虑读者群体的选择。虽然这一原则或许不能完全保证译文可以达到尽善尽美，但是借助思想特质、情感特质、审美特质这三个清晰的观察维度，我们可以很大程度上让看似虚无缥缈的风格有迹可循、风格再造有据可依。翻译中的风格再造，便是在剖析原作者在思想特质、情感特质、审美特质这三个维度上具体的语言选择，来解读其在作品中呈现出来的风格，并在译文中加以还原、重构，以实现等效的翻译效果。

本文以斯蒂文森为儿童创作的诗集《一个孩子的诗园》为例，具体阐述译者如何在童诗翻译中卓有成效地再造原作风格的思想特质、情感特质和审美特质。《一个孩子的诗园》汉译本众多，本文重点选取由中国儿童文学探路先驱赵景深及著名诗人屠岸参与翻译的译文进行举例分析，共涉及三个译本。第一个译本由赵景深独立翻译，最早见于 1932 年。第二个译本为屠岸、方谷绣 1982 年初版的合译本，多年来几经再版，本文译文取其 2018 年版。第三个译本由儿童文学作家、翻译家漪然译，屠岸作为顾问，于 2014 年初版，2018 年再版，可以说是流传最广、受众最多的译本，显见于各大图书销售网站、阅读软件，被誉为“一老一少翻译家的绝唱，百年之内难以被超越的经典译本”[1]，此译本出版时也在宣传方面颇为用力，因此流传度最广。这三个译本可以称得上是重量级、具有代表性的译文，甚至仅因其译者就在一定程度上预设了自身的经典性，但从它们实际呈现的翻译效果来看，却有诸多不足之处。

### 3.1 思想特质再造

首先，要实现童诗翻译的风格再造须再造原文中的思想特质。一部文学作品风格的思想特质即反映作者或者作品中人物一贯性思维风格的特质。童诗风格的思想特质集中体现于诗人或诗中人物具有复现性的思维风格，而思维风格首先体现在诗人字里行间所透露的儿童观上，其次体现在诗中塑造的儿童文化上。一首好的童诗在思想特质层面，往往体现着诗人儿童本位的儿童观，并反映深入儿童生命空间的儿童文化。

西方在经历了“儿童的发现”之后，儿童文学创作由教训主义逐步转向了儿童本位的观念。儿童本位观念的发源，则可追溯到浪漫主义的儿童观上。斯蒂文森生活在 19 世纪的英国，深受浪漫主义影响，这点无论是从其个人经历抑或是文学创作上都可见端倪，文学史上也将其定位为新浪漫主义的代表人物，足以体现他在维多利亚时期现实主义大潮中与众不同的风格。他本人乐观、崇尚自然的浪漫主义思想，使得他初步具备了儿童本位的儿童观，使他“从儿童自身的原初生命欲求出发去解放和发展儿童，并且在这解放和发展儿童的过程中，将自身融入其中，以保持和丰富人性中的可贵品质”（朱自强 2009：25）。

在《一个孩子的诗园》中，斯蒂文森为儿童建了一个自由、平等、安全、快乐的诗园，孩子们在其中被信任、被尊重，可以天马行空地想象世界、探索世界。与斯蒂文森的小说创作风格相似，诗集中自然类、冒险类主题颇多，也充满了快乐的意象。译者需深刻理解这种独特的浪漫主义创作风格，把握其儿童本位特质，以避免误读。例如“Singing”一诗，原作基调自由浪漫，富有异国情调。最后一节原文为:

> The children sing in far Japan,
> The children sing in Spain;

The organ with the organ man
Is singing in the rain.
（Stevenson 1989：20）

“singing in the rain” 这个场景，实际上反映了一种浪漫主义的豁达精神：即使在雨中也要快乐唱歌！然而在赵景深译本中，此处被处理为“拉风琴的人在雨天里唱，/ 只有孤寂的风琴与他为伴”（史蒂文生 1932：22）。“孤寂”一词的添加，使诗作情感基调由达观转到悲观，是译者误读原作思想特质的结果，有擅自带入自身文化情结之嫌。让人遗憾的是，赵景深在序言中分明积极地向读者介绍了斯蒂文森的“快乐主张”（史蒂文生 1932: 序言 2），此处对原作创作本意的误读本可以避免。

如果说，上例只是揭示了译文对儿童本位创作基调的再造不当，下例则更为深刻地反映出译文对于儿童本位儿童观之核心内涵的把握偏差。请看 *Whole Duty of Children* 一诗全文及其译例：

Whole Duty of Children
A child should always say what's true
And speak when he is spoken to,
And behave mannerly at table;
At least as far as he is able.
（Stevenson 1989：9）

孩子们该做到的
孩子一定要讲老实话；
谁跟你说话，你别当哑巴；
同桌吃饭，要讲究礼貌。
这些，要尽量努力去做到。
（屠岸、方谷绣译 2018：6）

原诗题目 *Whole Duty of Children* 直译即为《孩子的全部义务》或《孩子的全部职责》，换言之，一个孩子只要做到了诗中所列的几条，就可以说是“好孩子”了；而接下来的“duty”，只要求孩子能够做到“say what's true”（说真话），即诚实；“speak when he is spoken to”（应答别人的问题），即有礼貌、尊重他人；“behave mannerly at table”（饭桌上好好吃饭），即懂得感恩与珍惜。这种对儿童的包容与尊重给予儿童充分的行事自由和探索空间，在彼时儿童普遍接受教会教育的时代无疑是具有解放性意义的，反映了作者初步拥有的儿童本位的儿童观。朱自强直言：

儿童文学如果以儿童为本位，它将超越成人与儿童之间的鸿沟，成为立于儿童的生命空间的文学，淋漓尽致地表现具有高度人生价值的儿童的存在感觉、价值观和人生态度，从而成为儿童的知音（朱自强 1997：18）。然而在译文中，“说真话”变成了“老实话”，心智约束性增强；“应答别人的问题”变成了“你别当哑巴”，斥责性亦骤增，将这首童诗从儿童面对成人威压时保护自我的盾牌，转换为成人对儿童进行训诫的利器。

为原诗更添一分解放意味的是最后一句“at least as far as he is able”。因第三句结尾的分号，可知最后一句统揽前文三行所有内容，即前文要求的说真话、有礼貌和好好吃饭并非金科玉律，而是“as far as he is able”，尽可能自己可能、尽量做到就好。这种结语方式与儿童结成“同谋”，“站在儿童利益的根本立场上，引领着儿童去谋取生命的健全成长和发展”（朱自强 1997：19），自然会深受儿童读者喜爱。遗憾的是，译文结尾“这些，要尽量努力去做到”却反为诗歌添了更具典型性的训诫意味。整体而言，此版译文自初版（1982，人民文学出版社）以来虽几经再版，其中的教训意味未曾改变，其折射的儿童观与原诗大相径庭。

不仅是 *Whole Duty of Children* 一诗，斯蒂文森儿童本位的儿童观在整部诗集中都有所体现。最引人瞩目的便是其每首诗的叙事视角，无论是烦恼、喜悦、忧伤、兴奋，均透过儿童口吻传达而出。斯蒂文森全身心地将自己浸泡于儿童的生命空间，成为儿童心声的代言。正如马斯洛形容的成人艺术家：“既是非常成熟的，同时又是非常孩子气的”（马斯洛 1987：87），他拥有的“第二次天真”和“健康的儿童性”使其诗作充分展示了儿童生活中的诗意光辉，具有无限生机勃勃的力量。同时，这一颗童心，也无形之中拉近了与儿童读者的距离。上例对于 *Whole Duty of Children* 的呈现一定程度上反映出译者对于整部诗集儿童本位叙事视角的误读，忽略了原作可贵的“赤子之心”，也将自己置于儿童的对立面，造成原作儿童本位儿童观这一思想特质的再造不足。

除儿童观之外，原作体现的儿童文化也在诸多译本中存在误读、风格再造不当的现象。如前所述，《一个孩子的诗园》中的每首诗都是以一个孩子的口吻、从一个孩子的视角来讲述的，整部诗集可以理解为一个孩子的声音，其思维风格具有整体性、统一性和复现性。其中折射出的儿童文化有着儿童与生俱来的自我肯定与积极暗示，具体可体现为自尊、自信等性格特质。译作口吻的把握错误，一定程度上也反映了译者对于原作塑造的儿童文化的误读，对于人物思维风格的误解。

对于阳光、乐天的儿童文化的误读，可在 *Foreign Lands* 一诗的翻译中找到端倪。原诗开头两句为：Up into the cherry tree/who should climb but little me?（Stevenson

1989: 13）简单的这一句便体现出儿童天生的乐观、自信精神。而在漪然、屠岸译本中，该句译为“谁能爬上那棵樱桃树，/ 像小小的我一样？”（漪然译 2018：12）译文过多地强调了原文中的“who”和“little”，使得句意传递产生偏差，造成风格受损，未能成功再造原文舍我其谁的那种自信。相比之下，赵景深译本再造的自信感略多一些：“除了小小的我，还有谁 / 一直爬上樱桃的树巅？”（赵景深译 1932：11）让人欣喜的是，在 2018 年屠岸、方谷绣的译本中，这句被修改译为：“除了我这个小勇士，谁敢 / 爬到樱桃树上去眺望？”（屠岸、方谷绣译 2018：9）（9）该译本将“little me”转换成“小勇士”，使用“除了我……谁敢……”的句式，充分地彰显了一个调皮的小孩略显膨胀的自我意识，十分传神、生动，可谓较为成功地再造了原文中儿童的思维风格。

然而在另一首题为 *The Land of Nod* 的童诗翻译中，这种积极、肯定的自我意识在译本中有所减损。原文讲述了小孩独立在睡梦中探索的情景，第二节前两句为：

> All by myself I have to go,
> With none to tell me what to do—
> （Stevenson 1989：29）

在两个译本中的译文分别为：

> 没人能给我任何指点，
> 我得自己一个人向前，
> （漪然、屠岸译 2018：29）
> 我呀，只能一个人前往，
> 没人告诉我该去干什么——
> （屠岸、方谷绣译 2018：18）

这两个译文中，“我得……”“只能……”等用词使得语气里多有不情愿之感，似乎流露出渴望援助之意，与原诗中所呈现的儿童自主、自发、自愿的探索精神有些出入。赵景深（1932：31）将其译为：“没有人告诉我应该怎样做，/ 我完全是自作主张地行去”，较为贴近原作中的思维风格。

可见，译者在翻译童诗时，对于原作风格思想特质的观照，必须以儿童观、儿童文化为抓手，“做足功课”，全面探究作者的创作背景和意图，从整体上把握作者的思想特质，揣摩、审视译文是否在思想传达上对原文进行了等效的再造，否则，将很可能造成思维风格特质的再造不足乃至缺失。

### 3.2 情感特质再造

童诗风格的第二大区别性特征在于其情感特质。情感特质是反映作者或作品中人物具体化、情境化情绪感受的风格特质，往往具有引发读者共情的功能，也是读者获得超越一般性情绪感受获得审美体验的情感基础。诗歌常被称为“文学中的文学”，往往以抒情取胜，在童诗当中，情感特质也是风格展现的重心。可以说，情感是童诗的真谛，不能以情动人的童诗很难说是好的童诗。作为童诗的目标读者的儿童，情感丰沛，对于诗歌的情感需求甚至可能超过成人。童诗的情感特质往往体现在作者在叙事中的情感选择、对于人物角色设定的情感倾向，并通过诗中人物、意象的情感来引起儿童读者的共情。这种对于儿童共情心理的滋养，可以增强儿童的情感能力，促使其用更博大的内心适应这个世界。与此同时，情感是审美的底色，童诗风格中的情感特质也为儿童的阅读审美提供了基础。因此，有效地再造原文风格的情感特质是童诗翻译的重中之重。

把握童诗风格的情感特质需要仔细甄别原文中的“情感指纹”，即反映作者创作情感倾向的关键性文体特征。2000 年，贝克在谈及译者风格时第一次用“指纹”一词来形容译者在译文中所留下的能反映其独特风格的语言、非语言特征（Baker 2000：245）。中国学者司炳月、霍跃红也据此用“情感指纹”来指代“译文所反映的译者情感倾向以及所呈现的文体特征”（司炳月、霍跃红 2014：55）本文认为情感指纹不仅仅存在于译文中，在原文中也存在原作者的情感指纹。而这些“指纹”，也是译者把握原作独特情感特质的关键信息。提取情感指纹，需要译者在体味原作思想特质的基础上，充分浸润到原作的创作氛围中，结合原作者的创作理念与创作习惯，得出合情合理的情感判断。在精准甄别原作情感指纹的前提下，充分还原原作的情感特质，引发儿童共情、激发其超越性情感体验才成为可能。

对于情感指纹的提取失误，将会导致对于情感特质的误读，无法等效引发儿童共情。请看下面一例：

And blown by all the winds that pass
And wet with all the showers,
She walks among the meadow grass
And eats the meadow flowers.
（Stevenson“The Cow”最后一节 1989：43）

赵景深译本为：

终日被风吹，

终日遭雨打。
踏着原上草，
嚼着原上花。
（《母牛》最后一节 1932：45）

很显然，该段译文未能等效地再造原诗情感特质，误读了原文中所营造的动物与环境的亲和而非对立的关系，这种亲和关系是儿童文学所特有的，不但在这部诗集中，也在《杨柳风》等儿童文学经典中体现得淋漓尽致。对这一情感特质的误读反映出赵景深作为读者以及译者的共情偏差。原诗对于奶牛流露出一种平等的爱意（“I love with all my heart”），整首诗的情感氛围是愉悦、友善、温情的，这不仅体现在开头对于母牛性情及步态的描述，如“friendly”和“wanders”等，也体现在对于环境的刻画：“All in the pleasant open air, /The pleasant light of day.”（Stevenson 1989: 43）可见，此例中的 winds 是和煦的，showers 是细柔的，然而赵景深将这些“情感指纹”理解为“风吹雨打”，译成“终日被风吹，/ 终日遭雨打”，使得风格骤变，情感特质再造出现重大偏差。这一误读或许根源于中国特有的“文以载道”，通过儿童文学鼓励儿童迎难而上的道德教诲传统，有着深厚的现实基础，但与原文旨趣有不少出入，也难以引发儿童读者的共情。屠岸、方谷绣译文如下：

不怕风一阵阵地刮，
阵雨淋湿了也不怕，
她走在青青草地上，
吃着草地上的野花。
（《奶牛》最后一节 2018：32）

虽然，在情感特质的塑造上较赵景深有所提升，紧绷的情感氛围有所缓和，但是译文中“不怕”“也不怕”等词透露出其情感仍建立在“风吹雨打”的预设之上，对于原文情感特质的再造仍有力有未逮之感。

相较之下，漪然、屠岸译本的情感特质再造更为等效：

和轻风一起呼吸，
任细雨打湿身上；
穿过青青的牧场，
嚼着野花的芬芳。
（《母牛》最后一节 2018：38）

可见，恰当再造童诗中的情感特质才能真正帮助儿童在理解原诗含义、体味原诗情感的基础上，发展自己的共情能力。

童诗当中的情感特质也是儿童通过共情机制获得审美体验的基础。正如童庆炳（2000：92）所言，“体验是经历中见出个性、深义和诗意的情感”。“体验具有超越性，它给文学带来的是情感的诗意化、意义的深刻化和感受的个性化”（同上）。《一个孩子的诗园》中，天马行空的想象，对儿童的感官给予强烈的刺激，从这种感官经验中升华而出的是一种超越一般性情绪感受的诗化情感。实际上，在诗集中 *The Land of Nod* 一诗的结尾一节，就折射出这种超越性的情感体验。这首诗的小主人公讲述了自己入睡后在梦乡中的奇妙遭遇，最后一节为：

> Try as I like to find the way,
> I never can get back by day,
> Nor can remember plain and clear
> The curious music that I hear.
> （Stevenson 1989：29）

这实际上反映了小主人公经历过一番梦幻之后的情感升华，其中有对于入梦之路的好奇，对于梦境的留恋以及对于奇妙音乐的怀想。我们的小读者跟着作品中的人物去经历、去体验，去“反刍”这番遭遇，与人物产生共情，从而获得属于自己的情感升华与阅读审美。这种细微的情感体验，在译文中稍有不慎，便会引起风格偏差。三个译本的翻译如下：

漪然、屠岸译本：

> 我从未找到一条小路，
> 能在白天通向那个国度，
> 也从未十分清晰地想起
> 梦中那只奇异的歌曲。
> （《睡梦之乡》2018：29）

屠岸、方谷绣译本：

> 白天，我寻找去睡乡的路，
> 无论多努力，始终找不到。
> 白天，我也记不太清楚，
> 睡乡的音乐有多么奇妙。
> （《睡乡》2018：19）

赵景深译本：

白天我无论怎样寻梦，
总不能够回到原地。
也记不清我所听过的
音乐是怎样地神奇。
（《瞌睡国》1932：32）

漪然、屠岸的译本较为平淡，略有铺陈之感，虽然忠实地保留了原句的主题，但似乎未能在中文语境中将这番梦中奇遇升华为一个超越性的诗意情感体验；屠岸、方谷绣译本和赵景深译本都通过转换主题，将“奇异的音乐”这一中规中矩的偏正结构表达为“音乐如何奇异”的感叹语气，将表述重心由“music”转向“curious”，符合中文语境内的情感抒发方式。二者相比，又因赵景深诗行更加简洁，且使用了“dì”“qì”作为尾韵，“i”音情感表达比屠岸、方谷绣译本尾韵中略显活泼、跳跃的“ao”音更显深沉，读者可以在赵景深译本中清楚地感受到那种寻而不得的淡淡遗憾，那种对于梦乡的深深怀念。

在诗歌诞生之初，情感就镌刻其中，诗歌阅读往往伴随着情感认同。现代读者阅读两千年前的《诗经》或者一千多年前古埃及人写在莎草纸上的诗歌时，与那时的先民几乎可以无障碍地共情。人类的情感文明在物质文明飞速迭代的过程中，保持了一种弥足珍贵的稳定性。这种稳定性给共情提供了可能。然而语言文字有帮助情感表达的贡献，也有限制情感表达的风险。把握原作情感特质，需要译者谨慎提取文本中的“情感指纹”，敏锐感知其中细微的情感关系，激发读者的等效共情，从而达成情感风格的再造。

### 3.3 审美特质再造

近一百年前，周作人曾批评，“儿童的歌谣故事书，在量上很多了，但在质上未免还是疑问。我以前曾说过，‘大抵在儿童文学上有两种方向的错误：一是太教育的，即偏于教训；一是太艺术的，即偏于玄美：教育家的主张多属于前者，诗人多属于后者。其实两者都不对，因为他们不承认儿童的世界’”（周作人 2011：64）。在当下的童诗翻译中，仍大量存在“教训化”“玄美化”的问题。“教训化”的问题在前述思想风格特质中已讨论，而“玄美化”问题，究其缘由，是译者在成人本位的理念下，未能成功再造符合儿童心意的审美特质。审美特质即作品中表现出的具有文学性语言美的风格特质。这种文学性语言美在不同文学体裁中的具体衍生或有不同。诗是造型、音乐和想象的统一体，就童诗而言，其文学性语言美借助艺术的浅语实现，具体体现为语相美、语音美和意象美。译者对于此童诗三美感知、再造不到位，则将导致译作审美风格偏差。

童诗的语相可以体现在“字母的拼写、大小写、标点符号、段落排列等”（徐德荣、何芳芳 2015: 78）。童诗中语相美塑造最经典的一个例子，便是《爱丽丝漫游奇境记》中的尾巴诗：通过错行、字数递减等方式在语相上呈现出一条弯曲、精巧的老鼠尾巴。此类语相美若在译文中丢失，实乃一大翻译遗憾。童诗中，语相很大程度上促进了表意与情感的传达，同时增加了阅读趣味与诗意的美感。在《一个孩子的诗园》原本中，诗行长度对于阅读的影响被纳入考量，因此排版中可以看出其缩短每行长度的努力，在 *The Lamp Lighter*、*My Shadow* 和 *A Good Boy* 等有长句的诗歌中，原文前后交错、分行印刷，视觉上不显冗长、沉重。

而这些诗的中译本均未在诗行长度上留心，几个译本的排版呈现散文化趋势，诗歌特有的语相美尽失。如 *My Shadow* 一诗，赵景深（1932：34）译本最长的几行多达 20 字；*The Lamp Lighter* 一诗，屠岸、方谷绣（2018：44）译本最长达到了 19 字一行，该诗共三节，每节四行，十几行长文密密麻麻排列下来，实为儿童所不喜。

诗集中 *Looking-Glass River*（Stevenson 1989：65-66）一诗尤其体现出语相美。该诗共六节，每节的四行诗句都次第缩进，如此重复，二十四行诗看下来，大有河面水波粼粼之感，与诗意巧妙呼应。而该特殊语相仅在 90 年前的赵景深（1932：73-76）译本中有所体现，在两个当代译本中，原文的这一语相风格特质彻底泯灭于首行对齐的寻常排版中。

语音美可在诗歌中的韵律、节奏中得以体现，二者是诗之所以为诗的重要标准之一。语音美之于儿童早期阅读的重要性甚至超过了图画。享有“日本绘本之父”之誉的松居直认为，要让儿童喜欢阅读，不是靠文字，也不是靠图片，而是要靠耳朵：“幼儿的耳朵相当好，对于语言和声音非常敏感……在生理上，自然会被有节奏的词句所展现的音乐性（或称为声音性）所吸引”（松居直 2013：132）。此外，适题、巧妙的意象甄选能更深一层地促进诗作美感意义的生成，这便是童诗的意象美。尼采在《诗人的虚荣》中宣布：“在四个无意义的韵脚里，/ 放进意义——岂不值得自豪！”（尼采 2017：120）这无疑体现了其对于诗歌形式与内容的双重主张，是其对于诗人塑造语音美和意象美的赞颂。斯蒂文森《一个孩子的诗园》中的诗歌韵律性强，并且有着与诗中意象、主题的呼应之美。其中的语音美和意象美往往互为表里，如 *Looking Forward* 一诗：

Looking Forward
When I am grown to man's estate
I shall be very proud and great,
And tell the other girls and boys
Not to meddle with my toys.
( Stevenson 1989：21 )

在这一小男孩宣言中，前三行采用四音步抑扬格，第四行紧跟上行结尾的重音，仍以重音承接，转为扬抑格，铿锵有力、抑扬顿挫的节奏充分体现了小男孩誓要保卫玩具的决心。同时，整首诗以 aabb 形式压尾韵，更增添了音乐性与韵律感。音节、韵律极大地烘托了人物气势，结合语意，有力地营造出一种“反高潮”（anti-climax）的趣味。然而，在多数译本中，这些意蕴却未能较为等效地传递出来。屠岸、方谷绣的译本如下：

将来
等我长大成人，
我一定非常神气、伟大。
我告诉男孩儿女孩儿们，
别瞎弄我的布娃娃。
（屠岸、方谷绣译 2018：14）

虽然最后一句的“瞎弄”一词颇有气势，但是整体而言，全诗自由体的叙事较为平淡，原诗的音乐性、韵律感尽失。此外，将“toys”缩小含义为“布娃娃”也有待商榷。在漪然与屠岸的合作译本中，此诗呈现为：

期待
等我长大的时候，
我会变得又棒又威风，
我还要告诉那些小孩：
那是我的玩具，别碰。
（漪然、屠岸 2018：20）

此译本虽然在韵律性方面有所提升，但“会”“还要”等助动词的添加，拉长句子、音节变多，令语气略显绵软。

相较之下，赵景深译本则颇为成功：

将来的志愿
当我长大成器，
我要自尊且倨，
严告男女小友，
不许动我玩具。
（赵景深译 1932：23）

整首诗的节奏韵律，读来妙趣横生。韵脚（qì、jù、jù）采用现代汉语四声音调，掷地有声，充分展示了小男孩发愿的决心；每行六字排列，音节规整，刚劲有力。“严告”“不许”传达出不容置疑的口吻，凸显了原诗反高潮设计的幽默感。

但是“倨”字在当代的使用也引出为彰显韵律美和意象美该如何进行语言选择的问题。台湾儿童文学之父林良先生提供了一份答案，那就是使用“浅语”。“浅语”即“儿童听得懂看得懂的浅显语言”（林良 2017：新版序 3），同时也是不矫揉造作、不过度低幼化的“儿童所熟悉的真实语言”（林良 2017：17）。

斯蒂文森在《一个孩子的诗园》中所使用的，正是亲近儿童、简单朴素的语言。其浅语的使用从下例中可见一斑：

Happy Thought
The world is so full
of a number of things,
I’m sure we should all
be as happy as kings.
（Stevenson 1989：44）

赵景深译本为：

快乐的念头
世界包罗着万象，
我信我们要乐如国王。
（赵景深译 1932：46）

其中，原诗的“so full”“things”分别对应译文的“包罗”“万象”，无论从“浅语的艺术”创作原则或风格等效的翻译原则考察，此处相对文言的表达，均难称为上乘译文。“我信”“乐如”等措辞可看出译者使前后句音节相当的努力，但是却造成整句读来颇为生硬，原诗轻松、流畅的“happy thought”未免变得艰涩，着实不像一个儿童日常生活中的快乐念想。

漪然、屠岸的译本相较而言轻松了许多：

快乐的念头
这个世界真大，
东西真多，
我肯定人人都能
像国王般快活。
（漪然、屠岸 2018：41）

此译本虽避免了大词、厚词，但原诗的韵律性却遭减损，不仅上下句节奏被打乱，且原文尾韵消失，同等的美感效果未能在译文中呈现。二三句之间的音节差异显著，节奏铺设上有所遗憾。

屠岸与方谷绣的合译本中，原诗的四行改为两行，乍一看似乎颇显冗长，但因巧用标点和语气词，读来倒也不觉拖沓：

快乐的幻想
这个世界呀，装满了东西，丰富多彩。
我们呀，准会像国王一样快乐开怀。
（屠岸、方谷绣译 2018：36）

上下两句中“呀”的运用使得语气活泼轻快，逗号的使用也减轻了句子的沉重感；结尾“cai”与“huai”押韵，因此尽管译文为两长行，却也颇有诗韵，并与其中的意象相得益彰。

孩子是天生的艺术家，对于诗歌中传递的审美特质极为敏感。作为译者，也应尽量贴近艺术家这个身份，使译文充分具备艺术性，有效地再造原文的审美特质，从而与儿童进行艺术对话。

总体而言，在原诗风格的思想特质、情感特质、审美特质再造上，赵景深译本有其历史局限性，存在一部分误译和风格传递偏差，但却是有益的尝试，其中的许多翻译选择时至今日亦十分巧妙，值得后来译者思考与借鉴。从屠岸、方谷绣译本中的《姑妈的长裙》《睡乡》等诗中似可看出译者对于赵景深译本的借鉴痕迹。如《姑妈的长裙》中“衣裳发出怪声音”（屠岸、方谷绣译 2018：14）一句与赵译《姑姑的衣裾》中“衣服发出怪响声”（赵景深译 1932：28）异曲同工；《睡乡》结尾：“白天，我也记不太清楚，/ 睡乡的音乐有多么奇妙”（屠岸、方谷绣译 2018：19）。赵译

《瞌睡国》中为：“也记不清我所听过的 / 音乐是怎样的神奇”（赵景深译 1932：32）。两句造句逻辑几乎一致。屠岸参与的两个译本，作为经典诗集的重译，有胜过前译之处，但仍存在不少风格再造不当的问题，在思想特质、情感特质、审美特质的传递上均有体现。当今译者如何成功等效地再造原诗风格，仍任重道远。

## 4. 结语

中国“儿童”的发现始自近代，受急功近利的教育观的压榨，童诗发展先天不足、后天乏力。通过优秀童诗翻译，一定程度上可以启发儿童本位的诗歌创作，促进中文童诗为儿童而作，让儿童有属于自己的诗歌，获得思想、情感、审美的三重享受。

《一个孩子的诗园》作为一部诗集，不是简单的诗歌收集成册，而具有整体性，正如其名称所示：是一个孩子的诗意乐园。孩子们在其中可以自由探索而不被指责，快乐行事而无需面对暴力。通过上文分析，汉译本在原作风格的思想特质、情感特质、审美特质再造方面，均有所欠缺，从而对诗集整体的诗意乐园氛围造成破坏，减损了其文学价值。本文提出童诗翻译的风格等效原则，认为译者在翻译中应首先成为敬业的记者，准确把握原作的风格，通过探访原作者的思想主张、一贯的创作理念等调研、了解作者，通过文本细读、互文阅读，通过儿童性、艺术性的表达，从而正确理解、把握原作的思想风格特质、情感风格特质、审美风格特质，然后还要成为敏感的作者，为儿童呈现出具有等效思想、等效情感、等效美感的童诗翻译。童诗译者需要正确把握原作折射的儿童观与儿童文化以再造其思想特质，通过仔细甄别情感指纹再造原文的情感特质以帮助儿童获得同等效果的共情感受及超越性情感体验，同时，运用“浅语”等效再造原作的语相美、语音美和意象美，以再造原文的审美特质，最终实现童诗翻译风格再造的终极目标。

## 注释

[1] 当当网《一个孩子的诗园》（漪然译，屠岸顾问，昆明：云南美术出版社，2018 年版）售书页面，编辑推荐语（http://mtw.so/6t6rE2）。

## 参考文献

[1] 林良 . 浅语的艺术 [M]. 福州：福建少年儿童出版社，2017.

[2] 马斯洛 . 存在心理探索 [M]. 昆明：云南人民出版社，1987.

[3] 尼采 . 尼采诗集 [M]. 周国平，译 . 上海：上海译文出版社，2017.

[4] 诺德曼・佩里，雷默・梅维斯 . 儿童文学的乐趣 [M]. 陈中美，译 . 北京：北京联合出版社，2016.

[5] 史蒂文森、罗伯特・路易斯 . 一个孩子的诗园 [M]. 屠岸，方谷绣，译 . 南京：江苏凤凰少年儿童出版社，2018.

[6] 史蒂文森、罗伯特・路易斯 . 一个孩子的诗园 [M]. 漪然，屠岸，译 . 昆明：云南美术出版社，2018.

[7] 史蒂文生 . 儿童的诗园 [M]. 赵景深，译 . 上海：北新书局，1932.

[8] 司炳月，霍跃红 . 基于语料库的翻译文体学视角下译者的情感指纹研究——基于态度立场标记的自建语料库研究 [J]. 外语电化教学，2014（2）：55-60.

[9] 松居直 . 幸福的种子：亲子共读图画书 [M]. 刘涤昭，译 . 南昌：二十一世纪出版社，2013.

[10] 童庆炳 . 经验、体验与文学 [J]. 北京师范大学学报（人文社会科学版），2000（1）：92-99.

[11] 徐德荣，何芳芳 . 论图画书文字突出语相的翻译 [J]. 外语研究，2015（6）：78-82.

[12] 徐德荣，江建利 . 论图画书翻译中的风格再造 [J]. 中国翻译，2017（1）：109-114.

[13] 徐德荣，姜泽珣 . 论儿童文学翻译风格再造的新思路 [J]. 中国翻译，2018（1）：97-103.

[14] 周作人 . 儿童文学小论：中国新文学的源流 [M]. 北京：十月文艺出版社，2011.

[15] 朱自强 . 儿童文学的本质 [M]. 上海：少年儿童出版社，1997.

[16] 朱自强 . 儿童文学概论 [M]. 北京：高等教育出版社，2009.

[17] Baker, M. Towards a methodology for investigating the style of a literary translator [J]. Target, 2000 (12)：241-265.

[18] Boase-Beier, J. *Stylistic Approaches to Translation* [M]. New York: St. Jerome Publishing, 2014.

[19] Leech, G. & M. Short. *Style in Fiction: A Linguistic Introduction to English Fictional Prose* [M]. Harlow: Pearson Education, 2007.

[20] Shen, D. *Literary Stylistics and Fictional Translation* [M]. Beijing: Peking University Press, 1995.

[21] Stevenson, R. *A Child's Garden of Verses* [M]. New York: Scribner, 1989.

## 作者简介

徐德荣，中国海洋大学外国语学院教授，博士生导师。研究方向：儿童文学及其翻译。

赵一凡，中国海洋大学外国语学院博士研究生。研究方向：儿童文学及其翻译。

# 成人—儿童关系视阈下的儿童文学翻译研究：回顾与展望*

# Research on Translation of Children's Literature through the Lens of Adult-Child Relations: Review and Prospect

李雪伊
LI Xueyi

**摘要：**

通过回顾围绕成人—儿童关系展开的儿童文学翻译研究，本文对过往文献采用的两种解读路径和童书译学因此展现出的不同面向进行梳理与剖析。笔者发现，现有研究对成人和儿童的绝对划分导致成人译者视角的缺失。为此，笔者提出，应正视成人译者在儿童文学翻译活动中的主体地位和个人能动性，重视成人与儿童的天然联系，考察成人译者儿童性与翻译实践之间的相互作用。同时，应注重对中国儿童文学译者群体的研究，既可在成人—儿童关系视阈下不断扩展儿童文学翻译研究，又可为全球译学贡献中国特色童书翻译思想。

**关键词：**

儿童文学翻译；成人—儿童关系；成人译者视角；儿童性

**Abstract:**

This article reviews research papers on translation of children's literature, focusing on discussions that evolved from the adult-child relations. By analyzing the two interpretational approaches used in the past literature, and exploring the different aspects of children's literature in translation, the author finds that the over-emphasis on the difference between adults and children leads to inadequate attention on adult translators. Therefore, the author suggests that we underline the primary role and initiative adult translators take in translating children's literature, look into the natural bond between adults and children, and examine the

* 基金项目：广东省哲学社会科学规划（外语专项）课题“香港儿童文学翻译的国族观念实践——以刊物编译故事为例”（GD21WZX01-04）；广东省教育科学规划（高等教育专项）课题“香港《儿童乐园》中的国家意识建构研究”（2021GXJK078）。

interaction between adult translators' childness and their translation practices. Moreover, we shall pay close attention to the large group of translators participating in the translation of children's books in China, thus to expand the study of children's literature translation through the lens of adult-child relations, as well as contribute Chinese thoughts and philosophies to translation studies as a whole.

**Key words:**

Translation of children's literature; Adult-child relations; The perspective of individual adult-translators; Childness

## 1. 引言

自翻译学科确立以来，儿童文学翻译虽一直未受主流关注，但其所呈现的基本特质不断引发学者思辩与探讨。社会资源和经验占据优势的成人往往掌控着童书译文的选择、创作、流通等方方面面，儿童作为接收者通常只参与翻译成品的阅读。“翻译过程的不对等决定儿童文学翻译的特殊性”（转引自 O' Sullivan 2005：66），源于成人创作者和儿童读者之间差异的翻译问题引起童书译学界的关注。20 世纪 80 年代以来，在人文研究大背景的驱动下，童书翻译的学术探索大有发展。首先，儿童文学研究于 20 世纪 80 年代在全球范围内逐渐兴盛（李宏顺 2014：64），一定程度上带动了儿童文学翻译研究的发展；其次，翻译学科于 80 年代出现文化转向（the Cultural Turn），翻译活动和翻译文本所牵涉的权力关系和意识形态成为学界两大关切（Tymoczko 2014：44），童书翻译由成人为儿童而作，源于成人—儿童关系的各种翻译实践自然成为翻译研究的热门课题之一，研究者广泛运用文学、教育、语言、文化等不同领域的知识架构，展开对儿童文学的译学讨论。

纵观现有研究，因对儿童这一概念的把握和理解不同，翻译实践中的成人—儿童关系形成两种鲜明的解读路径，故而，儿童文学翻译研究也展现出两种不同的面向：本质儿童视角下的译学探索和建构儿童视角下的译学探索。笔者将对两种面向的研究进行梳理，以探查儿童文学翻译研究的现状，同时剖析现行路径所存的局限性，及被忽视的成人视角和译者个人。在此基础上，笔者提出以成人和儿童的联系为线索，聚焦成人译者个体性和能动性的研究思路，以充实成人—儿童关系视阈下的儿童文学翻译研究。

## 2. 本质儿童视角下的童书翻译探究

作为童书译作最终读者的儿童群体，他们不同于成人的阅读需求和喜好固然是童书翻译所需考虑的重要因素。儿童独特的阅读嗜好由本质的儿童所致，即那个“生理学意义上的、客观存在的儿童”（张梅 2016：118），比如，纯真和好奇的天性，有限的认知和接受能力，有待提升的心理和审美水平。这些与生俱来，独属儿童的特性成为翻译研究的基石，研究者从儿童语言、儿童心理、儿童审美、儿童接受等角度考察儿童文学翻译活动，以期阐释和探寻适宜儿童读者的翻译活动。

普尔蒂宁（Puurtinen）和严维明是较早涉猎此路径的学者。普尔蒂宁长期和儿童打交道，熟识儿童天性，敏锐洞察儿童对文本阅读的特殊需求。通过测试儿童译文的可读性和接受度，她发现，成人译者可以打破目标语言现存的句法规范，为儿童制造美妙且具有激励作用的阅读体验（1997：331），以回应儿童天性对美好和积极事物的追求。拥有丰富童书翻译经验的严维明（1998）同样关注儿童文学译作的语言运用，提出“化难为易”“多加停顿”“注意逻辑”三项策略，以便儿童读者理解译文，他亦着重强调“译出童味”，使翻译符合儿童的内心活动。两位学者之后，基于本质儿童的译学探索迎来研究成果递增的阶段，尤以芬兰学者奥伊蒂宁（Oittinen）和中国学者徐德荣为代表。

奥伊蒂宁深耕儿童发展的心理学知识，通过对比皮亚杰等心理学家关于儿童自我成长的论述，她将儿童定义为“具备感知和幻想能力的”“神奇的”个体（2000：47-48），并且深信纯粹的、非教条主义的“狂欢主义”（carnivalism）[1]是儿童的精神导向。为此，她（2000）极力倡导成人译者尊重儿童、理解儿童、倾听儿童，强烈反对成人以任何形式透过翻译教导儿童。正如她一直所主张的，参与童书翻译各个环节的成人应该通力合作，打破原著权威，放下成人的架子，只为吸引和取悦那个“全知全能”的儿童而翻译，也就是她所说“为儿童而译”意向。奥伊蒂宁所提倡的是完全以儿童为导向（child-centred）的翻译实践，即童书翻译的成人创作者只需忠实于目标儿童读者的快乐需求，包括源文本在内的一切其他因素均可创造性地对待。此番主张的可行性和实用性虽受到质疑（见 O’Sullivan 2005：68；Tabbert 2002：339），成人为儿童而翻译的理念却十分新颖，一度影响后续的研究。她于书中强调的译文应适合“大声朗读”（reading aloud）也成为符合儿童心理的翻译标准，为后来者接受和发扬（见 Oittinen et al. 2018）。尽管与奥伊蒂宁在对待源文本的态度上略有差异，以徐德荣为代表的国内专家所倡导的也是充分理解儿童的成人—儿童关系，他们擅长从细微之处认识儿童，并以此作为指导童书翻译的出发点。比如，因为儿童抽象思考的能力有限，对具体事物的依赖程度高，且在审美层面偏爱愉悦之感，所以在选择翻译语体时，译者应尽量做到具体形象、生动有趣（徐德荣 2004：33-34）；又比如，儿童较成人更倾向和谐，也更天真，更能感知优美的旋律和回环的节奏，所以童书翻译不仅可多使用感叹词、叠词以增加文章童趣，更应细心处理修辞和韵语等节奏性的语言（徐德荣、江建利 2011，2012a）。诸如此类的具体措施，最终都是为了实现以“儿童本位”为指导思想的童书翻译实践（徐德荣、姜泽珣 2018）。可以看出，这样一种亲近儿童、注重儿童审美能力的态度源于对儿童天性的把握，正因儿童天性纯良，与成人相比，或见其迥异，成人译者应不带成见地深入了解这样一个独特类型的读者，与之建立更为亲密、和谐、平等的关系（徐德荣、江建利 2012b：103）。

儿童的心智水平、情感需求、性情发展等种种童年天性是探究童书翻译现象的基石，也为指导儿童文学翻译提供了理据。克鲁格（Kruger 2013）等通过眼动追踪（eye-tracking）测试探寻儿童读者对译本的接受程度，以实证方法为译制更加贴合儿童认知规律的文学作品指明方向。与此同时，国内关注儿童文学翻译的期刊文章和高校硕士论文数量大幅增加，为数不少都围绕着儿童群体身、心、灵的论述展开，由此而来对儿童特性的揭示激发了词汇、句法、文体、篇章层面种种翻译细则的提出（相关研究见吴艳晖 2007；宋松岩、黄娟 2010：韩洋 2019 等），为那个充满童真、童趣、童心的本质儿童翻译成为成人译者行动的准则。

综上，重视本质儿童的学者们将儿童的身心特点圈定为这一领域研究的突破口，希冀捕捉源自儿童本性的阅读需求，将此作为诠释和引导童书翻译有关探讨的根本出发点。成人尊重儿童、理解儿童、重视儿童是对成人—儿童关系的普遍共识，童书翻译也被理所应当地视为成人为儿童独特本性和心理服务的文学活动。然而，另一派学者的观点正始于对儿童认识的不同思路，童书翻译研究也因此具备另一个完全不同的诠释空间。

## 3. 建构儿童视角下的童书翻译探究

20 世纪 60 年代文化研究蓬勃发展，性别、种族、社会阶层、家庭架构等之前被认为自然形成的产物被重置在广泛的文化网络当中进行审视，以探求政经环境、人文道德、社群规范等社会关系对其的形塑作用和机制。受此研究范式影响，“儿童”和“童年”等概念也被纳入社会文化建构物的范围，儿童不再被视为“单一的、普遍的、永恒的”自然实体，而是一个内涵始终在变化的建构概念（张梅 2016：119），且建构的主体一定是所握社会资源和话语权远超儿童的成人（Nodelman 1992：33）。由于“处于弱势的儿童尚不足以在同等程度上对自身和他人进行思考和总结”，成人便运用自身优势输出“一套关于儿童的表述和话语”（李雪伊 2020：86）。如此一来，成人—儿童关系被置于权力关系的框架之中进行解读。儿童文学翻译既然是成人针对儿童开展的文学创作活动，那么势必是成人建构儿童概念内涵的渠道之一，对儿童文学翻译的解读也开启了另一个维度。

首先，儿童读物翻译是成人译者向儿童输送价值规范的载体。奥沙利文（O' Sullivan 2003）结合叙事学（narratology），明确指出叙事框架中隐含读者（implied reader）和真实读者（real reader）的差别。她认为，成人译者在进行翻译时所面对的读者是脑海中假想的儿童群体，针对这一群体，成人社会具有一套完备的价值指导体系，译者再借叙事者之口将成人认可的行为规范传递给真实的儿童读者。比如，德语译者在翻译《长袜子皮皮》时，不仅改写了文本中关于枪的情节，更为故事人物添加了“孩子玩枪是不对的”这一训导性内容，意在传递战后德国反对儿童接触枪支等武器形象的规定（同上：197-198）；又比如，在引进外文书籍时，源文本中的几幅插图包含了动物的身体器官，美国译者认为这些内容过于直白而进行了全部删减，所遵循的正是儿童不宜观看身体裸露场景的文化规范（O' Sullivan 2005: 74）。奥沙利文的观点十分趋近冯德利希（Wunderlich 1992）和朱嘉春（2019）对童书翻译的观察。冯德利希回溯意大利儿童经典《匹诺曹》在美国的翻译历史，详尽阐述了匹诺曹这一顽童形象如何经历数次译者改写最终转变为一个颇受赞赏的成长范例，而每一次译者的改写都体现相应的时期或不同的时期美国社会对于儿童、对于童年相应或不同的期待及要求。朱嘉春以中国五四时期的《童话》丛书为研究对象，考察了编译者孙毓修如何将通过情节和主题改写，将“自己认为正确的成人价值观灌输给了儿童”（2009：126），以达到训诫和教育儿童的目的。

除了向儿童读者普及社会规范外，童书翻译也被认为是成人社会对儿童固有认识的反映。因儿童文本常涉及源自异域国度的文化元素（食物、动物、节日习俗等等）和难以避免的复杂议题（死亡、战争、宗教等等），成人译者在落笔前都会习惯性地对儿童读者进行衡量，再决定相对应的翻译策略。梵柯利（Van Coillie 2006）详细考察了童书译本中十种人名的处理方式。他发现，一旦译者认为某个名字之于目标读者的熟悉度较低，就会采取以替代为主的翻译方法。然而，这种衡量的标准都是译者出自成人知识框架对儿童接受能力的推测是成人对儿童先入为主的主观认知，并不一定具有相应的准确性。如此不予深究，依如此这般的假想随意从事，这样的翻译，难免会弄巧成拙；若极其虚构之能事，推出并不能适宜儿童的作品，最终必矫揉造作甚或造成误导性的影响。如，为避免陌生元素而采用的归化翻译，很可能使儿童错失向异而至的美妙的阅读体验，因为外来文化符号及其内涵的忠实输入会激发儿童的求知兴趣，增强文本阅读的新鲜感（O' Sullivan 2005: 81）。一味地根据成人看法对文本进行本地化翻译也会对儿童造成误导，而出于保护目的对“悲剧”结尾的译编一样可能导致对源文本的误读，使儿童错失开放结局的丰富内涵（Øster 2006：150-152）。

此外，主宰童书翻译的成人译者通过童书译本向儿童传播成人观点和意志的做法也并不少见。澳洲学者弗兰克（Frank 2007）对 1900 至 2000 年间的法译澳大利亚儿童文学作品做了全面梳理。她认为，参与童书翻译每一个环节的成人，无论是制定前期文本选择标准的出版商，还是对翻译文本语言进行系统处理的译者，抑或负责译本后期推销策略的市场营销方，都参与建构了一个荒凉、落后、野蛮的澳洲形象，这种形象迎合法语文化中盛行的澳洲认知，借此推动儿童群体达成和成人社会一致的澳洲印象。除了向儿童读者灌输固有的异国和异民族形象，托马斯沃格姆斯（Thomson-Wohlgemuth 2009）和波科恩（Pokorn 2012）分别揭示东德时期和苏联时期成人对于童书翻译的全面掌控，其中既有对儿童文学来源的严格筛选，也包括对故事主人翁形象的改写和对宗教文化因素的删减，主要目的就是为了确保少年儿童读者遵行成人意志理解和看待世界。这也许正是爱浦斯坦（Epstein 2012）指斥童书翻译成人参与者的原因。她借用后殖民主义理论（postcolonialism）中的“殖民者”（the colonizer）和“被殖民者”（the colonized）做类比，认为成人译者始终扮演前者的角色，通过童书翻译控制和教化扮演后者角色的儿童读者，因为他们都是原始且非理性的。如此，儿童阅读译文，逐渐受其诱导，就会一步步走向成人霸权和意识形态的控制。

综上，在儿童建构派看来，成人参与者作为权力享有者主导着童书翻译过程，每一处翻译方法的选择都无可避免地带有期待性和目的性，有意无意之间都在向儿童群体灌输成人的意识形态。在教育儿童、规训儿童的成人—儿童关系之中，童书翻译大有沦为以有意识或无意识之中的那种成人为模板，来为童年塑形的趋势。因而，这方面的译作也就有可能由本来是为儿童而备的精神食粮，畸变为成人不自觉自我表达、自我造型以及自我构建的东西，显已无关儿童，也因此，第二类的研究对准的，正是隐含于中的以成人代儿童的自我树立的思路：成人占据前台，儿童悄然“隐退”，正乃症结所在。

## 4. 童书译学探索评述与展望

因对儿童理解侧重点的不同，儿童文学翻译研究呈现两种研究路径。前者强调充分认识和了解儿童，并在此前提下提出了大到翻译原则和策略，小到针对词汇和语句的翻译方法，以为翻译实践提供适宜的借鉴和参考，不断助力儿童读物翻译质量的提升。后者试图转换视角审视儿童文学翻译相应的问题，使我们看到童书翻译活动的多元性和复杂性，同时提醒童书翻译的从业者善用手中的资源与权力。尽管研究对成人—儿童关系的解读不同，但两种路径过于强调成人—儿童关系里两个群体的差异，最终造成对成人译者单一化的认识：因为认定儿童与成人截然有别，童书之译事必站在他们的立场才可发力启动，注重本质儿童的研究者尽最大可能领会儿童需求，想其所能想，思其所应思，进而为之发声，倡导一切从儿童出发的翻译理念，成人译者被单一化为服务儿童天性、满足儿童需求的工具人；注重建构儿童的研究者时刻警惕成人形塑儿童的权力，对儿童文学的翻译选择和策略进行有效的反思，揭示成人译者时时刻刻，有意或无意之间输出社会期待和文化规范，成人译者被单一化为意识形态的传声筒。如此，也就没有深究或未能顾及译者的个体性及其因人而异的能动性。这正是目前成人—儿童关系视阈下童书翻译研究的视角盲区，也是未来研究可以突破的方向。

必须指出的是，儿童有限的智力、经验、资源决定他们无法参与童书翻译[2]，成人译者的参与是客观条件下让童书翻译活动变为可能的根基，他们是无可厚非的翻译主体。现有较为单一的认知遮蔽了儿童文学译本背后鲜活生动、差异万千的成人译者，成就儿童文学译作的他们有何思考？他们为何而译？他们通过译本又想表达什么？笔者认为，深入挖掘译者本人在翻译过程中的声音和思想或可为童书翻译研究带来新意和新知。此处不妨以英国儿童文学经典《彼得·潘》（Peter Pan, 1911）的三位中文译者为例进行说明。

著名散文家和翻译家梁实秋于同事叶公超的住处偶然觅得《彼得·潘》的小说本，尽管住所窗外的电车隆隆作响，他却读得如痴如醉，以至“一连几天竟忘了电车声音的骚扰”（梁实秋 1987：257），可见其对原著的热爱。正是出于这份热爱，他“把书译了一遍”，为的是“比抄一遍更能使人深入了解并且欣赏它”（同上）。译本出版后，偶逢剧院上演原版彼得·潘话剧，他又欣然前往，观看时跟随剧场儿童一起欢呼惊奇，鼓掌尖叫，“浑然忘记自己已经不是一个孩子”，好像跟随故事“回到天真无邪的儿童世界里去了”（同上）。演出结束，彼时不满三十岁的他仍对剧中场景心心念念，深感青春不再的哀伤；多年后校对旧稿准备再版，已四世同堂的他仍艳羡书中永葆青春的彼得，为历经悲欢离合、青春不在的自己怆然泪流（同上：258）。可以看出，梁实秋对原著故事深有共鸣，他因喜爱而译，借助译本重返童年，体味青春，童书翻译于他是一种纯粹个人化的情感体验，与儿童读者并不相关。著名翻译家杨静远的情况与其多有类似之处。《彼得·潘》为她年轻时渴望已久的读物，借到手后，便深深着迷于幽默轻松、幻想离奇的故事情节。相对于严肃冗长的文学作品，她更青睐儿童文学作品的别番风味（杨静远 2000：138）。三十年后，患眼疾失明的她被迫暂停工作，内心十分苦楚，遂决定重拾幼时喜欢的童话《彼得·潘》，在丈夫的协助下将它译成中文，希望这本记录了童年快乐和幸福的书能够再次带来欢乐。因此，杨静远的初衷也不是为儿童而译，而意在借助翻译排解苦闷，用儿时喜爱的童书愉悦自己。翻译于她也是和童年与童书的情感联结。和上述两位译者不同，长期从事儿童文学翻译的任溶溶则有明确的目标读者，他的译本《彼得·潘》面向少年儿童而作。他与儿童文学结缘良久，充满创作热情，认为自己开朗活泼的性格适合从事童书行业，因为自己“是从儿童过来的，儿童想的他都知道”（孙悦 2009：50）。于他而言，翻译童书最重要的是培养孩子的幽默感，让孩子快乐，因为幽默使人睿智，可以坦然面对生活中的酸甜苦辣，而快乐使孩子“健康成长、心理健全”（同上）。因此，他先后将包括《彼得·潘》在内的多本童书通过翻译介绍给中国的小读者，原著囊括俄、英、意、日四种语言。从三位中国译者的例子来看，儿童文学翻译远比现有研究呈现出的面向更加丰富和多元，梁实秋和杨静远于翻译中寄托和表达的是自己内心的儿童，是关于童年的体悟，既不为满足儿童需求，也不为教育儿童；任溶溶虽为儿童读者而译，但也坚持源于自身的童年感受，快乐和幽默。三位成人译者在翻译活动中展现的儿童感受和童年情节正是突破现有研究瓶颈的发力点。

首先，我们需正视译前的思想准备。一是译者与童书翻译活动的个人连结，即成人译者不仅仅是为了取悦或规训儿童而译。奥伊蒂宁（2000：4）论及，“成人个体的童年历史”制约和影响着童书翻译；梵科利（2006：133）也推论，“译者个人的童年印象”会将翻译策略的选择和运用拉向自身经验所认同或赞同的途径和范围。尽管未成系统，有关论述还是比较清楚地表明，译者尽管已是成人，但其个人的经历，可能会范导其译事活动，比如，左右其材料的厘定乃至方法的选择。二是成人与儿童之间的关系既不可绝对化，又不能一概而论。我们需摆脱成人与儿童的对立思维，重视成人与儿童的联系，以便打开研究思路。出于对成人—儿童关系的鲜明意识，我们更习惯或更优先看到成人和儿童之间的差异性，成人和儿童也因此被当作彼此割裂、毫无互动的群体。而事实却是，人人都曾是儿童，走过童年的美好与纯真，即使成年，仍保有儿时可贵的记忆，成人与儿童间的这种思想和感情维系，正是可供译者个人支配的童年宝藏。传译童书，有可能成为打开童年幽深的宝库的契机，在智慧的起点、想象力初萌的时刻，探寻无法全部回复但其中无限的美好又永远值得留恋和回味的那个人生阶段相应的一切。回到自己的童年，可能成为诱导译者走向书外童年的一个渠道，或许也就是使之真正深入儿童精神世界去重新体验昔日的种种奥妙的不二法门：人回归人，是回复其真其纯。这也是一种原初，清除杂质，再铸清纯的原初。回复童年的记忆，就是要打开那个宝库，而它的钥匙，有可能就是走近儿童进而为之传译其所喜闻乐见的童书的那一把。以纯真待纯真，在那种美好之中才有望实现。因此，回到实实在在，用论者的话来说，也就是，再一次促成"儿童性"，其中包括童年时期身为儿童的身体体验，也包括成长过程中社会文化意识对童年文化的建构，是一种实实在在儿童性（childness）（Beauvais 2019：3）。如此，传译的过程，才可能以亲身的经历，去体贴儿童，因为这也是对昔日之"我"的体贴，如此译出儿童思想感情，就能成为自我的再一次确认：亦即，回复本性，深入童年的精神世界的回归。这样，译者，童书的作者，以及童书所要塑造或引导的童年读者，也就可能走在一起，不仅成为相互构建"同一个世界"的参与者，而且，在根本上，也是能够相互认同的人物。在所牵涉的人物纸上书外不相离分、现在昔日交融的情况下，童书之译，或许才可趋向成功。这便再一次告诉我们，秉持绝对的观点，划定楚河汉界，将儿童与成年截然分离开来的思路，实际上文不对题：成人试图影响儿童，固有问题；儿童影响成年，亦复如此；童心之所向，才会引人走向那座精神宝库。而成人译者，当需再一次地、不断地复归此心。因而，儿童翻译的研究，万不可不思：如何"回归初心"。也就是说，提升研究层次，需要的首先是哲学见识。因为只有如此，才能对准问题，把握其实质。

其次，至于方法和手段，应是在相应的深入思考和思想提升之后的一种选择。比如，未来研究或可采用译者访谈和问卷的调查方法，请译者回顾自身童年经验对翻译抉择的制约和影响；也可从译者写作的翻译日志、翻译说明、翻译序言等内容入手，考察相关童年叙事和其翻译作品间的关联；同时也可将翻译文本视作译者书写自身的载体，于内容中总结成人译者所具备的儿童性。最后，在研究范围方面，我们更应该重视孕育于中国文化参与儿童文学翻译的庞大译者群体。以译著见长的林纾、孙毓修、赵元任，既有理论建树又译作颇丰的鲁迅、周作人、郑振铎，文学成就斐然但童书译品未受足够关注的梁启超、严既澄、梁实秋，儿童文学原创和翻译齐头并进的叶君健、陈伯吹、赵景深、任溶溶，活跃在童书翻译领域的杨静远、王永年、吴钧陶，还有近些年来涌现的一批又一批青年译者，他们翻译儿童读物时的所思所想，他们如何回应文本的儿童性，如何在时代背景下诠释自身的儿童性都是值得挖掘的宝藏。欣喜的是，国内已有学者作出积极尝试（江建利、徐德荣 2021），探索独具中国特色的童书译者思想特质。循此思路继续建立和巩固成人译者研究视角，既可在成人—儿童关系视阈下不断扩展儿童文学翻译研究，又可为全球译学贡献中国译者的童书翻译思想和哲学。

## 注释

[1] 奥伊蒂宁用巴赫金的“狂欢主义”（carnivalism）比拟儿童文化，强调其无权威、无教条，嬉笑怒骂，没大没小的特点。

[2] 不排除儿童或少年翻译者的个例存在，但数量极其有限，不影响此处主要讨论内容。

## 参考文献

[1] 江建利，徐德荣．孙毓修的儿童文学编译思想研究 [J]. 中国翻译，2021，42（3）：104-110.

[2] 韩洋．基于语料库的儿童文学汉译中叠词的应用研究——以李文俊的儿童文学翻译为例 [J]. 外语电化教学，2019（6）：15-21.

[3] 李宏顺．国内外儿童文学翻译研究及展望 [J]. 外国语，2014（5）：64-72.

[4] 李雪伊．形象学视角下的儿童文学翻译探究 [J]. 外语研究，2020，37（5）：84-88，95.

[5] 梁实秋．潘彼得 [M]. 台北：九歌出版社，1987：257-258.

[6] 孙悦．一个快乐的“老小孩”任溶溶 [J]. 编辑学刊，2009（2）：48-52.

[7] 宋松岩，黄娟．从功能翻译理论看儿童文学翻译——以《夏洛的网》为例 [J]. 海外英语，2010（6）：166-168.

[8] 吴艳晖．浅谈儿童文学翻译的策略 [J]. 四川教育学院学报，2007（10）：53-55.

[9] 徐德荣．儿童文学翻译刍议 [J]. 中国翻译，2004，25（6）：33-36.

[10] 徐德荣，江建利．儿童文学翻译中的规范——《爱丽丝漫游奇境记》翻译的个案研究 [J]. 中国海洋大学学报（社会科学版），2011（6）：85-90.

[11] 徐德荣，江建利．儿童文学经典复译研究——以《爱丽丝漫游奇境记》为例 [J]. 中国海洋大学学报（社会科学版），2012a（6）：100-105.

[12] 徐德荣，江建利．从双关语的翻译检视译者的儿童文学翻译观 [J]. 中国海洋大学学报（社会科学版），2012b（2）：98-104.

[13] 徐德荣，姜泽珣．论儿童文学翻译风格再造的新思路 [J]. 中国翻译，2018，39（1）：97-103.

[14] 严维明．谈谈儿童文学作品的翻译——新译《汤姆・索耶历险记》点滴体会 [J]. 中国翻译，1998，16（5）：52-54.

[15] 杨静远．让庐日记 [M]. 武汉：武汉大学出版社，2000.

[16] 张梅 . 从“儿童的发现”到“童年的消逝”——关于“儿童”的概念及其相关问题的考察 [J]. 文艺争鸣，2016（3）：118-124.

[17] 朱嘉春 . 为儿童而译：孙毓修编译《童话》系列丛书研究 [J]. 外语与外语教学 2019 (6): 120-128.

[18] Beauvais, C. Introduction[J]. *Children's Literature in Education*, 2019, 50 (1): 1-7.

[19] Epstein, B. J. *Translating Expressive Language in Children's Literature: Problems and Solutions*[M]. Bern: Peter Lang, 2012.

[20] Frank, H. T. *Cultural Encounters in Translated Children's Literature: Images of Australia in French Translation*[M]. Manchester: St. Jerome Publishing, 2007.

[21] Kruger, H. Child and Adult Readers' Processing of Foreignised Elements in Translated South African Picturebooks: An Eye-tracking Study[J]. *Target*, 2013, 25(2): 180-227.

[22] Nodelman, P. The Other: Orientalism, Colonialism, and Children's literature[J]. *Children's Literature Association Quarterly*, 1992 (1): 29-35.

[23] Oittinen, R. Translating for Children[M]. New York: Garland, 2000.

[24] Oittinen, R. et al. *Translating Picturebooks: Revoicing the Verbal, the Visual, and the Aural for a Child Audience*[M]. New York and London: Routledge, 2018.

[25] O'Sullivan, E. Narratology meets Translation Studies, or, The Voice of the Translator in Children's Literature[J]. *Meta: Translators' Journal*, 2003, 48 (1-2): 197-207.

[26] O'Sullivan, E. *Comparative Children's Literature*[M]. Trans. Anthea Bell. London and New York: Routledge, 2005.

[27] Puurtinen, T. Syntactic Norms in Finnish Children's Literature[J]. *Target*, 1997, 9 (2): 221-234.

[28] Tabbert, R. Approaches to the Translation of Children's Literature: A Review of Critical Studies since 1960[J]. *Target*, 2002, 14 (2): 303-351.

[29] Thomson-Wohlgemuth, G. *Translation Under State Control: Books for Young People in the German Democratic Republic*[M]. New York and Abingdon: Routledge, 2009.

[30] Tymoczko, M. *Enlarging Translation, Empowering Translators*[M]. Abingdon and New York: Routledge, 2014.

[31] Øster, A. Hans Christian Andersen's Fairy Tales in Translation[A]//Eds. Jan. Van Coillie and Walter P. Verschueren. *Children's Literature in Translation: Challenges and Strategies*[C]. Manchester & Kinderhook: St. Jerome Publishing, 2006: 141-155.

[32] Pokorn, N. *Post-Socialist Translation Practices: Ideological Struggle in Children's Literature*[M]. Amsterdam & Philadelphia: John Benjamins, 2012.

[33] Van Coillie, J. Character Names in Translation: Functional Approach[A]//Eds. Jan. Van Coillie and Walter P. Verschueren. *Children's Literature in Translation: Challenges and Strategies*[C]. Manchester & Kinderhook: St. Jerome Publishing, 2006: 123-139.

[34] Wunderlich, R. 1992. The Tribulations of Pinocchio: How Social Change Can Wreck a Good Story[J]. *Poetics Today*, 1992, 13(1): 197-219.

## 作者简介

李雪伊，香港浸会大学翻译学哲学博士，深圳大学外国语学院助理教授。研究方向：儿童文学翻译、绘本翻译等。

# 口译在线教育社区

## ——“广外模式”口译教学的线上探索

# Online Interpreting Education Community: A Case of Remote Training of the“Guangwai Approach”

王巍巍
WANG Weiwei

摘要：

新冠肺炎疫情影响下，高校传统线下口译教学理念受到严峻挑战，亟须统筹资源、发挥互联网优势改革传统口译教学模式，构建线上线下口译教育体系。广外口译系整合现有“广外模式”下口译能力培养主干架构，突破时空限制，将线上课程变成讨论、互动，解决学生需要老师才能解决的问题，旨在把原来的线上教学弱势变为优势，尝试通过线上教学的增量打破常规口译教学中“体系不清、内容碎片、方法局限”的瓶颈，强调多模态内容表达。搭建立体口译在线教育社区，促进师生、生生互动，确保线上口译教育的课堂内的可操作性、课程间的系统性和课堂外的可持续性。

关键词：

线上口译教学；口译在线教育社区；“广外模式”

**Abstract:**

COVID-19 has brought severe challenges to the traditional interpreting training in higher education. It is urgent to reform interpreting training by leveraging online resources, and to develop online and offline integrated interpreting training system. The Interpreting Department of Guangdong University of Foreign Studies innovates its interpreting training concept (“Guangwai Approach”) to adapt to both online and offline teaching modes and has broken through the time and space constraints by building an online interpreting education community, which has turned the drawbacks of “unclear system, fragmented content and limited methods” into an effective online education community with multimodality and realised interactive online interpreting training that could boost students’ learning motivation.

**Keywords:**
Online interpreting training; Online education community; "Guangwai Approach"

## 1. 口译教学的"广外模式"

口译教学是翻译学科发展的重要议题之一。面向专业人才培养的口译教学体系，既要通过课程设置、教学设计等兼顾学生译员的口译技能、语言水平和百科知识等多元能力素养的习得，亦要建立完善的教学管理与质量监控流程，在有限的时间和资源条件下最大程度地提升口译教育的"成才率"。

口译教学的"广外模式"（仲伟合、詹成 2016：39；仲伟合等 2020）基于广外口译教研团队 40 多年的口译教学实践和理论探索，是我们在长期实践中总结出的适合中国外语学习者的完整口译课程与教学体系。在"两板三线"[1]的理念中，口译的教与学首先是在相关理论的指导下进行的，为学生的口译能力培养和提升确定了根本原则和方向（理论板块）；最终需要回归实践（实践板块）。在口译理论与口译实践之间，达成口译综合能力培养目的的，则是居于中心位置的"技能主线"和居于辅助位置的"语言辅线"和"专题辅线"。通过"广外模式"的模块化的教学方案和菜单式的课程选择，相关院校可以依据自身特色与需要建设口译教学体系，满足不同层次口译专业人才培养的需求。

2020 年初新冠肺炎疫情影响下，高校传统线下口译教学理念受到严峻挑战。2 月 5 日，教育部印发《关于在疫情防控期间做好普通高等学校在线教学组织与 管理工作的指导意见》指出，"各高校应充分利用上线的慕课和省、校两级优质在线课程教学资源，积极开展线上授课和线上学习等在线教学活动，保证疫情防控期间教学进度和教学质量"。但是，在互联网和 5G 技术高速发展的新时代，关于口译在线教育的理念、定位和发展规划等问题，教育界、学术界和产业界尚未达成明确共识（Mehmet 2013），亦未形成可资参考的操作规范。广外原有口译教学模式主要面向线下教学，存在教学资源、班级规模、教学过程等诸多限制。同时，线上教学、慕课、远程教学等的现有模式仅仅将线下的课程搬到了线上，尚待改善。如单纯将线下口译课程的理念加线上的手段，并没有打破线下课程背后涉及的传统知识传播的模式，即老师云端讲解、学生云端聆听或练习，再加上网速不稳定等干扰因素，线上教学效果可能会大打折扣。

在此背景下，亟待挖掘多元应用的可能性，改革传统口译教学模式。发挥互联网优势，构建线上线下相结合的口译教育体系，整合"广外模式"下口译能力培养主干架构，从技巧到专题，梳理各主线课程的远程教育需求与路径，让学生快速掌握口译学习方法。突破时空限制，将线上课程变成讨论、互动，解决学生需要老师才能解决的问题，旨在把原来的线上教学弱势变为优势。

## 2. 新常态：线上口译教学的探索

为保证疫情期间的口译教学进度和教学质量，广外口译教研团队开展多次讨论、尝试整合现有资源，通过线上口译教学打破常规线下教学中“体系不清、内容碎片、方法局限”的瓶颈，梳理教学需求、调整教学过程、设计线上教学方案。

### 2.1 教学需求确认：互动与讲解

教学需求方面，以“广外模式”的“两板三线”为指引[1]，清晰定位本学期各课程性质、教学内容和单元安排。通过梳理分析发现，“理论板块”（如“口译研究”）和“语言辅线”（如“英汉汉英对比”）的相关课程以教师讲解为主，课堂互动相对较少；“实践板块”（如“口译工作坊”）和“专题辅线”的相关课程（如“商务口译”“传媒口译”）课堂互动相对更多；“技能主线”的相关课程（如“交替传译”“视译”）的互动与讲解则在学期不同时段占比不同。

基于上述分析，团队依据课程类型需求、注册方式、直播方式、音视频播放、屏幕分享、文档分享、通知学生方式、互动方式、教师终端、学生终端等维度，综合评测了钉钉、ZOOM、腾讯会议、QQ 会议、雨课堂、腾讯课堂、CCTALK、超星、中国大学 MOOC、B 站等多个在线教学及直播平台。最终，团队推荐了钉钉、ZOOM 和雨课堂作为口译教学主要平台，满足不同课程需求。从课程需求类型来看，钉钉和 ZOOM 更适合互动型课程，雨课堂更适合讲解型课程。其中，钉钉和 ZOOM 的视频会议功能均可以支持口译直播课堂，前者的学习圈可以承担教学内容发布与互动、作业收发、师生点评、同伴互评、通知考试等多种功能；后者则在分组讨论和同声传译的功能方面不可替代。

### 2.2 教学过程调整：前置与跟进

#### 2.2.1 技能主线课程内容前置

技能主线课程部分，依托团队于 2016 年率先开设的口译教学慕课《交替传译》，尝试将课程内容前置。广外口译系慕课团队于 2020 年 2 月 17 日上线新一轮课程，让学生得以预先学习课程核心内容。慕课中，每节课堂以“原理讲解＋实践展示＋个性化点评”系统阐述口译技能，教学课件采用动画，突破了传统口译课堂中板书、PPT 等静态展示的局限，生动地展示口译认知习得发展机制等多个抽象原理和概念，帮助学生突破关键口译能力习得障碍。基于此，为后续正式技能课程知识拓展、主题扩容和答疑解惑留下空间。同时，为与相关口译课程间的衔接留下“插口”，以技能为主线，通过专题或实践类课程强化和整合技能。

### 2.2.2 专题与实践课程材料前置

课程材料前置要求教师对教学过程进行精心设计，形成课内课外紧密联系、深度互动的关联。因此，口译教师需依据口译课程的课程目标、阶段目标和学生水平与进度，设置相互关联、前后衔接的教学环节和学习任务。（覃军、向云 2020）

以“商务口译工作坊”课程为例，教师根据教学目的提前一周左右发布相关课前材料及具体要求，如会议日程及议题、发言人背景、发言要义及相关信息（如工作语言、有无发言稿、有无 PPT 或其他辅助资料、有无问答环节等等）。学生以老师提供的资料为线索进行资料搜寻，通过团队合作或个人任务的方式提升与强化专题语言、积累百科知识，完成译前准备。

与翻转课堂不同的是，口译教学课程前置的材料并不是上课的教授内容，其目的在于带领学生在实践中不断习得“译前准备”的能力。口译教学中，“译前准备”的技能常因课时局限、课程设置等因素被忽略。同时，在缺乏反馈或指导的情况下，学生即使做了口译课前的预习准备，也无法有效地完成课上的口译任务。因此，通过模拟真实口译任务的场景，口译教师提前发给学生译员相关素材。学生以项目译员的工作态度和方法展开任务核心术语、平行语言、专题知识等方面的译前准备。在课堂中，通过具体口译任务的表现，学生不断验证自己的译前准备方法和方向，在与老师和同学们的讨论中分析和复盘，最终形成自己的译前习惯。

### 2.2.3 课堂反馈细化跟进

线上口译课堂主要有 3 种训练方式：(1) 教师在线分段播放音视频，点名学生即席示范练习；(2) 教师在线分段播放音视频，全体学生在自己的终端训练，通过钉钉群语音功能回传；(3) 通过钉钉群上传分享音视频文件，学生自己在终端播放、练习并回传。无论采用哪种方式，教师在课堂上的及时点评与反馈都非常重要。

相比线下课堂转瞬即逝的练习音频点播，借助钉钉语音（5 分钟）自动转写及断点播放的功能，教师可在线上口译教学的过程中播放学生练习音频，更精准细致地开展点评与诊断。学生亦可在钉钉社群重复回听自己或同伴的课堂表现，不断对比复盘，展开更深入的学习交流。

### 2.2.4 技能、专题、实践等系列课后跟进

课后跟进是口译教学过程管理中十分重要却常常漏掉的环节，旨在督促学生巩固上课内容，复盘上课练习，开展自主练习。其中，能够贯穿课前—课中—课后的“伴

随式评价”（覃军、向云 2020：67）在激发口译学生学习动力和自我效能感方面有着重要作用。

在“广外模式”的教学设计里，“评估”贯穿口译教学的全过程。线上口译教学尝试采用形成性评价为主的学习评估方式，引入“中国英语（口译）能力等级量表”（以下简称“口译量表”）（王巍巍 2017：1），给予学生可量化的自我评价工具（具体评估做法见 Wang 2021），突破口译教学评估的主观性和模糊性的局限，促进学生“自学习—自反省—自提升”，释放传统口译课堂“容量小，效率低”的教师教学压力。本文第 3 部分将从口译学习社区的维度探讨课后跟进。

### 2.3 教学内容创新：共建学习资源

线上口译教学，也给予了师生更多开放思维。口译素材的选择和练习一直是教与学的痛点。线上口译教学过程中，鼓励学生基于老师课堂选择的素材专题，延伸搜索更多同类话题音视频素材，共享共建学习资源。一方面，学生个体在延伸搜索的过程当中，开拓了关于该话题的视野深度和广度；学生群体可接触的双语平行文本更为丰富多元。另一方面，老师亦可在社群反馈或评论共享材料的难易适切度；同时，缓解了老师提供口译练习素材的工作负荷。

## 3. 教学平台考量：口译学习社区

2018 年，广外口译教研团队自主研发“口译学习平台”（https://www.sits-ierc.com/#/login），尝试通过整合碎片化的教学素材、练习素材和自主练习等内容，衔接口译课上课下。疫情背景下，平台通过互联网、大数据、语音识别等技术支撑升级，进一步将口译教学过程“管理流程化、流程表单化、表单信息化、信息个性化”，营造在线社区式的学习氛围（如图 1）。

平台基于云技术，搭建在网站和微信服务号终端，将量表直接应用于口译教学实践，为学生和老师打造练习和指导一体化的口译能力发展体系。平台有前测、素材推荐、自评、反馈和年度测评等功能。

图 1. 口译在线学习社区

通过平台，学生可以方便地获取口译素材和上传口译练习，随时随地地练习口译，基于自评量表完成练后复盘。教师则可以查看和了解学生的口译练习进度，评价学生的口译表现。双方可通过"此段请老师指导"等标签就口译学习具体问题互动。平台具有管理流程化、流程表单化、表单信息化、信息人性化的特点，下文以案例详述。

## 3.1 管理流程化

平台梳理了口译教学测的流程，通过"课前预习、课堂讲解、课后练习、总结复盘、师生反馈、能力巩固"的口译教学闭环（图 2），完成口译教育管理的流程化。

图 2. 线上线下口译教学测

如图 2 所示，课前预习部分包含 2.2 中探讨的内容和材料前置，课堂讲解可以在线上或线下完成。课后练习部分，学生既可以使用教师课堂或教材指定材料开展自主练习，亦可以自行选择材料上传后完成自主练习。练习后，基于自己在平台完成的录音和平台自评工具，总结复盘。师生反馈部分，既可以通过平台标签完成互动，亦可以在回到课堂的时候通过热身环节回顾并讨论上一周练习遇到的困难和疑惑。基于此，进一步改善练习、巩固能力，并开展下一轮的译前准备（课前预习）。

## 3.2 流程表单化

在口译学习社区的教学闭环中，我们通过提供一系列自主练习的指引、反思日志、口译质量自我评价等模板和工具，让碎片化的口译练习沉淀下来。例如，学期初，通过专业方向介绍会等渠道，分享口译学习方法和工具箱。

以自主训练为例（图 3），将具体步骤和目标等内容落实为可以一一核对的清单。通过流程表单化，让学生在课后自主训练的过程中，即使选择不同的口译材料和任务，依然能清晰地知道要完成的指定动作细项和目标。

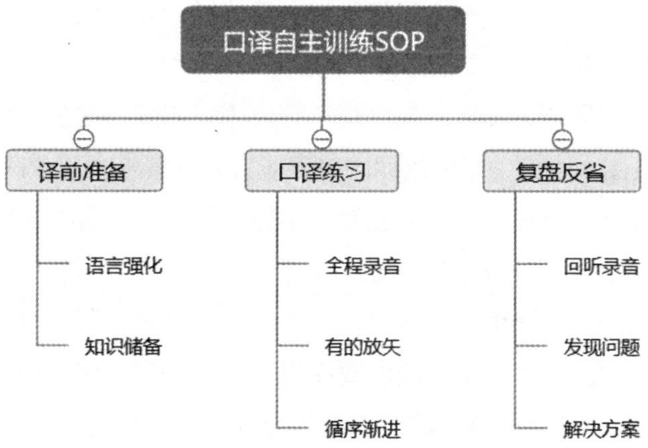


图 3. 口译自主训练清单

## 3.3 表单信息化

建设口译学习社区，目的在于清晰地掌握学情大数据以及其背后的趋势。因此，平台从每位学生入学开始跟踪其口译能力发展与学情数据。

以图 4 为例，主管教师可以通过后台数据的统计梳理，对比同一专业两个年级的同学在第一学年当中所完成的练习量趋势差异。从这个例子可见，该专业 2020 级同学相比 2019 级在入学后第一年当中有更高的练习总量。其中，入学第一个月当中，2020 级同学的总练习量是 2019 级同学的近 3 倍。2019 级同学在入学后的寒假期间（2 月）练习总量达到当年峰值，2020 级则在第二学期开学初（3 月）达到当年峰值。

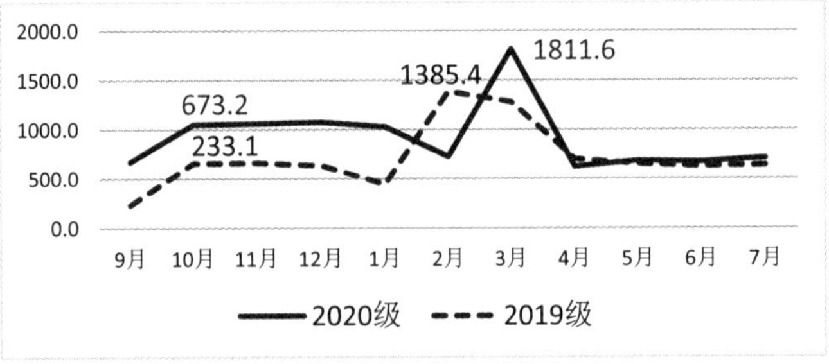


图 4. 同一专业方向第一学年各月累计练习时长（单位：小时）

通过这些学情数据的梳理和分析，教师和教学管理者可以进一步了解学生的学习动力、练习情况等信息，从而为教学及管理决策提供参考。

## 3.4 信息个性化

在学情数字化的基础上，平台以学生为主导的互动式形成性评估，建立口译学习档案袋。基于此，提供个人学情画像，如累计练习时长，排名等（见图 1 左侧）。

平台开展年度口译能力测评，并给每位完成测评的同学提供个性化的口译能力分析报告。以下页图 5 为例，年度测评的口译能力分析报告中包含同学的个人成绩、年级最高分、年级平均分等信息。对比其入学前测情况，报告基于口译量表给出学生当前水平定位（学习阶段成就）。报告描述及分析个人优劣势给出问题诊断（存在主要缺口）。例如，“译语可以接受。存在一些不自然或不恰当的语言使用，例如发音、语法、句法、语域、术语问题或译语不符合语言习惯。表达会出现一些不自然的停顿、犹豫、改口和填充词”。未来学习建议部分，能力分析报告中给出下一阶段努力目标。

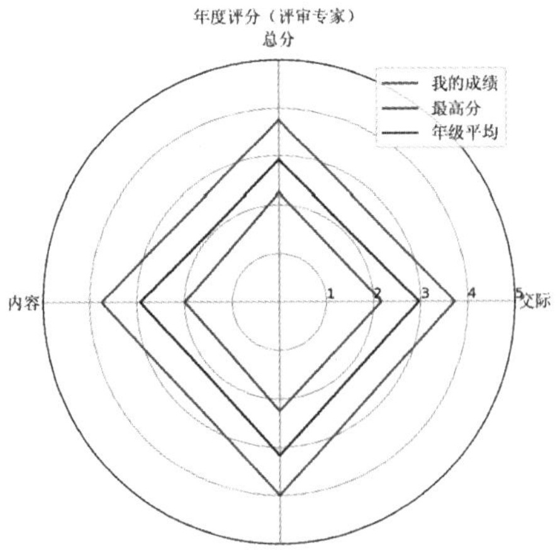


图 5. 平台年度测评个人口译能力分析报告（中到英部分）

至此，衔接口译教学测的“广外模式”口译在线教育社区初具雏形。然而，在反馈的个性化和具体建议颗粒度方面，依然与师生诉求存在距离。随着大数据、云技术和人工智能算法水平的不断提升，口译在线教学社区在学习过程管理、教师教学科研赋能和学生个性化学习指导等方面依然有巨大的改善空间。

## 4. 线上口译教学反思

经过短短半年的实践与探索，我们发现口译线上教学在具有诸多优势的同时，依然存在缺陷。教学过程方面，口译教学急需教师与学生的面对面互动。缺乏面对面的实践操作指导，网络直播教学（即使打开摄像头）和自主学习过程中无法实现真实口译现场的压力感、紧迫感与非语言交际效果。同时，缺乏同学之间的互动交流，难以营造课堂氛围。学生方面，线上口译教学要求学生具有较强的自我管理能力，在有限的网络教学过程中及时积极学习，在更大比重的课前和课后练习中坚持完成任务，不断反思，主动发现问题和提出问题。除此之外，由于线上课堂与传统课堂的流程与方法差异，口译教师的课程准备工作量明显增加（卢信朝 2020）。因此，我们认为完全线上的口译教学在现阶段依然无法替代面对面口译教学，无法确保高质量的口译教学。

## 5. 结语

新冠肺炎疫情背景下，各高校陆续开展线上口译教学，开启了远程口译教育的新篇章。畅想未来，随着远程口译工作模式的普及和人工智能技术的不断发展，我们更期待线上线下相结合的口译教学新模式。例如，基于自动评测模型的口译阶段成就、能力分布图示；基于人体生物识别技术的译员非语言行为分析；基于大数据的自主练习学情分析、问题诊断方案等。在保留实体课堂中的师生互动元素的同时，充分利用线上技术工具，建设口译在线教育社区，赋能口译教学测研。

## 注释

[1] “两板”指“理论板块”和“实践板块”，“三线”指“技能主线”“语言辅线”和“专题辅线”。

## 参考文献

[1] 卢信朝 . 基于视频会议平台的远程同步口译教学——以北外高翻同声传译课程为例 [J]. 中国翻译，2020，41（4）：76-84，191.

[2] 覃军，向云 . 我国翻译在线开放课程现状及对策研究——基于新冠肺炎疫情期间在线教学的反思 [J]. 中国翻译，2020，41（4）：67-75.

[3] 王巍巍 . 中国英语口译能力等级量表构建与应用——以口译教学中的形成性评估为例 [J]. 外语界，2017（6）：2-10.

[4] 仲伟合，詹成 . 口译专业教学体系的构建——广外口译专业教学体系理论与实践（之一）[J]. 中国翻译，2016，37（6）：39-42.

[5] 仲伟合，等 . 口译教学——广外模式的探索与实践 [M]. 北京：外语教学与研究出版社，2020.

[6] Mehmet, S. Virtual worlds in interpreter training [J]. *The Interpreter and Translator Trainer*, 2013（07）: 1, 91-106.

[7] Wang, Weiwei. Introducing China's standards of English language ability（CSE）— Interpreting competence scales [C] // J. Chen & C. Han. Testing and Assessment of Interpreting, Springer, 2021.

## 作者简介

王巍巍，广东外语外贸大学副教授，翻译学博士，云山青年学者。研究方向：口译教学研究。

# 书评

# 翻译创造性的“美学态度”观

## ——《翻译与创造性》述评*

# Translational Creativity through the Notion of “Aesthetic Attitude” : A Book Review of Translation and Creativity

张倩
ZHANG Qian

摘要：

创造性是翻译研究的一项经典课题。英国翻译研究学者科斯滕·马尔姆克亚尔（Kirsten Malmkjær）于2020年出版新作《翻译与创造性》（*Translation and Creativity*），从经典的康德哲学理论切入，重新考察创造性的特征，探讨翻译与创造性的关系、揭示翻译过程与翻译文本的创造性特质。书中提出“美学态度”正是产出创造性译文的关键因素这一观点，将翻译创造性的相关研究从描述阶段推向了阐释阶段。该书视角多元，内容丰富，是翻译与创造性研究领域独树一帜的新成果。

关键词：

康德；创造性；翻译；美学态度

**Abstract:**

Kirsten Malmkjær's new monograph *Translation and Creativity* (2020) approaches the classical topic of translational creativity under the theoretical guidance of Kant's philosophical ideas. On the basis of Kant's views about creativity, this book seeks to explore the characteristics of translation in relation to creativity and reveal the creative features of translation process and products from various perspectives. The book argues that it is the “aesthetic attitude” that plays the essential role in producing a creative translation, thus leading the research on translational creativity from its descriptive status into an interpretive stage. From multi-perspectives and with fulfilled contents, *Translation and Creativity* contributes more dimensions to probe into the subject of translational creativity, which is of distinctive value to the current research.

**Key words:**

Kant; Creativity; Translation; Aesthetic Attitude

## 1. 引言

翻译研究从最早谈论翻译时的“灵感”“创意”“创造性叛逆”，到后来采用神经科学和认知科学等技术手段考察创造性在翻译过程中的表现，可以说翻译与创造性研究早已是翻译领域的一项经典课题。2020 年，英国翻译研究学者科斯滕·马尔姆克亚尔（Kirsten Malmkjær）重拾经典，与劳特里奇出版社合作推出了她的新作《翻译与创造性》（*Translation and Creativity*）。该书从康德的哲学理论出发，重新考察了创造性的特征及相关概念，并在此基础上探讨了翻译与创造性的关系，揭示了翻译过程与翻译文本中的创造性特质，最后指出“美学态度”是产出创造性译文的关键因素。该书角度新颖，内容丰富，为翻译与创造性的相关研究贡献了全新的成果，是一本值得推介的翻译研究学术著作。

## 2. 内容概述

《翻译与创造性》的第一部分是“引言”（Introduction），主要是为了引入话题和概述章节安排。全书的主体内容共分为 5 章，下面将依次予以简要介绍。

在第 1 章“创造性的定义”（Definitions of Creativity）中，马尔姆克亚尔根据康德的哲学理论，总结出了创造性的十大特征：（1）创造性是单一的一件事情；（2）创造性是一项特殊才能或天赋；（3）创造性是一项个人特质；（4）创造性是艺术家的特质；（5）原创性是创造性的前提；（6）创造性不可传授；（7）创造性无规则可循；（8）创造性产出艺术品；（9）创造性是自发的；（10）创造性是天生的。（Malmkjær 2020: 7）紧接着，作者逐一考察了康德关于创造性的这十个观点，并将其与当代学者们关于创造性的主张进行对比，发现后者与前者的意见分歧主要表现在：当代学者们倾向于认为，创造性并不是单一的一件事情；创造性是一项天赋，但却并非天才独有；创造性的发挥依赖个人，但人们也常以团队合作的方式创造出新颖的物品和观点；创造性并非艺术家独有；原创性是创造性的重要方面，但是创造性活动中也存在复制因素；创造性可以传授；创造性也遵循一定的规则；富于创造性的物品不仅局限于艺术品；创造性可以是自发的和天生的，但也可以在后天得到锻炼和提升。显而易见，当代学者对创造性的理解相当包容。然而即便如此，马尔姆克亚尔又强调说，“人们通常还是认为，只有在直接创造出来的事物中，才能看到新颖性（novelty）和原创性（originality）。所以，在这些视角的限制下，翻译能否被认为具有创造性依然存在争议”（同上）。

第2章的题目是“创造性定义语境下的翻译”（Translation in the Context of Definitions of Creativity）。作者在第1章批判性地整合了康德与当代学者们关于创造性的主张，为第2章考察翻译的创造性拟出了一个提纲式的定义。据此，第2章用十个对应的小节提出了十个问题：（1）翻译行为是不是单一的一件事情？（2）翻译行为是不是一项特殊才能或天赋？（3）翻译行为是不是一项个人特质？（4）翻译行为是不是艺术家的特质？（5）原创性是不是翻译行为的前提？（6）翻译行为是否可以传授？（7）翻译行为是否有规则可循？（8）翻译行为是否产出艺术品？（9）翻译行为是不是自发的？（10）翻译行为是不是天生的？作者通过援引前人的研究和例证，从上述十个方面逐一考察了翻译的特点，最后对这一系列问题进行了概要式总结，认为翻译行为同创造性一样，可以被看作一种可辨识的人类特征；所有双语者在一定程度上都具备这一特征；双语者或许会自发地进行翻译，但是翻译能力是可以得到培养和训练的，而且可以制定出某些指导性原则来促进翻译能力的发展；翻译的瞬间发生在个人的头脑中，但也会受到先前经历和他人观点的影响；许多翻译项目都是集体劳动的成果；在艺术品种类繁多的背景下，翻译作品也完全堪称艺术；翻译作品很显然是具有原创性的，尽管其创新方式仍带有模仿和复制的特征。

在第3章“翻译过程阐述”（Accounts of the Translation Process）中，作者从哲学语义学和翻译过程研究两方面探讨了翻译相较其他文本活动所具有的独特性。哲学语义学的阐释表明，意义是一种存在于说话人、听话人、时间、地点、以及一系列广泛因素之间的关系；意义转瞬即逝，独特且不可重复。任何语言接触都带有翻译的性质，无论源语和目的语是什么语种。译者参与到跨文化的接触当中，会对原文和译文之间的关系产生一系列的影响。换言之，基于语义的瞬间性和独特性，同时由于语言在本质上就带有翻译性，因此翻译也表现出其独特性与创造性的特征。此后，作者又综述了翻译过程的实证性与思辨性研究，回顾了采用有声思维法、眼动追踪和键盘记录等方法得到的研究结果，再次指出翻译的过程不同于普通的阅读和写作过程，该过程独一无二且富有创造性。此外，作者在本章末尾提出了一种基于新康德哲学美学的翻译观，认为译者应该对原文持一种“美学态度”（aesthetic attitude），因为这种态度与翻译的创造性密切相关。

第4章“翻译行为与翻译作品中的创造性”（Creativity in Translating and Translations）阐释了三十位译者对自己翻译工作的自述并分析了相关的译例，尝试借此找到产出创造性翻译的关键因素。上一章提到了美学态度对创造性翻译的重要性，本章对此进行了详细阐述。作者从罗杰·斯克鲁顿（Roger Scruton）的美学理论中借鉴了“美学态度”这一概念，指出美学态度是一种十分纯粹的态度，全然出于审美主体对事物本身的关注和欣赏（参见 Scruton 1974）。马尔姆克亚尔认为，译者对原文所持的态度跟这种细致观察和深入了解的态度十分相似。在这一章中，作者通过分析多位译者以及她本人的翻译实例，指出译者对原文所持的态度也可以是一种非常纯粹的美学态度，这种态度表现为译者对原文极高的关注度，同时也体现在译者对原文细致描述的愿望上。马尔姆克亚尔认为这种细致描述其实就是翻译活动本身。最后，作者明确表达了关于美学态度与翻译创造性关系的看法，认为译者对原文是否持美学态度对于创造性译文的产出至关重要，如果译者采取美学态度来对待原文，那么会更有可能提升译文的创造性。换言之，在马尔姆克亚尔看来，美学态度就是译者产出创造性译文的关键因素。

最后一章是“后记”（Afterword）。在这一部分，作者简要总结了本书各章的内容，重申了翻译过程与翻译作品所涉因素的复杂性，再次强调了翻译的创造性属性。

## 3. 著作特色

《翻译与创造性》一书甫一面世，就有两篇英文书评发表在西方的两本翻译研究刊物上。这两篇书评对该书的评价可以说褒贬不一，各执一词。巴莱塔（Marco Barletta）的评价非常之高，认为该书带来了“新的精神食粮”“走了一条翻译界的学者们鲜少踏足的新路”“有一位了不起的翻译学者用哲学和分析之手一路引领着读者”（Barletta 2020: 312）。而莫里尼（Massimiliano Morini）的评价则偏向负面，其中对该书最大的诟病在于认为作者在论证的某些方面存在逻辑问题（Morini 2020）。下面的内容拟对该书的特色从三方面进行简要评论，同时会回应莫里尼的部分观点。

### 3.1 选用经典理论探讨经典课题

如前所述，关于翻译与创造性的研究由来已久。事实上，早在西塞罗（Marcus Tullius Cicero）、贺拉斯（Quintus Horatius Flaccus）、圣哲罗姆（St. Jerome）以及释道安和玄奘等早期的中外哲学家和佛经翻译家在谈论“意译”（sense for sense translation）和诸如“不翻”“不易”等翻译原则或策略时，就已经涉及了翻译中的创造性问题，因为作为策略的“意译”“不翻”和“不易”，都在某种程度上体现了译者的干预，因而也都与创造性有关。可以说，从人们开始尝试建立翻译理论之初，创造性课题就已经随之而存在了。翻译学成为一门独立的学科之后，关于翻译与创造性的相关研究变得愈发细致，期间有许多成果问世，包括好几部论文集。其中，Continuum出版社2006年的论文集《翻译与创造性：创意写作与翻译研究面面观》（*Translation and Creativity: Perspectives on Creative Writing and Translation Studies*）甚至与马尔姆克亚尔这部新作的书名都有所重合。翻译创造性研究是一项经典课题，而马尔姆克亚尔这本书的特色之一，是它又选择了经典的康德哲学作为切入点，让经典与经典碰撞出新的火花。

马尔姆克亚尔之所以选择从康德的哲学理论切入，原因在于她认为康德哲学对西方思想有着广泛而持久的影响，康德关于创造性的主张也具有开创性意义（Malmkjær 2020: 4）。然而，在莫里尼看来，现在已经“很少见到有研究是用这种带有哲学意涵的方式来探讨一个广泛的历史性课题”（Morini 2020: 384）。莫里尼的这句话不无批评的意味，因为今天的学术界倾向于只发表那种“可证的”（demonstrable）和“可辩的”（defensible）研究（同上），而马尔姆克亚尔的这部新作显然在某些方面并不符合这种审美取向。如果马尔姆克亚尔“迎合”学界的这种主流审美来撰写《翻译与创造性》一书，那么这本书将会“引用全部的现有文献，进行纯粹基于逻辑的论证”，最后“只为已有知识贡献一点点微小的个人意见”（同上）。但是，作者并没有这样做，她选择从哲学理论切入，采用经典的哲学思辨式论证方法，旁征博引，从任何可汲取论据处广泛引证，最后提出了全新的个人观点。

### 3.2 论证环环相扣，理例结合

莫里尼认为《翻译与创造性》具有论证逻辑上的瑕疵。该批评其实是出于评论者对作者论证思路的误解。莫里尼指出了两点：第一，马尔姆克亚尔在认定翻译具有创造性之后又指出美学态度会提高翻译的创造性，这样做反而削弱了翻译具有创造性这一核心论点；第二，马尔姆克亚尔所持的“审查删改、马马虎虎和不认真的译文是没有创造性的”这一观点不总是符合历史事实（Morini 2020: 386）。首先，莫里尼认为，如果作者论述的目的是要证明翻译具有创造性，那么同时又提出创造性翻译需要以创造性的方式来进行反倒不利于该论点。然而，莫里尼忽略了，作者早在第1章和第2章讨论创造性的定义以及翻译的创造性特征时就指出过：人人都可以具有创造性，但并不是所有人的创造性水平都相同；同样，翻译具有创造性，但并不是所有译文的创造性水平都相同。因此，当作者在第4章提出译者对文本持美学态度会提升译文的创造性这一观点时，并没有造成逻辑问题，与前文的观点也并不矛盾。其次，莫里尼举例指出，一些对原文进行过删改的译文后来被历史证明属于成功的翻译案例，因此不能说这些译文没有创造性。很显然，莫里尼这里的“创造性”并不是《翻译与创造性》一书所谈论的“创造性”。莫里尼用译作是否取得成功这样的结果来反推其是否具有创造性，这几乎相当于把“创造性译文”简单地等同为了“不忠实于原文、但却取得了成功的译文”。这其实是莫里尼自己犯的逻辑错误，偷换了“成功”和“创造性”的概念，把译作“成功”和译作“有创造性”等同了起来。这样做不仅脱离了《翻译与创造性》一书对创造性的理解，而且把创造性概念置于了一个伪描述的框架之下。这种伪描述的做法很容易让所有的概念都陷入不可知，让任何限定范围内的学术讨论都变得不可能。

如果我们简要地梳理一下《翻译与创造性》的论证思路，会看到这样一个过程：作者从康德关于创造性的观点入手，引入对翻译创造性的考察，在初步提出翻译具有创造性的假设之后，又结合哲学语义学以及基于数据的翻译过程研究（这也是莫里尼所推崇的那种“可证的”和“可辩的”研究）确认了翻译过程相较其他文本活动的独特性和创造性，最后通过对大量译者自述的阐释和译例分析，落脚到美学态度对创造性翻译的重要作用上。可以看出，马尔姆克亚尔的论证思路相当严密，从康德哲学开始，到新康德哲学美学结束，论证过程不仅合乎逻辑，且环环相扣。全书的论证不仅有“理”，而且有“例”。在第 1 章论证创造性是否自发这一问题时，马尔姆克亚尔提供了两个艺术品的实例来说明创造性也可以是精心设计和技艺磨炼的结果；第 4 章更是大量使用了译者自述以及翻译实例来论证美学态度的重要性。

## 3.3 多元支撑，大胆拓展

该书的另一显著特色是从多元角度切入要讨论的问题，同时为论点提供了多元证据支撑。而这种做法在某种程度上也恰好展示了翻译活动与翻译作品的复杂性和多元性。如作者在书的最后所总结的那样：

> 在这本书的写作中，我借鉴了创造性理论、哲学美学、语言哲学、翻译 [ 过程 ] 实证研究、翻译 [ 过程 ] 理论研究、以及译者对自己译作的阐述。我认为，这些都使得本书的主题更加综合化了，同时又不止于此。我相信通过展示这些不同主题与翻译研究的相关性，翻译行为的复杂性以及翻译作品所涉内容的庞杂性得到了进一步的凸显……( Malmkjær 2020: 106 )

众所周知，翻译研究，或者从广义上讲，人文科学领域的研究由于追求类似自然科学研究那种步步为营的严密性，渐渐形成了某种学术审美上局限。对应地，学者们的学术写作也常常在“严谨”和“谨小慎微”之间画上了等号。就像莫里尼所说的那样，现在很少见到像《翻译与创造性》这样的著作（Morini 2020: 384）。这本书并没有按照学术写作可预测的步骤去按部就班地进行。作者虽然从康德的哲学出发，但也并没有局限于这一视角，而是如上文所述，从多个角度对翻译与创造性的话题给予讨论。事实上，马尔姆克亚尔这种采用多元角度进行论述的做法并未影响她的核心论题，反而从更丰富的层面、更好地服务了这本书的写作目的。尤其有两点值得称道的是：第一，她借用译者自述来考察创造性翻译中的关键因素，将译者主体的观点纳入了考量；第二，她把话题拓展到了美学态度对创造性翻译的重要性上，将翻译与创造性研究从描述层面带入了阐释层面。第一点正是芒迪（Munday 2013）所提倡的档案分析法在翻译研究中的运用，这样做在视角上和论据上都为本书提供了多元支撑。第二点，作者把话题延伸到美学态度，将研究的视野提升至一个新的维度，不再仅仅是对翻译的创造性进行描述，而是开始探究其背后的原因。最后作者明确提出，美学态度就是产出创造性翻译的关键因素。这样做之所以称得上大胆，是因为正如莫里尼所言，现今的学术界倾向于认为，个人的观察只能是在前人研究基础上的微小累加，任何过于明确或独树一帜的个人意见都可能被视为“论证上的跳跃与风险”（Morini 2020: 387）。

## 4. 不足之处

虽然《翻译与创造性》一书特色鲜明，论点“聪颖巧妙”（clever and beautiful）（Pym 2020），但也存在一定的不足。

### 4.1 欠缺关于创造性定义的明确阐述

《翻译与创造性》第 1 章和第 2 章的题目分别是“创造性的定义”和“创造性定义语境下的翻译”。第 2 章的内容是根据第 1 章总结出的创造性的十个特征来考察翻译行为是否具有创造性。可以看出，马尔姆克亚尔在这里相当于默认第 1 章谈论的创造性的特征就是创造性的定义，第 2 章的题目也是这种默认的产物。然而，作者除了在这两章的题目当中使用了“定义”这样的字眼，文内并没有任何明确的关于创造性定义的论述。但问题是，特征并不等于定义，特征只是事物定义的充分条件，不是必要条件。特征的集合或许可以构成定义，但情况并不总是如此，且这里提到的特征集合也未必是穷尽性的。同样地，就算是穷尽性的特征集合也并非一个恰当的定义方式。创造性是本书的核心课题，这一点单纯从书名就可以看出。书中前两章的内容或直接讨论、或密切依赖于创造性的定义，然而作者却没有在文字论述环节对此有任何明确的阐述，这种缺失无疑会为读者的阅读造成隐性的认知负担。

### 4.2 欠缺对翻译领域创造性研究的针对性回顾

如前所述，关于创造性的研究是翻译界的一个经典课题，已有不少的相关研究，甚至马尔姆克亚尔这部新作的书名与之前的论文集都有所重合。然而，从作者在第 1 章引用康德开始，到后来大量引用的雷恩（Alf Rehn）、索耶（R. Keith Sawyer）、博登（Magaret Boden）、西卡森特米哈伊（Mihly Csikszentmihalyi）等人，这些学者的研究都不属于翻译领域。第 2 章开始讨论翻译的创造性，作者依然没有具体到翻译界关于创造性的研究，而是继续对此进行广泛意义上的谈论。第 3 章阐述的是翻译过程中的创造性。虽然翻译过程研究领域已有不少专门针对创造性的研究成果，但作者还是只关注到宏观层面，并未就事论事地回顾该领域的相关文献。虽然我们知道马尔姆克亚尔这本书从一开始就没有打算“按套路出牌”，但是即便如此，从研究的学科归属性上来讲，该书仍然隶属翻译研究领域，因此对翻译界关于创造性的已有研究进行必要的回顾相当重要，这样做有利于该领域形成一定的学术连贯性。在这个意义上，该书的文献背景有略显宽泛和不够切题之嫌。

## 5. 结语

翻译与创造性研究早已不是一项新鲜课题，但是这次，马尔姆克亚尔的《翻译与创造性》一书，依然设法找到了一种新的方式，从康德的哲学观点出发，让经典理论与经典课题碰撞出了新的火花。更为重要的是，作者将翻译与创造性研究从“是什么”的描述层面拓展到了“何以如此”的阐释层面，引入了“美学态度”概念，指出美学态度是译者产出创造性译文的关键因素，为翻译与创造性研究做出了突破性的贡献。该书的内容和思路对于翻译研究学者、翻译专业的研究生，以及翻译实践工作者，都具有不容小觑的启发和借鉴意义。

## 参考文献

[1] Barletta, M. Book review of Kirsten Malmkjær's Translation and Creativity [J]. Translation and Translanguaging in Multilingual Contexts, 2020, 6 (3): 312-315.

[2] Malmkjær, K. Translation and Creativity [M]. New York: Routledge, 2020.

[3] Morini, M. Book review of Kirsten Malmkjær's Translation and Creativity [J]. Target, 2020, 32 (2): 384-388.

[4] Munday, J. The role of archival and manuscript research in the investigation of translator decision-making [J]. Target, 2013, 25 (1): 125-139.

[5]Pym, A. Reviews of Translation and Creativity [EB/OL]. [2020-12-15]. https://www.routledge.com/Translation-and-Creativity/Malmkjaer/p/book/9781138123274.

[6] Scruton, R. The Aesthetic Attitude: A Study in the Philosophy of Mind [M]. London: St. Augustine's Press, 1974.

## 作者简介

张倩，博士，西安外国语大学英文学院副教授，硕士生导师。研究方向：文学翻译、自译、叙事与翻译。